名师名校名校长

凝聚名师共识
回应名师关怀
打造名师品牌
培育名师群体

送教上门
助残筑梦

董桂林 编

送教上门，助残筑梦
董桂林 主编

—— 生活适应课程
指导手册

全国教育科学规划2018年度教育部重点课题"基于现代信息技术条件下的重度残疾儿童送教上门电子课程体系的开发研究"成果

团结出版社

图书在版编目（CIP）数据

送教上门，助残筑梦.生活适应课程指导手册/董桂林主编；董桂林编.— 北京：团结出版社，2023.8
ISBN 978-7-5234-0266-5

Ⅰ.①送… Ⅱ.①董… Ⅲ.①生活教育—儿童教育—特殊教育—教学参考资料 Ⅳ.①G764

中国国家版本馆CIP数据核字（2023）第133302号

出　　版：	团结出版社
	（北京市东城区东皇城根南街84号　邮编：100006）
电　　话：	（010）65228880　65244790
网　　址：	http://www.tjpress.com
E-mail：	65244790@163.com
经　　销：	全国新华书店
印　　刷：	廊坊市印艺阁数字科技有限公司
装　　订：	廊坊市印艺阁数字科技有限公司

开　　本：170×240毫米　1/16
印　　张：40
字　　数：522千字
版　　次：2023年8月　第1版
印　　次：2023年8月　第1次印刷

书　　号：ISBN 978-7-5234-0266-5
定　　价：198.00元（全3册）

（版权所属，盗版必究）

序言

　　开展适龄残疾儿童送教上门工作既是对现有国家残疾儿童教育安置方式的完善，又是对我国重度残疾儿童接受法定义务教育服务形式的重要补充。重度残疾儿童身体状况特殊、生存环境各异，为了给每一个适龄重度残疾儿童提供合适的教育资源，从而满足每一个重度残疾儿童的教育需求，课题组全体参研人员以"重度残疾学生现状评估表"为依据，以学生身体发展规律为支撑，以为每一个重度残疾儿童提供最适合的教育为指导思想，以实践为基础，系统编写了重度残疾儿童送教上门系列课程知识学习指导手册。

　　本册为《送教上门，助残筑梦——生活适应课程指导手册》，主要以重度残疾儿童生活中所需的粗大动作和精细动作学习为基础，以重度残疾儿童所需的社会交往能力为方向，以逐步培养重度残疾儿童形成独立的生活能力为目的，以层层递进、螺旋上升的编写思路达到为每一位重度残疾儿童提供最适学习内容的目标。

　　本指导手册的编写难免存在不足之处，课题组全体成员本着在实践中不断改进的思想，希望广大读者在使用中多提宝贵意见！

课题组全体成员

2023年3月

目录

第一篇　粗大动作

第一章　姿势 ··· 2
　一、躺姿 ··· 2
　二、坐姿 ··· 4
　三、站姿 ··· 8

第二章　移动 ··· 10
　一、爬 ··· 10
　二、行走 ··· 12
　三、跳跃 ··· 15
　四、跑 ··· 22
　五、推 ··· 23
　六、端 ··· 25
　七、抛 ··· 26
　八、接 ··· 30
　九、踢 ··· 33
　十、拍 ··· 36

第二篇　精细动作

第三章　手眼协调 ··· 42
　一、摆弄物品 ··· 42

1

二、基本操作能力 …………………………………… 49
三、双手配合 ………………………………………… 63
四、手眼协调 ………………………………………… 71
五、握笔写画 ………………………………………… 85
六、工具使用 ………………………………………… 101

第三篇　社会交往能力

第四章　社交前基本能力 …………………………… 116
　一、社交中非口语能力 ……………………………… 116
　二、认识自己 ………………………………………… 124
　三、评价自己 ………………………………………… 131
　四、控制自己 ………………………………………… 133

第五章　社交技巧 …………………………………… 136
　一、与照顾者互动 …………………………………… 136
　二、与校内的人或物互动 …………………………… 142

第六章　社交礼仪 …………………………………… 147
　一、近距离打招呼 …………………………………… 147
　二、远距离打招呼 …………………………………… 158
　三、自我介绍 ………………………………………… 160
　四、表示感谢 ………………………………………… 162
　五、表示抱歉 ………………………………………… 165
　六、表示称赞 ………………………………………… 166

第四篇　生活能力

第七章　进食 ⋯⋯⋯⋯⋯⋯⋯⋯⋯⋯⋯⋯⋯⋯⋯⋯⋯⋯⋯⋯⋯⋯⋯⋯⋯ 170
　　一、吸吮 ⋯⋯⋯⋯⋯⋯⋯⋯⋯⋯⋯⋯⋯⋯⋯⋯⋯⋯⋯⋯⋯⋯⋯⋯⋯⋯⋯ 170
　　二、合唇 ⋯⋯⋯⋯⋯⋯⋯⋯⋯⋯⋯⋯⋯⋯⋯⋯⋯⋯⋯⋯⋯⋯⋯⋯⋯⋯⋯ 172
　　三、喝 ⋯⋯⋯⋯⋯⋯⋯⋯⋯⋯⋯⋯⋯⋯⋯⋯⋯⋯⋯⋯⋯⋯⋯⋯⋯⋯⋯⋯ 173
　　四、咀嚼 ⋯⋯⋯⋯⋯⋯⋯⋯⋯⋯⋯⋯⋯⋯⋯⋯⋯⋯⋯⋯⋯⋯⋯⋯⋯⋯⋯ 175
　　五、进食方式 ⋯⋯⋯⋯⋯⋯⋯⋯⋯⋯⋯⋯⋯⋯⋯⋯⋯⋯⋯⋯⋯⋯⋯⋯⋯ 177

第八章　如厕 ⋯⋯⋯⋯⋯⋯⋯⋯⋯⋯⋯⋯⋯⋯⋯⋯⋯⋯⋯⋯⋯⋯⋯⋯⋯ 183
　　一、表示如厕需要 ⋯⋯⋯⋯⋯⋯⋯⋯⋯⋯⋯⋯⋯⋯⋯⋯⋯⋯⋯⋯⋯⋯⋯ 183
　　二、如厕技能 ⋯⋯⋯⋯⋯⋯⋯⋯⋯⋯⋯⋯⋯⋯⋯⋯⋯⋯⋯⋯⋯⋯⋯⋯⋯ 186

第九章　穿脱 ⋯⋯⋯⋯⋯⋯⋯⋯⋯⋯⋯⋯⋯⋯⋯⋯⋯⋯⋯⋯⋯⋯⋯⋯⋯ 192

第十章　梳洗 ⋯⋯⋯⋯⋯⋯⋯⋯⋯⋯⋯⋯⋯⋯⋯⋯⋯⋯⋯⋯⋯⋯⋯⋯⋯ 212
　　一、擦 ⋯⋯⋯⋯⋯⋯⋯⋯⋯⋯⋯⋯⋯⋯⋯⋯⋯⋯⋯⋯⋯⋯⋯⋯⋯⋯⋯⋯ 212
　　二、刷 ⋯⋯⋯⋯⋯⋯⋯⋯⋯⋯⋯⋯⋯⋯⋯⋯⋯⋯⋯⋯⋯⋯⋯⋯⋯⋯⋯⋯ 216
　　三、洗 ⋯⋯⋯⋯⋯⋯⋯⋯⋯⋯⋯⋯⋯⋯⋯⋯⋯⋯⋯⋯⋯⋯⋯⋯⋯⋯⋯⋯ 220
　　四、梳头发 ⋯⋯⋯⋯⋯⋯⋯⋯⋯⋯⋯⋯⋯⋯⋯⋯⋯⋯⋯⋯⋯⋯⋯⋯⋯⋯ 226

第十一章　睡眠 ⋯⋯⋯⋯⋯⋯⋯⋯⋯⋯⋯⋯⋯⋯⋯⋯⋯⋯⋯⋯⋯⋯⋯⋯ 229

第十二章　日常家居自理能力 ⋯⋯⋯⋯⋯⋯⋯⋯⋯⋯⋯⋯⋯⋯⋯⋯⋯⋯ 234
　　一、物品归位 ⋯⋯⋯⋯⋯⋯⋯⋯⋯⋯⋯⋯⋯⋯⋯⋯⋯⋯⋯⋯⋯⋯⋯⋯⋯ 234
　　二、开关 ⋯⋯⋯⋯⋯⋯⋯⋯⋯⋯⋯⋯⋯⋯⋯⋯⋯⋯⋯⋯⋯⋯⋯⋯⋯⋯⋯ 239
　　三、收拾餐具 ⋯⋯⋯⋯⋯⋯⋯⋯⋯⋯⋯⋯⋯⋯⋯⋯⋯⋯⋯⋯⋯⋯⋯⋯⋯ 243

第一篇 粗大动作

第一章 姿 势

单元说明：

本单元以姿势为主题，通过躺姿、坐姿、站姿训练等内容进行设计。发展学生大肌肉运动技能，提高学生各感官信息的协调性，促进个体机能发展。

一、躺姿

平躺、屈身躺

学一学：

平躺：仰卧在垫子或床上，双手放于体侧，将两腿伸直并紧。

屈身躺：屈曲髋关节和膝关节，使学生向左或向右翻动身体侧卧在垫子上。

教学步骤：

1. 学生仰卧在床上、屈曲单侧的髋关节和膝关节，使身体扭转翻动。

2. 能翻动身体后，可以向左或右翻身90度到屈身躺。

3. 翻身后，可连续翻转身体并来回滚动，或抱头翻转身体。

练一练：

1. 左右屈身躺。

2. 双手抱头左右屈伸躺。

3. 左右连续侧翻。

教学建议：

1. 在家里，家长可以协助孩子做仰卧和俯卧的翻身练习，在翻身的时候速度不要太快。

2. 先练习仰卧平躺，向左或向右翻身90度到屈伸躺，熟练后可以增加难度，最后翻转到双手抱头屈身躺。

3. 孩子能独立翻转后，可用语言激励或玩具吸引。

评价内容	教师评价			家长评价		
	独立完成	需要辅助	不配合	独立完成	需要辅助	不配合
平躺时能听口令安静躺好，并保持一段时间						
屈身躺时髋关节和身体屈成一定角度						
抱头屈身躺双手能抱头躺好						
屈身躺时大腿和小腿能屈成一定角度						

二、坐姿

扶坐

学一学：

扶坐：在有扶手的椅子或沙发坐好，要立腰、挺胸，上体保持正直。

教学准备：

椅子、沙发。

练一练：

看看你能不能做到。

1. 背靠在教师或其腿上坐。

2. 背靠沙发坐。

3. 在有靠背的椅子上单手扶坐。

4. 在无靠背的椅子上双手扶坐。

教学建议：

1. 根据学生的程度，决定孩子是有靠背还是无靠背扶坐。

2. 在家里，家长可以用手协助孩子坐好。

3. 坐的时候注意挺胸，坐直、坐稳。

评价内容	教师评价			家长评价		
	独立完成	需要辅助	不配合	独立完成	需要辅助	不配合
有靠背双手扶坐						
有靠背能借助外力坐						
有靠背单手扶坐						
无靠背双手扶坐						

支撑平坐

学一学：

无靠背双手向前支撑平坐：学生在垫子上坐好，双腿自然伸直分开，手放两腿中间支撑，双手可以左右扩大支撑面积，让学生撑住后保持一段时间。

教学准备：

地垫。

练一练：

看看你能不能做到？

活动：借助物体支撑平坐。

要求：手自然放于椅子支撑平坐，两大腿放平，上体正直，头正，两眼目视前方。

教学建议：

1. 根据学生的程度，决定学生是无靠背支撑坐或靠外物支撑坐。

2. 在家里家长可以用手协助孩子坐好。

3. 坐的时候注意挺胸、坐直、坐稳。

评价内容	教师评价			家长评价		
	独立完成	需要辅助	不配合	独立完成	需要辅助	不配合
无靠背双手向前支撑平坐						
无靠背双手向左、右支撑平坐						

续 表

评价内容	教师评价			家长评价		
	独立完成	需要辅助	不配合	独立完成	需要辅助	不配合
无靠背单手向左、右支撑平坐						
借助物体双手支撑平坐						
借助物体单手支撑平坐						

独立平坐、屈膝平坐

学一学：

独立平坐：学生两大腿放平坐于垫上，上体正直，头正，两眼目视前方。

教学准备：

地垫。

教学步骤：

1. 双脚分开，手放中间，以扩大支撑面积，让学生撑住。

2. 手上拿一个玩具吸引学生，让学生的腰挺起来。

3. 同时两大腿放平，上体正直，头正，两眼目视前方。

学一学：

屈膝平坐：两腿弯曲交叉平放，盘腿而坐，上体正直，头正，两眼目视前方。

教学准备：

地垫。

教学步骤：

1. 学生独立平坐，双腿由伸直变成屈膝交叉。
2. 两大腿放平，上体正直，头正，两眼目视前方。

练一练：

看看你能不能做到？

活动一：独立平坐。

活动二：屈膝平坐。

教学建议：

1. 根据学生的程度，决定学生是独立平坐还是屈膝平坐。
2. 在家里，家长可以用手协助孩子坐好。
3. 坐的时候注意挺胸，坐直、坐稳。

评价内容	教师评价			家长评价		
	独立完成	需要辅助	不配合	独立完成	需要辅助	不配合
能借助外力坐起						
能不扶物体独坐，并保持一段时间						
独坐向前方倾倒时，能向前方伸手撑地						
独坐向旁边倾倒时，能向旁边伸手撑地						
独坐向后方倾倒时，能向后方伸手撑地						
独坐时，上身能左右转动						
仰卧时，能自己坐起来						

三、站姿

扶物站立

学一学：

扶物站立：可借助椅子或桌子等辅助工具，学生扶着辅助物站立。

教学建议：

1. 对于需要扶物站立的学生可借外物辅助，如平行杠、桌椅等，要求学生双腿尽量站直，目光直视前方，坚持时间越久越好。

2. 持续3—5分钟的站立时间后需适当休息，并反复训练几次。

站 立

学一学：

站立：学生两脚自然开立并齐，小腿要挺直，头要抬起来，自然挺胸，目视前方，肩膀要平，两臂自然下垂，手指并拢。

动作要点：抬头，目光直视前方，腰挺直，手放大腿两侧，膝盖尽量不要弯曲。

教学建议：

1. 膝盖尽量不要弯曲，抬头，腰挺直，手放大腿两侧，目视前方。

2. 持续3—5分钟的站立时间后需适当休息，并反复训练几次。

单脚站立

学一学：

单脚站立：要单脚站直，腰挺直，头向前，两手侧平举保持平衡，另外一脚向上抬腿呈90度。

练一练：

熟练站后，可以挑战单脚站和单脚左右轮流站。

教学建议：

1. 膝盖尽量不要弯曲，抬头，腰挺直，手放大腿两侧，目视前方。

2. 对于单脚站立不稳的学生可先扶着教师或家长的手，等慢慢站稳后教师或家长的手再撤离，坚持一段时间后适当休息，并反复练习几次。

评价内容	教师评价			家长评价		
	独立完成	需要辅助	不配合	独立完成	需要辅助	不配合
抬头，目光直视前方						
腰挺直，手放大腿两侧						
膝盖尽量不要弯曲						
能扶物站立						
能独立站好						
站好时，上半身能左右转动						
能独立单脚站好						
能单脚左右轮流站						

第二章　移　动

单元说明：

本单元以移动为主题，通过爬、行走、跳跃、跑、推、端、抛、接、踢、拍等内容进行设计，锻炼学生躯干和四肢的协调性，提高学生对各种感官信息的接受、传导及统合能力。

一、爬

上下肢协调地爬

学一学：

跪　爬

双手双膝齐着地，

两臂两膝与肩宽。

抬起头，分开手，

手膝交替往前爬。

练一练：

学生学会独立爬行以后可设置障碍物进行爬行训练。

教学建议：

学生用手和膝盖支撑身体，双上肢伸直。教师用手抬起学生的一只膝盖弯曲向前移动，另外一只膝盖也接着向前，同时学生双手慢慢向前移动。然后双膝依次前进，手脚交替向前爬行。

匍匐爬行

学一学：

匍匐爬行：身体贴紧地面，用胳膊肘和腿发力，手脚协调向前爬行。

教学建议：

1. 教师或家长先示范匍匐爬行，掌握要点，以便学生模仿和学习。

2. 游戏"穿山洞"：注意提醒学生身体贴紧地面，胳膊肘和腿交替用力向前爬，不能碰到"山洞"。

评价内容	教师评价			家长评价		
	独立完成	需要辅助	不配合	独立完成	需要辅助	不配合
能用双手双膝支撑爬行						
借助外力爬行（推动双脚让其使劲爬）						
能匍匐爬行						

11

二、行走

扶手走

学一学：

扶手走：教师用手扶着学生的大臂慢慢向前走。

练一练：

辅助物：地垫一块。

1. 老师双手五指配合扶住学生。

2. 学生左右脚交替向前迈步。

单手扶手走：

1. 教师单手五指配合扶住学生，另一只手靠近学生。

2. 学生左右脚交替向前迈步。

练一练：

看看你能不能做到？

活动一：双手扶物走。

活动二：单手扶物走。

独自行走

学一学：

走：上体正直，自然挺胸收腹，目视前方，脚先着地，然后自然过渡到前脚掌并蹬离地面，两脚尖正对前方，避免八字脚，摆臂正确。

教学准备：

辅助物，地垫一块。

练一练：

看看你能不能做到？

活动：独自走一段距离。

评价内容	教师评价			家长评价		
	独立完成	需要辅助	不配合	独立完成	需要辅助	不配合
双手扶手走						
单手扶手走						
双手扶物走						
单手扶物走						
独自行走						

不同上楼梯方式

学一学：

扶物上下楼梯：

1.教师牵着学生的手，扶栏上下楼梯。（可以双手拉着学生的双手来完成动作）

2.学生扶好楼梯扶手一步登上，两足站稳，再向上迈步，另一只脚紧跟保持在同一阶层上。

3.熟练自己上楼梯后，教师再牵着学生慢慢学下楼梯。

4.两足在台阶站稳之后，再伸足下迈，另一只脚紧跟保持在同一阶层上。

一步一级上下一级楼梯：

1. 教师牵着学生的手，一步一步上下楼梯。

2. 教师扶好楼梯扶手一步登上，两足站稳，再向上迈步，另一只脚迈向下一个楼层。

3. 熟练自己上楼梯后，教师再牵着学生慢慢学下楼梯。

4. 两足在台阶站稳之后，再伸足下迈，另一只脚迈向下一个楼层。

练一练：

看看你能不能做到？

活动一：双手扶物上下楼梯。

活动二：单手扶物上楼梯。

活动三：独立上下楼梯二三步。

教学建议：

1. 走的时候左右脚要交替向前迈步，步幅不宜过大。

2. 上下楼梯不要急，要注意安全。

3. 能听从口令走一段距离，尽量保持直线，上下楼梯的时候左右脚能交替迈步。

评价内容	教师评价			家长评价		
	独立完成	需要辅助	不配合	独立完成	需要辅助	不配合
上楼梯动作						
下楼梯动作						
双手扶物上楼梯						
双手扶物下楼梯						
单手扶物上楼梯						
单手扶物下楼梯						
双手扶物一步一阶上楼梯						

续 表

评价内容	教师评价			家长评价		
	独立完成	需要辅助	不配合	独立完成	需要辅助	不配合
双手扶物一步一阶下楼梯						
单手扶物一步一阶上楼梯						
单手扶物一步一阶下楼梯						
独立一步一阶上楼梯						
独立一步一阶下楼梯						

三、跳跃

手扶弹跳

学一学：

手扶腋下弹跳：

1. 教师双手五指配合扶住学生。

2. 教师辅助向上用力。

3. 学生脚掌蹬地，双腿弯曲。

练一练：

看看你能不能做到？

活动一：双手扶手弹跳。

活动二：单手扶手弹跳。

原地离地跳

学一学：

独立原地双脚跳：双脚左右自然开立，脚尖保持平行，屈膝向下深蹲，两臂自然向后摆，两腿迅速蹬伸。

教学准备：

软垫一块。

练一练：

看看你能不能做到？

活动一：借助扶物原地跳。

活动二：独立原地跳。

活动三：跳起拿糖果。

教学建议：

1. 跳的时候自然站立，屈膝。向上跳时身体充分展开，前脚掌落地，屈膝缓冲。

2. 抬起双脚起跳，可以扶着东西进行，训练者也可以手扶被训练者的手完成动作。

3. 确定好指导语。（如：双脚并拢，向上跳。）

评价内容	教师评价			家长评价		
	独立完成	需要辅助	不配合	独立完成	需要辅助	不配合
能手扶腋下弹跳走						
能双手扶弹跳						

续表

评价内容	教师评价			家长评价		
	独立完成	需要辅助	不配合	独立完成	需要辅助	不配合
能单手扶弹跳						
能扶物原地跳						
能独立原地跳						

向前后跳

学一学：

独立向前跳：双脚并拢，膝盖弯曲，两脚一起跳，脚伸直，向前跳，落地时，双脚缓冲轻轻着地。

独立向后跳：双脚并拢，膝盖弯曲，两脚一起跳，脚伸直，向后跳，落地时，双脚缓冲轻轻着地。

教学准备：

软垫一块。

练一练：

看看你能不能做到？

活动一：借助器具向前跳（可以用书本、呼啦圈来定点）

活动二：借助器具向后跳（可以用呼啦圈、自制标记来定点）

教学建议：

1. 向前或向后跳时，双脚能短时离地，并向前或后跳，前伸的胳膊与先跳出的脚呈相反方向。

2. 在教学之前，要进行充分的教学准备，教学过程中把学生安全放在首位。

3.确定好指导语。（如：双脚并拢，向前后跳）

评价内容	教师评价			家长评价		
	独立完成	需要辅助	不配合	独立完成	需要辅助	不配合
能向前跳						
能向前跳到指定位置						
能向后跳						
能向后跳进指定位置						

向左右跳

学一学：

独立向左右跳：双脚并拢，膝盖弯曲，两脚一起跳，脚伸直，向左或右跳，落地前，脚尽量轻轻着地

教学准备：

软垫一块。

练一练：

看看你能不能做到？

活动：向左右跳圈（呼啦圈或者地上的圈）

教学建议：

1. 向左右跳时，双脚能短时离地，尽自己所能跳出一定距离，前伸的胳膊与先跳起的脚呈相反方向。

2. 在教学之前，要进行充分的教学准备，教学过程中把学生安全放在首位。

3. 确定好指导语。（如：双脚并拢，向左右跳）

评价内容	教师评价			家长评价		
	独立完成	需要辅助	不配合	独立完成	需要辅助	不配合
能向左跳						
能向左跳到圈里						
能向右跳						
能向右跳到圈里						

向前跨跳一步

学一学：

跨：双腿直立，上身略微前倾，双手向前摆臂，双腿两脚开列，向前抬起，落下。

教学准备：

软垫一块，矮的跨栏。

练一练：

看看你能不能做到？

活动：跨跳过蓝色垫子。

连续向前跨跳

学一学：

连续向前跨跳：双腿直立，上身略微前倾，双手向前摆臂，双腿两脚开列，向前抬起，落下。

教学准备：

软垫一块，矮的跨栏。

练一练：

看看你能不能做到？

活动：连续向前跨跳。

教学建议：

1. 跨跳时，两腿之间能呈一定的角度。

2. 在教学之前，要进行充分的教学准备，教学过程中把学生安全放在首位。

3. 确定好指导语。（如：123，跳）

评价内容	教师评价			家长评价		
	独立完成	需要辅助	不配合	独立完成	需要辅助	不配合
能向前跨跳一步						
能连续跨跳						

连续单脚跳

学一学：

单脚向前跳：单腿站立，另一条腿屈膝抬起，紧贴站立腿，双手自然摆动。站立腿半蹲，前脚掌蹬地，然后身体起跳，屈膝落地缓冲。

教学准备：

海绵棒若干。

练一练：

看看你能不能做到？

活动：连续单脚跳圈。

教学建议：

1. 单脚跳时，抬起的腿向前摆动以产生力量，连续三次跳起、落地。

2. 练习时，不要急于要求远度和高度。

3. 在教学之前，要进行充分的教学准备，教学过程中把学生安全放在首位。

4. 确定好指导语。如（双脚并拢，单脚向前/上跳，单脚跳进呼啦圈，另一只脚不要跳等）

评价内容	教师评价			家长评价		
	独立完成	需要辅助	不配合	独立完成	需要辅助	不配合
在辅助下单脚向前跳						
能在辅助下单脚向上跳						
能单脚连续跳						

四、跑

向前跑

学一学：

跑：两手握拳，手臂弯曲，前后摆臂，前不露肘，后不露拳，两腿前后交替跑步，膝关节向着正前方，用前脚掌做支撑，使身体快速向前跑出。

教学准备：

起跑线，3米距离，终点线。

练一练：

看看你能不能做到？

活动一：室内3米距离来回跑（提示物椅子）

活动二：室内3米距离来回跑（提示物瓷砖线）

指定路线跑

学一学：

指定路线跑：站在起点线后，听跑的口令，沿着指定路线向前跑。

教学准备：

操场，跑道。

练一练：

看看你能不能做到？

活动一：沿着直线跑。（提示物雪糕筒）

活动二：沿着曲线跑。（提示物白色的线）

教学建议：

1. 跑的时候上体尽量保持直立，两臂端平前后摆，自然挺胸。

2. 可以让学生做一做，绕障碍物的跑步练习。

3. 跑步时间不宜过长，注意强度。

4. 跑的时候，双臂与腿能协调反向运动，肘部弯曲，双脚短时离地，腿部可向后弯曲约90度（接近臀部）。

5. 确定好指导语。（如：跑，沿着障碍物跑，沿着标志线跑，向前跑，跑到终点）不能碰到障碍物。

评价内容	教师评价			家长评价		
	独立完成	需要辅助	不配合	独立完成	需要辅助	不配合
能在提示下室内3米距离来回跑						
室内3米距离内跑去						
室内3米距离内跑回						
能在提示下直线跑						
能在提示下曲线跑						

五、推

学一学：

1. 双手推球至远处：双手五指张开抓住皮球，用力使球移动或者向前移动，移动到远处。

教学准备：

皮球，设置起点线。

2. 单手推球：单手五指张开，抓住塑料球，用力使球移动或者向前移动，移动到终点。

教学准备：

塑料球，设置起点线、终点线。

3. 双手推凳子到指定位置：双手五指自然张开，然后握住凳子，用力使凳子移动或者向前移动，移动到终点。

教学准备：

凳子，设置起点线、终点线。

练一练：

看看你能不能做到？

活动一：双手推小球。

活动二：单手推球到指定位置。

活动三：双手推椅子。

教学建议：

1. 先用提示物辅助指定位置，然后逐渐增加距离。

2. 推球时可以先短距离训练，或者增加球门。

3. 双手推球时屈膝弯下身体，当球靠近地板时松开球，使球不至弹起。

4. 单手推球时会一只脚能向前迈步，惯用手向下向后摆动，摆至身后。

评价内容	教师评价			家长评价		
	独立完成	需要辅助	不配合	独立完成	需要辅助	不配合
抓球						
双手推球						
双手推球至远处						

续 表

评价内容	教师评价			家长评价		
	独立完成	需要辅助	不配合	独立完成	需要辅助	不配合
单手推球						
单手推球至指定位置						
双手推凳子						
双手推凳子到指定位置						

六、端

学一学：

1. 双手端水走：双手五指配合张开，抓住水杯，双手端半杯水向前走，使水杯不掉落或水不洒落。

教学准备：杯子、水。

2. 单手端半杯水走：单手五指配合张开，抓住水杯。单手端半杯水向前走，使水杯不掉落或水不洒落。

教学准备：杯子、水。

3. 双手端盛物托盘向前走：双手五指配合张开，抓住托盘，承载物品向前行走，使物品不掉落或水不洒落。

教学准备：托盘、物品。

练一练：

看看你能不能做到？

1. 双手端半盆水。

2. 单手端不锈钢饭盒。

教学建议：

1. 端水时不要弄洒水，并逐步增加距离。

2. 杯子的水可以慢慢增加，练习端水时的稳定性。

3. 走路时水不会洒出，并保持走一段距离。

评价内容	教师评价			家长评价		
	独立完成	需要辅助	不配合	独立完成	需要辅助	不配合
双手端半盆水						
双手端半杯水向前走						
单手端半杯水向前走						
单手端碗向前走						
双手端盛物（固体）托盘向前走						
双手端盛物（液体）托盘向前走						
双手端半杯水向前走						

七、抛

双手空中抛球

学一学：

双手空中抛球：双手拿球，双脚与肩同宽，看准球，微微下蹲，向上抛。球抛起来，眼神和手随球移动并接住球。

练一练：

在家里，可以和孩子一起玩空中抛接球的游戏。

教学建议：

1. 抛球的时候双手把球放在胸前，五指自然张开，两拇指相对呈"八"字形，手指向前上方伸出。

2. 教师在学生后方手把手地引导学生，将其手中的球向前、上、下方抛出，慢慢地让学生学会独立抛球。

3. 注意引导学生抛球的力气不要过大，以免弄伤人或损坏物品。

4. 双手投球时，手臂能向前、上、下方挥动。

5. 投球时重心转移至投手相同的脚上，投球后的弧形动作斜向非惯用身体一侧。

评价内容	教师评价			家长评价		
	独立完成	需要辅助	不配合	独立完成	需要辅助	不配合
双手—手过肩向前抛球						
双手—手过肩向上抛球						
双手—手过肩向下抛球						

双手空中抛球至指定位置

学一学：

双手空中抛球至指定位置：在标准的双手向下抛球动作下，教师把呼啦圈放在固定的位置，给学生指令，将球准确抛到呼啦圈内。

教学准备：

球、呼啦圈、强化物。

练一练：

待学生熟悉将之投进一个固定位置后，教师可适当调整呼啦圈的位置，从近到远，难度越来越大，以训练学生更好地掌握抛球的技巧。

评价内容	教师评价			家长评价		
	独立完成	需要辅助	不配合	独立完成	需要辅助	不配合
双手向前抛球至指定位置						
双手向上抛球至指定位置						
双手向下抛球至指定位置						

单手空中抛球

学一学：

单手空中抛球：单手把球放在胸前，五指自然张开托住球的底部，手指向前上方将球抛出。

练一练：

在家里，家长可以和孩子一起玩空中抛接球的游戏。

教学建议：

1. 教师在学生后方手把手地引导学生，将其手中的球向前、上、下抛出，慢慢地让学生学会独立抛球。

2. 注意引导学生抛球的力气不要过大，以免弄伤人或损坏物品。

评价内容	教师评价			家长评价		
	独立完成	需要辅助	不配合	独立完成	需要辅助	不配合
单手—手过肩向前抛球						
单手—手过肩向上抛球						
单手—手过肩向下抛球						

单手空中抛球至指定位置

学一学：

单手空中抛球至指定位置：在标准的单手向下抛球动作下，教师把呼啦圈放在固定的位置，给学生发指令，学生随之准确抛到呼啦圈内。

教学准备：

球，呼啦圈，强化物。

练一练：

待学生熟悉投进一个固定位置后，教师可适当调整呼啦圈的位置，从近到远，难度越来越大，以训练学生更好地掌握抛球的技巧。

评价内容	教师评价			家长评价		
	独立完成	需要辅助	不配合	独立完成	需要辅助	不配合
双手向前抛球至指定位置						
双手向上抛球至指定位置						
双手向下抛球至指定位置						

八、接

双手接自远处抛来的球

学一学：

接球：当来球时，双手接球要主动伸臂迎球，触球后即随球后引缓冲，在胸腹前接住并护球。

教学建议：

1. 接球的时候五指自然张开，两拇指相对呈"八"字形，手指向前上方伸出。

2. 准备接球时，双手能置于身体前，肘部弯曲。当球抛过来时，学生双臂伸展接球，能用双手接住球。

3. 对于高处落下的球，可以适当弯下膝盖，做出弹跳的动作，双手稍微伸直接球。

评价内容	教师评价			家长评价		
	独立完成	需要辅助	不配合	独立完成	需要辅助	不配合
看着球准备做动作						
接球时五指自然张开，两拇指相对呈"八"字形，手指向前上方伸出						
接球时，双手能置于身体前，肘部弯曲						

续表

评价内容	教师评价			家长评价		
	独立完成	需要辅助	不配合	独立完成	需要辅助	不配合
球抛过来时，双臂伸展接球，能用双手接住球						
适当弯下膝盖，做出弹跳的动作，双手稍微伸直接球						

双手接自地上弹回来的球

学一学：

接地上弹回来的球：当球从地上反弹回来时，迎球跨步，上体前倾，眼睛注视着来球，两臂迎球向前下方伸出，五指自然张开，手指触球后两手握球顺势将球移至胸腹间，保持身体平衡。

教学建议：

1. 接球的时候五指自然张开，两拇指相对呈"八"字形，手指向前上方伸出。

2. 准备接球时，双手能置于身体前，肘部弯曲。当球抛过来时，双臂伸展接球，能用双手接住球。

3. 教师站在离学生2米处，让学生把双手张开放在胸前，以训练其接住老师抛在地上弹上来的球。

评价内容	教师评价			家长评价		
	独立完成	需要辅助	不配合	独立完成	需要辅助	不配合
看着球准备做动作						
接球时五指自然张开，两拇指相对呈"八"字形，手指向前上方伸出						
接球时，双手能置于身体前，肘部弯曲						
球抛过来时，双臂伸展接球，能用双手接住球						
预设球弹起的时间准确接到球						

接抛起落下的球

学一学：

接抛起落下的球：当球抛起落下时，手臂保持伸直的状态，移动脚步，保持手臂与球在垂直位置，掌心相对，用手指将球左右两边夹住并平稳托起。

教学建议：

1. 接球的时候五指自然张开，两拇指相对呈"八"字形，手指向前上方伸出。

2. 拿住球，向上抛出球一段距离，立即准备接球，双手置于身体前，肘部弯曲。当球落下来时，双臂伸展接球，用双手接住球。

3.训练学生向上抛球并接住落下的球这一连贯动作。

评价内容	教师评价			家长评价		
	独立完成	需要辅助	不配合	独立完成	需要辅助	不配合
五指自然张开，两拇指相对呈"八"字形，手指向前上方伸出，并拿住球						
拿住球，把球抛上一段距离，并准备接球						
接球时，双手能置于身体前，肘部弯曲						
球落下时，双臂伸展接球，能用双手接住球						
掌握向上抛球并接住落下的球这一连贯动作						

九、踢

向前踢球

学一学：

向前踢球：直线助跑，支撑前的最后一步稍大些，支撑脚踏在球侧约15厘米处，膝关节微屈，脚趾指向出球方向。踢球腿以髋关节为轴由后向前摆动，膝踝关节外展，脚尖稍翘，以脚内侧对准来球，当膝关节摆至接近球体上方时，小腿加速前摆，击球刹那，脚跟前顶，脚型固定，用脚内侧击球的后中部。

教学准备：

足球。

教学建议：

1. 以快速连贯的步伐接近球。

2. 没踢球的脚放在球略左或右的地方。

3. 在接触到球之即，有一个大迈步。

4. 用惯用脚内侧踢球。

练一练：

在家里，家长可以和孩子进行踢球游戏。

评价内容	教师评价			家长评价		
	独立完成	需要辅助	不配合	独立完成	需要辅助	不配合
能碰到球，并让球动离开原来位置						
能把球踢一段距离						
以快速连贯的步伐接近球						
在接触到球之即，能有一个大迈步或大跳跃						
用惯用脚的脚背（鞋带）或脚趾踢球						

踢球至指定位置

学一学：

把球踢进球门里。

教学准备：

足球、小球门。

教学建议：

1. 以快速连贯的步伐接近球。

2. 在接触到球之即，有一个大迈步或大跳跃。

3. 用惯用脚的脚背（鞋带）或脚趾踢球。

4. 身体面对球前进的方向，踢球至指定位置。

评价内容	教师评价			家长评价		
	独立完成	需要辅助	不配合	独立完成	需要辅助	不配合
能看着指定位置踢球						
把球踢到指定位置附近						
以快速连贯的步伐接近球						
在接触到球之际，有一个大迈步或大跳跃						
用惯用脚的脚背（鞋带）或脚趾踢球						
身体面对球前进的方向，踢球至指定位置						

十、拍

双手连续向下拍球

学一学：

双手拍球：两脚分开与肩膀同宽，腰弯一点点，双手五指分开，掌心稍屈合在球表面，手腕、前臂恰当用力"按压"球。球在弹跳时，手要跟着球的走向"扒近"或"推远"球。

教学准备：

篮球。

练一练：

看谁拍得多？

教学建议：

1. 五指分开，用手指和指根部拍球，肘关节和腕关节随着球的运动上下屈伸，动作要柔和、有节奏。

2. 在掌握拍球技能后，教师可手把手地教学生拍球，反复训练。

3. 看球的高低调整力量大小，等到球跳到最高处时再给它一个向下的力。

4. 拍球的时候，眼睛和身体要始终跟着球移动，眼随球走，球进人进，球退人退，手脚动作协调一致。

评价内容	教师评价			家长评价		
	独立完成	需要辅助	不配合	独立完成	需要辅助	不配合
五指分开，用手指和指根部拍球						

续表

评价内容	教师评价			家长评价		
	独立完成	需要辅助	不配合	独立完成	需要辅助	不配合
肘关节和腕关节随着球的运动上下屈伸						
连续向下拍几下球						
能连续向下拍球,并持续一段时间						

单手连续拍球

学一学:

单手拍球:以右手为例,右手五指分开,掌心稍屈合在球表面,手腕、前臂恰当用力"按压"球。球在弹跳时,手要跟着球的走向"扒近"或"推远"球。

教学准备:

篮球。

教学建议:

1. 五指分开,用手指和指根部拍球,肘关节和腕关节随着球的运动上下屈伸,动作要柔和、有节奏。

2. 大概在腰际,用一只手接触球用指尖向下推球(程度低的可以用手掌)。

3. 球在惯用身体一侧的脚前方或外沿接触地面。

评价内容	教师评价			家长评价		
	独立完成	需要辅助	不配合	独立完成	需要辅助	不配合
五指分开，用手指和指根部拍球						
肘关节和腕关节随着球的运动上下屈伸						
用一只手接触球用指尖向下推球						
球在惯用身体一侧的脚前方或外沿接触地面						
一只手连续向下拍几下球						
一只手连续向下拍球，并持续一段时间						

左右手轮流向下拍球

学一学：

体前变向换手运球：运球时，五指分开，右手拍球的右侧方，使球从自己的体前右侧反弹到左侧前方，同时换左手拍球的左侧方，使球从自己的体前左侧反弹到右侧前方。

教学准备：

篮球。

教学建议：

1. 五指分开，用手指和指根部拍球，肘关节和腕关节随着球的运动上下屈伸，动作要柔和、有节奏。

2. 双脚张开与肩同宽，膝盖弯曲，把球在脚前方接触地面。

3. 左手与右手轮流向下拍球，不移动双脚去重拾的情况下，保持控球，使其连贯四次弹起。

评价内容	教师评价			家长评价		
	独立完成	需要辅助	不配合	独立完成	需要辅助	不配合
五指分开，用手指和指根部拍球						
肘关节和腕关节随着球的运动上下屈伸						
双脚张开与肩同宽，膝盖弯曲，把球在脚前方接触地面						
连续左右手轮流控球4次						
连续左右手轮流控球，并保持一段时间						

第二篇

精细动作

第三章　手眼协调

单元说明：

本单元通过摆弄物品、双手协调、握笔写画、基本操作能力、手眼协调等的训练，锻炼学生的手部精细动作，让学生学会使用生活中常见的工具、玩具、文具等，提高学生的手眼协调能力和适应性反应，进一步提高学生的生活适应能力和自理能力。

一、摆弄物品

用掌心抓握物品

学一学：

掌心位置

教学建议：

1. 开始练习时，教师可以先将物品放入学生掌心处。

2. 练习抓握的物品要选择适合学生的，并且可以按照从大到小、从轻到重、从多到少的顺序逐渐增加难度。

评价内容	教师评价			家长评价		
	独立完成	需要辅助	不配合	独立完成	需要辅助	不配合
将掌心覆盖在物品上						
将物品放入掌心处托住						
拿起一个乒乓球						
拿起一个苹果						
抓起一把花生米						

用拇指、食指和中指抓握物品

学一学：

中指
食指
拇指

43

做一做：

并拢三个手指。

教学建议：

1. 课后练习前，也要先辅导孩子感受一下每一根手指的感知觉，再做抓捏的练习。

2. 用手指先捏起大一点的物品，再捏起小一点的物品。

评价内容	教师评价			家长评价		
	独立完成	需要辅助	不配合	独立完成	需要辅助	不配合
能分别活动一下三根手指						
能用三根手指做"捏"的动作						
能捏起一个大珠子						
能捏起一个小珠子						
能捏起一颗黄豆						

用拇指和食指捡拾物品

学一学：

拇指
食指

做一做：

练习捡拾下列物品。

教学建议：

1. 练习前，先用食指和拇指相互对碰，感受一下这两根手指的感知觉。

2. 先从容易捏起的物品进行练习，再过渡到比较圆润光滑、比较小的物品。

评价内容	教师评价			家长评价		
	独立完成	需要辅助	不配合	独立完成	需要辅助	不配合
能把食指和拇指对碰						

45

续 表

评价内容	教师评价			家长评价		
	独立完成	需要辅助	不配合	独立完成	需要辅助	不配合
用食指和拇指在桌面上徒手做"捏起"的动作						
能捏起一颗糖果						
能捏起一粒花生米						
能捏起一颗光滑的玻璃小球						

把物品放入大容器中

学一学：

用掌心抓握的方式，练习将海洋球放入玩具箱。

试一试：

请尝试将鸡蛋轻轻地放进篮子里。

教学建议：

1. 先尝试将容易抓握的物品放进大一点的容器。

2. 熟练后，可以练习把重一点或者不太容易抓握的物品放进大容器，并且可以增加大容器的高度。

评价内容	教师评价			家长评价		
	独立完成	需要辅助	不配合	独立完成	需要辅助	不配合
能将海洋球放进大箱子里						
能将小皮球放进大箱子里						
能将篮球放进大箱子里						
能将苹果放进篮子里						
能将鸡蛋放进篮子里						

把小物件放入小瓶中

学一学：

用三个或两个手指将小饼干放入小瓶中。

试一试：

尝试将下列物品用两只手指捏起来，找个小瓶子装起来。

教学建议：

练习抓握使用的小物件，可以选择小玻璃球、花生、黄豆、小扣子等。

评价内容	教师评价			家长评价		
	独立完成	需要辅助	不配合	独立完成	需要辅助	不配合
能用三根手指将花生米捏起装进瓶子里						
能用两根手指将花生米捏起装进瓶子里						
能用三根手指将黄豆捏起装进瓶子里						
能用两根手指将黄豆捏起装进瓶子里						
能将小玻璃球捏起装进瓶子里						

二、基本操作能力

摇晃玩具

学一学：

丁零零，摇铃声音真好听。

试一试：

你会玩这几个玩具（日常用品）吗？

教学建议：

1. 摇晃的玩具分好多种，除了摇铃类的乐器，还包括扇子。

2. 平时可以训练学生多转动手腕、摇晃手臂，以锻炼整个手部的灵活性。

评价内容	教师评价			家长评价		
	独立完成	需要辅助	不配合	独立完成	需要辅助	不配合
能将手握住，做摇晃的动作						
能左右摇晃摇铃玩具发出响声						
能前后摇晃摇铃玩具发出响声						
能双手配合摇晃拨浪鼓发出响声						
能单手摇晃拨浪鼓发出响声						

拉 绳

学一学：

我是家里的好帮手，去超市，会帮妈妈拉着篮子。

试一试：

比一比谁的力气大？

教学建议：

1.绳子可由松调到紧。

2. 可以尝试拉一下绳式开关。

评价内容	教师评价			家长评价		
	独立完成	需要辅助	不配合	独立完成	需要辅助	不配合
能拉着玩具车使其行走						
能拉动台灯开关						
能拉动松紧带5厘米						
能拉动松紧带10厘米						
能将绑在棍子上的绳子双手往相反方向拉						

推动玩具车

学一学：

小汽车嘟嘟嘟，开到西来开到东。

试一试：

到超市尝试自己推购物车。

读儿歌，玩一玩：

小汽车嘟嘟嘟，

开到西来开到东。

教学建议：

1. 家长可以在家准备一些不同种类的玩具小汽车或者小飞机等，让孩子在桌面或地上推动其来玩耍。

2. 尝试让孩子推一推小椅子或儿童自行车。

评价内容	教师评价			家长评价		
	独立完成	需要辅助	不配合	独立完成	需要辅助	不配合
用手推着玩具小汽车使其在桌面走动						
推一下玩具小汽车，使其利用惯性向前走动						
双手各推动一辆玩具小汽车						
推动小椅子时，身体跟随其向前走动						
能推着儿童自行车，身体跟随其向前走动						

伸手入容器中取物

学一学：

做一做：

尝试将瓶子里小小的糖取出来。

教学建议：

1. 对于手部动作有困难的学生，教师可以换大一些的容器。
2. 平时在家，家长可以尝试让孩子使用工具从米桶里帮忙舀一勺米。

评价内容	教师评价			家长评价		
	独立完成	需要辅助	不配合	独立完成	需要辅助	不配合
能将篮球从大箱子里取出来						
能将苹果从箱子里拿出来						
能将鸡蛋从篮子里拿出来						
能将乒乓球从球筒里取出来						
能将黄豆大小的物体从瓶子里取出来						

用食指按动玩具开关

学一学：

按动开关。

试一试：

1. 找一找家里的电动玩具开关有什么不同。

2. 在家长的陪同下，让孩子控制一下家中的电器、遥控器开关。

教学建议：

1. 家长在家训练孩子按动开关时，要教育孩子避免手部有水的时候触碰开关。

2. 选择适合孩子控制的电器开关，及时教育孩子注意居家安全。

评价内容	教师评价			家长评价		
	独立完成	需要辅助	不配合	独立完成	需要辅助	不配合
能找见开关						
能按动开关						
能将平移的开关打开再关上						
能将按动的开关打开再关上						
能用遥控器关电器						

一手拿两块积木

学一学：

花花绿绿的积木真好看，选择自己喜欢的其中两块玩一玩吧。

1. 掌心覆盖住两块积木。

2. 手指并拢，将积木抓起来。

试一试：

尝试单手抓起两个漂亮的球吧。

教学建议：

1. 练习手抓积木，可以先让孩子把手覆盖在积木上面，反复按压激发其抓握的兴趣。

2. 孩子的掌握程度熟练后，可将积木换成其他形状的训练物。

评价内容	教师评价			家长评价		
	独立完成	需要辅助	不配合	独立完成	需要辅助	不配合
能抓起至少一块积木						
能抓起至少一个玻璃球						
能双手同时抓起至少一个积木						
能双手抓起至少一个小球						
能用同一只手先后抓起两种物体						

标准位置敲打物品

学一学：

敲敲打打真好玩。

试一试：

敲开鸡蛋皮，把鸡蛋剥开。

教学建议：

1. 家长或教师辅导学生时，可以在被敲打的物体表面以圆圈做标记，标出敲打的位置。

2. 最好不要敲打易碎品。

3. 可以尝试将两个物体表面都做标记，进行互相敲打的游戏。

评价内容	教师评价			家长评价		
	独立完成	需要辅助	不配合	独立完成	需要辅助	不配合
能用小木锤敲打小鼓并使其发出声响						
能用小木锤敲打在纸上的圆圈处						
能用敲击棒敲打手敲琴并使其发出声音						
能将木制小沙锤左右互敲并使其发出声音						
能用小锤子敲打桌子上的钉子						

逐页翻书

学一学：

1. 轻轻取出图书，将书放在桌子上，用手指触摸图书的边沿从上往下直到书的右下方拐角处，食指和大拇指运用两指捏的方法轻轻捏住图书的右下方的一个拐角，将书面打开。

2. 打开书面后，左手放在书的中间，右手手掌在书的中间裂缝处，从上往下触摸一边，把书按平整。

试一试：

尝试帮妈妈把叠好、放进衣柜的衣服取出来。

教学建议：

1. 可以让学生练习按照顺序翻动一沓纸张或者书本。

2. 向学生发出指令：在尽量不弄乱顺序的情况下，以翻动的形式找出指定的物品。

3. 可以根据学生的实际情况训练学生的翻书动作。

评价内容	教师评价			家长评价		
	独立完成	需要辅助	不配合	独立完成	需要辅助	不配合
随意翻动厚纸书本						
逐页翻动儿童布书						
能逐页翻动较薄纸质书						
在一沓书里逐本翻动						
逐页翻动纸质书本						
将叠好的衣服按照从上往下的顺序取出来						

扭动玩具发条

学一学：

你会打开它们的开关吗？

按顺时针扭动

试一试：

家长在家可以让孩子尝试一下开各种锁。

逆时针扭动或顺时针扭动

教学建议：

1. 家长可以采购一些有发条的玩具，让孩子在家多练习。

2. 在家让孩子多练习拿钥匙开锁的动作。

评价内容	教师评价			家长评价		
	独立完成	需要辅助	不配合	独立完成	需要辅助	不配合
能将插在钥匙孔的钥匙拧动						
能将钥匙插进钥匙孔拧动						
能扭动扁形的玩具发条						
能扭动柱形的玩具发条						
能扭动手表上的表把						

把形状块插入形状板

学一学：

试一试：

送形状宝宝回家。

教学建议：

1. 家长可以在给孩子准备玩具屋类型的物品，让孩子练习将对应的形状放进盒子内部。

2. 家长可以从形状单一、大小相同的的物品开始练习，逐渐加大难度。

评价内容	教师评价			家长评价		
	独立完成	需要辅助	不配合	独立完成	需要辅助	不配合
将鸡蛋放进蛋托						
将圆形积木放进对应的圆形孔内						
将长方形积木放进对应的长方形孔内						
将数字造型积木放进对应的孔内						
将带孔积木插在相对应造型的木棍上						

三、双手配合

双手把玩物品

学一学：

试一试：

尝试洗小毛巾，并将它拧一拧。

教学建议：

1. 教师或家长平时可以多让孩子在家练习双手配合的活动，如：拧毛巾、搓洗衣服等。

2. 双手力量比较弱的学生，平时可以运用握力器来锻炼手部力量。

评价内容	教师评价			家长评价		
	独立完成	需要辅助	不配合	独立完成	需要辅助	不配合
互相勾住双手的一根手指						
能双手互相交叉握住						
能打上香皂双手互搓						
能用双手拧毛巾						
能用双手配合随意扭动魔方						

积木互击

学一学：

试一试，敲一敲：

教学建议：

手部力量比较弱的学生可以单手敲击，一只手拿物品，去敲击另一个放置在桌面的物品。

评价内容	教师评价			家长评价		
	独立完成	需要辅助	不配合	独立完成	需要辅助	不配合
能用玩具敲打桌面						
把一只煮熟的鸡蛋在桌面上敲开						
将两块积木互相敲击						
双手互相敲开两只煮熟的鸡蛋						
双手各拿一根木棍并互相敲击发出声音						

双手拆装

学一学：

试一试：

1. 拆开下列物品。

2. 组装下列玩具。

教学建议：

家长或教师可以提供给孩子种类多样的拼装玩具，如：直接拆装型玩具、扭动拆装型玩具、推拉拆装型玩具等。

评价内容	教师评价			家长评价		
	独立完成	需要辅助	不配合	独立完成	需要辅助	不配合
能拆开连在一起的玩具雪花片						
能拆开零食的纸盒子						
能将两片雪花片插在一起						
能将两块塑料积木搭在一起						
能打开纸盒子再沿折线关上						

套圈

学一学：

套圈真好玩。

试一试：

教学建议：

1. 家长辅导孩子双脚站立，或前后脚分开，距离与肩同宽。
2. 单手握住塑料圈，目光注视目标物。
3. 身体向前倾斜，将塑料圈套向目标物。
4. 塑料圈的选择可根据孩子的学习程度从大到小来调换。
5. 塑料圈摆放的远近距离可从近到远根据学习程度来调整。

评价内容	教师评价			家长评价		
	独立完成	需要辅助	不配合	独立完成	需要辅助	不配合
将塑料圈向前丢出去						
用塑料圈将面前桌面上的物体套住						
用小圈套面前桌面上的矿泉水瓶						
用大圈套一米远处的随意物品						
用大圈套一米远处的小玩具						

拧开瓶盖

学一学：

逆时针方向打开 　　顺时针方向关上

试一试：

将下面这些物品的盖子打开。

教学建议：

家长或教师可以让孩子（学生）尝试打开多种多样的盖子，如：易拉罐的盖子、按压式旋转打开的盖子等。

评价内容	教师评价			家长评价		
	独立完成	需要辅助	不配合	独立完成	需要辅助	不配合
能掀开茶杯的盖子						
能一手扶着杯子，另一只手掀开杯盖						
能模仿拧开的动作						
能旋转按钮开关						
能拧开较松的盖子						
能拧开较紧的盖子						

穿洞板

学一学：

好玩的穿洞板，一起来玩吧。

试一试：

教学建议：

1. 完成精细动作练习，引导学生要养成平时生活中的观察能力。
2. 可以使用教具辅导学生学习钉纽扣。

评价内容	教师评价			家长评价		
	独立完成	需要辅助	不配合	独立完成	需要辅助	不配合
用一根手指穿过测试者做圆圈状的手指						
左手或右手手指做圆圈状，另一边的一个手指穿过						
能将线穿过钥匙环						
能用线穿起大珠子						
能用线穿起小珠子						

四、手眼协调

叠起积木

学一学：

花花绿绿的积木真好看，我们一起当小小建筑师吧。

71

试一试：

叠起2块积木　　　叠起7块积木

叠起10块积木

玩一玩：

将下列玩具按照合适的顺序叠起来。

教学建议：

学生熟练掌握后可以适当增加积木的数量。

评价内容	教师评价			家长评价		
	独立完成	需要辅助	不配合	独立完成	需要辅助	不配合
能将两个纸杯叠套在一起						
能将一个纸杯杯口朝上叠在另一个扣在桌面的纸杯上面						
能叠起两块积木不掉落						
能叠起7块积木不掉落						
能叠起10块积木不掉落						

穿珠子

学一学：

试一试：

穿中型珠子

穿小型珠子　　　　　　穿微型珠子

教学建议：

1. 在练习穿珠子之前，家长或老师可以先提供台式绕珠玩具给学生来练习。

2. 练习穿珠子初始阶段，可以把绳子固定在细条形发夹或者塑料针形工具上，这样比较容易穿过去。

评价内容	教师评价			家长评价		
	独立完成	需要辅助	不配合	独立完成	需要辅助	不配合
用细木棒穿起两个钥匙环						
用线穿起两个钥匙环						
用线穿起两个大号珠子						
用线穿起两个中号珠子						
用线穿起两个小号珠子						

穿鞋带

试一试：

练一练：

教学建议：

学生可以先拿鞋带从穿两个鞋带洞开始练习，在此基础上循序渐进地增加鞋带洞的数量。

评价内容	教师评价			家长评价		
	独立完成	需要辅助	不配合	独立完成	需要辅助	不配合
指出鞋带要穿过的位置						
将鞋带的一头穿进鞋带孔再拉一下						

续 表

评价内容	教师评价			家长评价		
	独立完成	需要辅助	不配合	独立完成	需要辅助	不配合
能将鞋带的两头都穿进鞋带孔再拉一下						
能将穿好的鞋带两头交叉						
能将穿好的鞋带打一个活扣						

从洞板中拿出小柱

学一学：

练一练：

请你把这些画笔收拾好吧。

教学建议：

1. 学习把柱状物品从洞板中取出，用作练习的物品长度可以从短到长循序渐进地练习。

2. 学生熟练掌握后，可以让其练习把长一些的物品从深一点的瓶子取出这一环节。

3. 瓶子的口径可以从宽到窄循序渐进地练习。

评价内容	教师评价			家长评价		
	独立完成	需要辅助	不配合	独立完成	需要辅助	不配合
能从筷子筒里取出一只筷子						
能一只手扶住筷子筒，另一只手从筷子筒里取出一只筷子						
能从满盒的水彩笔里取出其中一只						
能从满盒的粉笔盒里取出其中一只						
能从满盒的棉签筒里取出一只						

将小珠子放进小瓶里

学一学：

两只手指或三只手指捏起小馒头，轻轻放入小瓶子，比一比，看谁最快完成。

试一试：

家长帮孩子准备一个小瓶子，训练孩子将下列物品装进去。

教学建议：

1. 训练孩子练习将小珠子装进小瓶子，选择生活中常见的圆形、颗粒状物品。

2. 可以先将小粒物品放进宽口瓶子，再向窄口小瓶子过渡。

3. 开始练习时，家长或教师可以帮孩子扶住瓶子。

评价内容	教师评价			家长评价		
	独立完成	需要辅助	不配合	独立完成	需要辅助	不配合
将小号珠子装进宽口瓶子						
将小号珠子放进窄口瓶子						
将黄豆放进宽口瓶子						

续 表

评价内容	教师评价			家长评价		
	独立完成	需要辅助	不配合	独立完成	需要辅助	不配合
将黄豆放进窄口瓶子						
将大米粒放进窄口瓶子						

扣扣子、解扣子

学一学：

1. 扣扣子。

（1）从下面开始，衬衣有扣子和扣眼的那一面叫作衬衣的前襟。把衬衣穿上，站起来，两手顺着衣服前襟的底边抓住两个下角，把两个角对齐，这样衬衣两边也是齐的。

（2）找到第一个扣子。用左手找到衣服最下面的扣子，用右手找到衣服最下面的扣眼。

（3）抓住扣子。用左手的大拇指和食指抓住扣子，大拇指放在扣子背面，食指尖放在扣子正面。用右手抓住靠近扣眼的衣服边，然后轻轻地拽起来，这样扣眼就能稍微张开，扣子也容易塞进去。把大拇指往扣眼里塞进去一点儿也会有帮助。

（4）把扣子穿进去。把扣子的一边穿进扣眼，然后用右手的大拇指和食指抓住扣子。这一步是最难的，需要不断练习，增强协调性。当你用右手抓住扣子后，就把扣子从扣眼里拽过去了。

2. 解扣子。

（1）将衣服正面向上，平放。

（2）用左手拇指、食指拉住有扣眼的衣服边，用右手捏住扣子。

（3）用右手把纽扣向右下方轻轻扭转下压，从扣眼中塞出。

（4）用左手捏住塞出的纽扣，将其拉出。

（5）用同样的方法将全部纽扣由上至下，依次解开。

试一试：

各种各样的扣子。

教学建议：

1. 教师可以利用实物向学生演示扣扣子的方法，并讲解动作要领。

2. 提醒学生注意双手的配合要协调。

3. 学生在家里学习自己穿衣服。

评价内容	教师评价			家长评价		
	独立完成	需要辅助	不配合	独立完成	需要辅助	不配合
能对齐衣服两边						
能找到扣子与扣眼						
扣子能对准扣眼						
能把扣子塞进扣眼						
能双手配合扣上按扣						
用左手拇指、食指拉住有扣眼的衣服边，右手捏住扣子						
右手把纽扣向右下方轻轻扭转下压，从扣眼中塞出						
左手捏住塞出的纽扣，将其拉出						
能双手配合解开按扣						
能双手配合解开圆形扣子						
能双手配和系上圆形扣子						
能双手配合打开牛角扣						
能双手配合系上牛角扣						

快速对指

学一学：

请你跟我这样做。

一对一　　　　二对二　　　　食指对食指，拇指对拇指……

教学建议：

1. 家长引导孩子感受每一根手指的不同。

2. 对指速度从慢速到快速，根据孩子的接受程度来调节。

3. 可以进行家长和孩子手指互对的游戏。

评价内容	教师评价			家长评价		
	独立完成	需要辅助	不配合	独立完成	需要辅助	不配合
能用左手手指去对碰右手手指						
能左右手食指互碰						
能用任意手指去对碰测试者的手指						

续 表

评价内容	教师评价			家长评价		
	独立完成	需要辅助	不配合	独立完成	需要辅助	不配合
能伸出和测试者相同的手指互对						
能快速地对碰自己的手指						

折 纸

学一学：

你们喜欢吗？

折纸的基本方法。

83

试一试：

按照下列步骤，在家长或老师的引导下，折一折纸飞机。

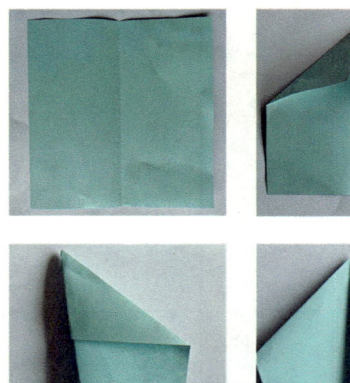

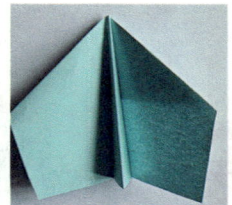

教学建议：

1. 练习折纸，要先从基本的折纸技法开始，练习边对边对折、角对角对折等。

2. 选用软硬适中的折纸。

评价内容	教师评价			家长评价		
	独立完成	需要辅助	不配合	独立完成	需要辅助	不配合
能单手将纸任意折一下						
能双手配合将纸任意折一下						

续 表

评价内容	教师评价			家长评价		
	独立完成	需要辅助	不配合	独立完成	需要辅助	不配合
能将纸沿折痕对折一下						
能将纸沿虚线对折一下						
能不借助辅助将纸的两个边对折一下						

五、握笔写画

用掌心握笔

学一学：

我们要写字画画，有时候可以使用掌心来握住笔。

掌心位置在这里 　　步骤一 　　步骤二

学一学：

我们要写字画画，首先要学习正确的握笔姿势。

教学建议：

1. 可以让学生先进行抓握的练习。

2. 一开始练习掌心握笔动作，可以使用适当粗一点儿的钢笔，等学生练习抓紧以后，再换成细一点儿的铅笔。

3. 最后进行正确抓笔练习。

评价内容	教师评价			家长评价		
	独立完成	需要辅助	不配合	独立完成	需要辅助	不配合
能握住拳头						
能用掌心握住测试者的两根手指						
能用掌心握住一支铅笔						
能正确握笔						

仿画竖线

学一学：

请你沿虚线仿画出下面的线。

试一试：

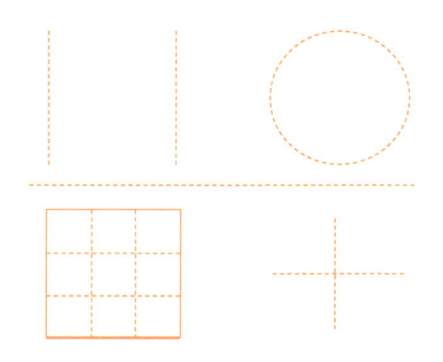

用横、竖线、圆形、十字、正方形装饰下列衣物。

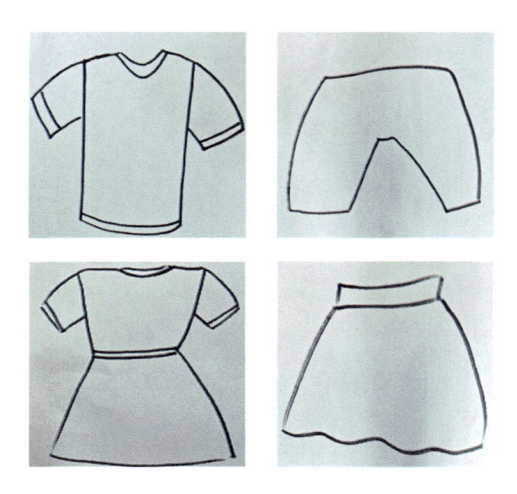

教学建议：

练习竖线后，可以再练习画斜线。

评价内容	教师评价			家长评价		
	独立完成	需要辅助	不配合	独立完成	需要辅助	不配合
能用书空的方式从上往下画						
能用手指在墙壁上自上而下画						

续 表

评价内容	教师评价			家长评价		
	独立完成	需要辅助	不配合	独立完成	需要辅助	不配合
能用手指在纸上自上而下画						
能握笔在纸上沿虚线画一条竖线						
能给简笔画用竖线装饰						

仿画横线

学一学：

请你仿照虚线画横线

试一试：

用横线装饰下列衣物。

教学建议：

1. 在纸上画横线之前，可以先徒手做书空的练习。
2. 可以先练习短横线，再练习长横线。

评价内容	教师评价			家长评价		
	独立完成	需要辅助	不配合	独立完成	需要辅助	不配合
能用书空的方式从左至右画						
能用手指在墙壁上从左至右画						
能用手指在纸上从左至右画						
能握笔在纸上沿虚线画一条横线						
能给简笔画用横线装饰						

仿画圆形

学一学：

学习沿虚线画圆形

试一试：

画一画同心圆。

教学建议：

可以引导学生用手沿着圆形杯口或者瓶盖来画圈，感受一下画圆形的感觉。

评价内容	教师评价			家长评价		
	独立完成	需要辅助	不配合	独立完成	需要辅助	不配合
能用手沿着圆形杯口的形状滑动						
能用手指沿着圆形塑料圈的内壁滑动						
能用书空的方式画圆形						
能用手指在墙壁上画圆圈						
能用手指在纸上画圆形						
能握笔在纸上沿圆形虚线画						
能给简笔画用小圆形装饰						

仿画十字

学一学：

横线加竖线就是一个十字形，请沿虚线画一个十字形。

试一试：

尝试在九宫格里画十字。

教学建议：

学会画十字形以后，可以尝试用斜线交叉的方式画"×"。

评价内容	教师评价			家长评价		
	独立完成	需要辅助	不配合	独立完成	需要辅助	不配合
能用手指描一描纸上的"十"字						
能在纸上沿虚线画一个"十"字						

续表

评价内容	教师评价			家长评价		
	独立完成	需要辅助	不配合	独立完成	需要辅助	不配合
能在纸上画一个"十"字						
能在大方格里画一个"十"字						
能在小方格里画一个"十"字						

仿画正方形

学一学:

像这样,沿着虚线,我们就可以画一个正方形了。

试一试:

在下面找到你喜欢的衣服,用 ☐ 框出来。

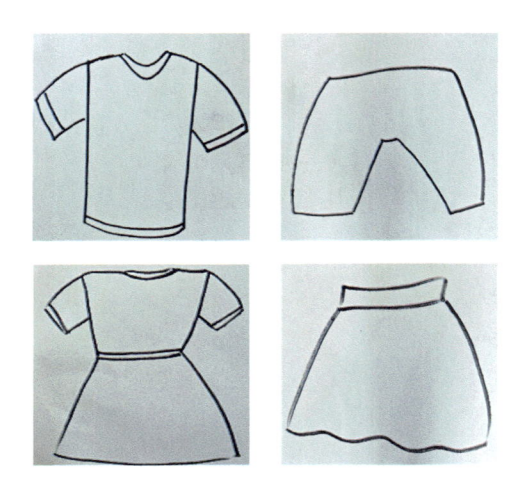

教学建议：

在开始画之前，教师可以引导学生用手在空中画出正方形。

评价内容	教师评价			家长评价		
	独立完成	需要辅助	不配合	独立完成	需要辅助	不配合
能画两条相隔一定距离的竖线						
能画两条相隔一定距离的横线						
能用先后画两个横线和竖线的方式画一个正方形						
能在纸上沿虚线画一个正方形						
能按照测试者演示的线条顺序画一个正方形						
能用正方形将相应的图片在纸上圈出来						

连 线

学一学：

1. 点对点连线。

2. 添一笔，下图变成一个什么图形呢？

3. 这些物品是一对。

连一连：找到它们的伙伴。

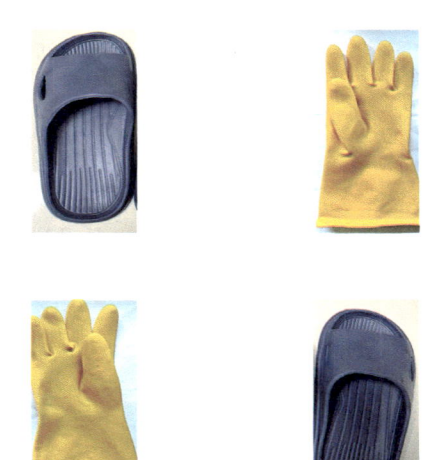

教学建议：

1. 生活中能配对的物品有很多，如：衣物类、文具类。

2. 连线的标准有很多，如：点对点连线，连线组成一个图形、相同的颜色、品种类、相同的功能等。

评价内容	教师评价			家长评价		
	独立完成	需要辅助	不配合	独立完成	需要辅助	不配合
能指出自己的双手和双脚						
知道手套、鞋子、袜子等是和身体对应的配套物品						
能找出两个外形相同的物品						
能找出两个颜色相同的物品						

续 表

评价内容	教师评价			家长评价		
	独立完成	需要辅助	不配合	独立完成	需要辅助	不配合
能点对点连线						
能在辅助线的帮助下连线						
能根据要求连线						

仿画曲线

学一学：

生活中常见的曲线。

画一画：

试一试：

给裙子画上漂亮的曲线花边。

教学建议：

引导学生做曲线的书空练习或者在桌面徒手练习画曲线。

评价内容	教师评价			家长评价		
	独立完成	需要辅助	不配合	独立完成	需要辅助	不配合
能用手配合从左至右做横向波浪的动作						
能用手自上而下做竖向波浪的动作						
能用手指在纸上沿虚线画波浪线						
能握笔在纸上沿虚线画波浪线						
能握笔给简笔画用波浪形线条装饰						

线内涂色

学一学：

看，条纹衣服多好看！

横纹　　　　　竖纹

你也来画一画吧。

教学建议：

1. 学生开始练习线内涂色可选择直线，再慢慢过渡到曲线。

2. 格子的数量从少到多，从宽到窄。

评价内容	教师评价			家长评价		
	独立完成	需要辅助	不配合	独立完成	需要辅助	不配合
能握笔沿着直线线条涂色						
能握笔在两条直线线条内部涂色						

续 表

评价内容	教师评价			家长评价		
	独立完成	需要辅助	不配合	独立完成	需要辅助	不配合
能握笔沿着弧线线条涂色						
能握笔在两条弧线线条内部涂色						
能给简笔画彩虹涂上任意颜色						
能给格子涂上任意颜色						

抄写文字

学一学：

1. 让我们来认一认这些汉字吧。

大　　小　　口　　人

2. 你也来写一写吧。

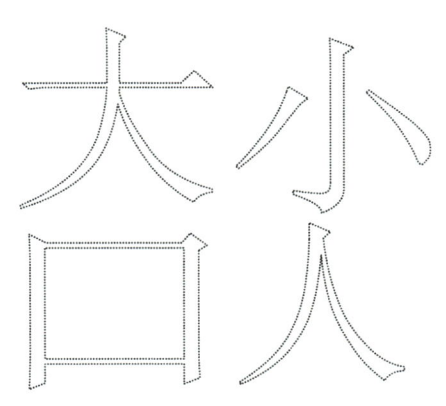

教学建议：

低年龄段学生开始学写字可以先从认描笔画开始然后再进行描红练习。

评价内容	教师评价			家长评价		
	独立完成	需要辅助	不配合	独立完成	需要辅助	不配合
能以书空的方式描一描黑板上的笔画						
能用手描一描黑板上的笔画						
能以书空的方式描一描黑板上的独体字						
能用手描一描黑板上的独体字						
能握笔描一描本上的笔画						
能握笔仿照写一写笔画						
能握笔描一描本上的简单独体字"大、口、小"						
能握笔仿照写一写简单独体字"大、口、小"						

六、工具使用

用胶棒贴配图形

学一学：

贴一贴。

试一试：

请使用固体胶，把鲸鱼贴在海水上自由自在游泳吧。

教学建议：

1. 家长平时可以把分门别类的物品写好标签，让孩子帮忙将标签贴在包装袋（盒）上。

2. 可以尝试引导孩子使用胶水、双面胶、固体胶等粘贴工具。

评价内容	教师评价			家长评价		
	独立完成	需要辅助	不配合	独立完成	需要辅助	不配合
能旋转出固体胶再将其旋转进内部						
能把胶水或者固体胶涂在纸上						
能使用固体胶把纸片贴在纸上						
能用固体胶或者胶水把相同的纸片贴在一起						
能将相同的纸片撕下来贴在一起						
能撕开双面胶的两个面						
能使用双面胶贴纸片						

剪 纸

学一学：

学习使用剪刀。

用拇指和食指穿过剪刀柄，刀刃夹住纸片，手指上下开合。

沿直线剪纸

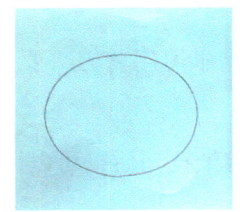

剪圆形

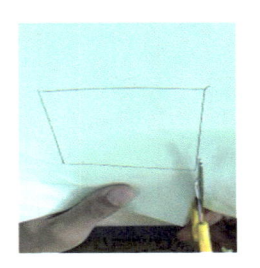

剪正方形

试一试：

尝试剪一剪下列复杂图形，看看能得到什么图案吧。

教学建议：

1. 学生一开始学习用剪刀，要先练习抓握剪刀的感觉，然后再进行剪纸的学习活动。

2. 熟练掌握剪纸技巧后，可以用纸的折痕来代替在纸上画线。

评价内容	教师评价			家长评价		
	独立完成	需要辅助	不配合	独立完成	需要辅助	不配合
能将手指套进剪刀握柄处						
能握住剪刀柄做打开、合上的动作						
能操作剪刀做"剪"的动作						
能操作剪刀剪纸						
能操作剪刀将纸剪断						
能操作剪刀沿虚线剪						
能操作剪刀沿折痕剪						

把橡皮泥搓成条状

学一学：

做一做。

试一试：

教学建议：

将橡皮泥搓长条时，可以把橡皮泥放在桌面，既可以单只手搓，也可以两只手互搓。

评价内容	教师评价			家长评价		
	独立完成	需要辅助	不配合	独立完成	需要辅助	不配合
能用手搓橡皮泥前后滚动						
能单手用前后滚动的方式将橡皮泥搓长条						
能双手配合用前后滚动的方式将橡皮泥搓长条						
能将橡皮泥拿起来用双手互搓的方式搓橡皮泥						
能将橡皮泥拿起来用双手互搓的方式搓成10厘米长条而不断落						

拉开或套上笔套

学一学：

做一做。

拉开笔套　　　　套上笔套

试一试：

将下面这些玩具拉开再套上。

教学建议：

练习拉开、套上这个动作时，可以选择一些拼插类的玩具作为练习工具，可以用不同的笔让学生训练拉开和套上笔套。

评价内容	教师评价			家长评价		
	独立完成	需要辅助	不配合	独立完成	需要辅助	不配合
能指出笔帽的位置						
能握笔将笔杆和笔帽往相反方向拉						
能将笔杆和笔帽拉开						

续 表

评价内容	教师评价			家长评价		
	独立完成	需要辅助	不配合	独立完成	需要辅助	不配合
能将笔杆和笔帽对准						
能将笔帽盖在笔杆上						
能打开两块塑料组装积木						
能将两块塑料组装积木扣在一起						

盖印章画

学一学：

印章画真漂亮。

试一试：

跟老师一起来学手印画。

教学建议：

可以自己用生活中的材料做一枚印章，如：胡萝卜、白菜根等。

评价内容	教师评价			家长评价		
	独立完成	需要辅助	不配合	独立完成	需要辅助	不配合
能用印章印在纸上						
能用手指蘸取颜料印在纸上						
能用手掌蘸取颜料印在纸上						
能把涂有颜料的叶子印在纸上						
能用菜根蘸取颜料印在纸上						
能用手指和手掌蘸取颜料在纸上印一个组合						

用橡皮擦掉格子内字体

学一学：

下面格子里的字写错了，怎么办呢？没关系，我有办法。

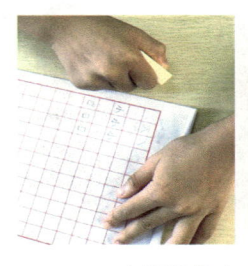

它们是橡皮，本领可大了

练一练：

做一做。

家长在格子纸上任意图画内容，让孩子尝试擦掉它们。

教学建议：

1. 格子可以从大过渡到小。

2. 擦除内容可以从简单线条过渡到复杂的涂鸦。

评价内容	教师评价			家长评价		
	独立完成	需要辅助	不配合	独立完成	需要辅助	不配合
会使用橡皮在纸上擦						
会使用橡皮沿线条走向擦掉纸上的线条						
会使用橡皮擦掉纸上的圆形						
会使用橡皮擦掉大格子里的图形						
会使用橡皮擦掉小格子的文字						
会使用橡皮擦格子里涂黑的铅笔迹						

把纸张放进文件袋内

学一学：

我会整理文件袋。

做一做：

把你喜欢的图画纸、卡片整理好，并放进文件袋。

教学建议：

家长可以先提供一些小玩具、卡片等，让孩子将它们放进文件袋。熟练后，再过渡到将单页纸张一页一页地放进文件袋。

评价内容	教师评价			家长评价		
	独立完成	需要辅助	不配合	独立完成	需要辅助	不配合
能拉开文件袋的拉链再关上						
能打开文件袋的扣子再扣上						

111

续 表

评价内容	教师评价			家长评价		
	独立完成	需要辅助	不配合	独立完成	需要辅助	不配合
能将一张硬卡片纸放进文件袋里						
能将一张普通A4纸放进文件袋里						
能将三页普通A4纸逐页放进文件袋里						

用直尺画线 10 厘米

学一学：

它叫尺子，本领可大了。

把尺子放平在纸上。　　压紧尺子，在零刻度开始画线。

一直画到刻度10厘米的位置。　　瞧，一条10厘米的线画好了！

这些都是尺子，但你知道它们分别是做什么的吗？

练一练，做一做：

让爸爸妈妈帮你量一下身高吧。

教学建议：

1. 先从认识刻度开始。

2. 低年龄孩子对尺子刻度的理解有难度，家长可以用身高贴帮孩子量身高，让孩子初步感受一下尺子的妙用。

评价内容	教师评价			家长评价		
	独立完成	需要辅助	不配合	独立完成	需要辅助	不配合
能将铅笔放在平铺于纸上的尺子上方						
能将铅笔沿着尺子上方边缘画						

续 表

评价内容	教师评价			家长评价		
	独立完成	需要辅助	不配合	独立完成	需要辅助	不配合
能认识刻度						
能用双手配合的方式沿着尺子画1厘米直线						
能用双手配合的方式沿着尺子画5厘米直线						
能用双手配合的方式沿着尺子画10厘米直线						

第三篇

社会交往能力

第四章　社交前基本能力

单元说明：

本单元通过视觉注视、视觉追踪、视觉辨别、视觉记忆、再现再认等能力的训练，启发学生沟通动机，让学生学会与人目光交流，能够模仿一些简单的动作和表情，能够辨认自己及照顾者，提高学生的视觉注意力和适应性反应，提高学生的视觉注意和视觉信息加工能力，增强学生的视觉感受能力和辨别能力，促进学生的沟通能力。

一、社交中非口语能力

躺着用目光注视社交的对象

教学准备：

刺激物（颜色纸、糖果等）、强化物。

教学目标：

1. 学习躺着目光注视。

2. 学习并掌握目光注视照顾者。

3. 通过目光注视，激发学生的沟通动机。

教学内容：

1. 学生平躺，训练者将某一颜色鲜艳的物品（如糖果）放在学生正面方向，训练者发出指令："看前面。"要求学生进行目光追视，吸引孩子眼球。

2. 学生平躺，训练者将某一颜色鲜艳的物品（如糖果）放在学生右边方向，训练者发出指令："看右边。"要求学生进行目光追视，吸引孩子眼球。

3. 学生平躺，训练者将某一颜色鲜艳的物品（如糖果）放在学生左边方向，训练者发出指令："看左边。"要求学生进行目光追视，吸引孩子眼球。

4. 训练者将颜色鲜艳的物品（如糖果）换成声音（如铃鼓和拍手）的方式来吸引孩子，按照上面1到3的顺序进行操作。

教学建议：

1. 选择颜色鲜艳的物品或者光线进行目光追视，吸引孩子眼球，但是不能直接把光照在孩子眼睛上。

2. 听指令，听声音寻物品，也可以通过光线进行目光追寻物品。

拓展练习：

1. 在手指上贴上各种颜色的纸，放在孩子的眼前跟孩子一起玩游戏，帮助孩子学会主动与他人进行目光注视。

2. 听指令目光注视物品。

3. 听声音寻物品。

4. 通过光线寻物品。

5. 待孩子掌握到一定的程度后，训练者可适当增加难度，训练孩子注视从左到右或从上到下连贯的动作。

评价内容	教师评价			家长评价		
	独立完成	需要辅助	不配合	独立完成	需要辅助	不配合
目光与他人注视						
目光向左注视						
目光向右注视						
听声音寻物品						
根据光线提示寻物品						
听指令目光向不同地方注视						
目光从左到右连贯注视						
目光从上到下连贯注视						

坐着用目光注视社交的对象

教学准备：

刺激物（对比鲜明的纸、糖果等）、强化物。

教学目标：

1. 学习坐着目光注视照顾者（老师）。

2. 掌握坐着目光注视的技能以及进行主动性训练。

3. 通过目光交流使孩子产生沟通欲望从而引发声音。

教学内容：

1. 学生与训练者面对面坐在椅子上，训练者拿出一张彩色卡纸，放在学生的正前方30厘米左右距离，训练者发出指令："看一看老师手中的卡片。"要求学生注视卡片。

2. 学生与训练者面对面坐在椅子上，训练者拿出一张彩色卡纸，放在学生的正前方1米以外距离，训练者发出指令："看一看老师手中的卡片。"要求学生注视卡片。

3. 学生与训练者面对面坐在椅子上，训练者拿出一张彩色卡纸，放在学生的左前方距离，训练者发出指令："看着卡片。"要求学生注视卡片。

4. 学生与训练者面对面坐在椅子上，训练者拿出一张彩色卡纸，放在学生的右前方距离，训练者发出指令："看着卡片。"要求学生注视卡片。

教学建议：

1. 选择颜色鲜艳、对比明显的纸进行目光追视。

2. 按照从近到远又从远到近的顺序依次进行。

3. 听指令，听声音寻社交的对象，也可以通过光线进行目光寻社交的对象。

拓展练习：

1. 在手指上贴上各种颜色的纸，放在孩子的眼前跟孩子一起玩游戏，帮助孩子学会主动与他人进行目光注视。

2. 可通过辨认声音（敲打物品或说出孩子的名字）的方式训练孩子目光注视的能力，也可通过光线进行训练。

3. 待孩子掌握到一定的程度后，训练者可适当增加难度，训练孩子注视从左到右或从上到下连贯的动作，以及听指令做目光注视社交对象。

评价内容	教师评价			家长评价		
	独立完成	需要辅助	不配合	独立完成	需要辅助	不配合
目光近距离注视						
目光远距离注视						
听着声音目光追寻						
借助光线目光追寻						
听指令目光追寻						
目光从左到右连贯注视						
目光从上到下连贯注视						

站着用目光注视社交的对象

教学准备：

刺激物（拨浪鼓或摇铃）、强化物。

教学目标：

1. 学习站着目光注视。

2. 掌握站着目光注视的技能。

3. 培养孩子的主动追视能力，激发语言的表达。

教学内容：

1. 学生与训练者面对面站着，训练者发出指令："看着我。"要求学生注视训练者。

2. 学生背对训练者站着，训练者发出指令："转过头来看我。"要求学生转头注视训练者。

教学建议：

1. 引导学生自主进行追视，完成整个动作。

2. 更换不同的方位让学生进行追视练习，达到目标。

3. 教师要及时对学生进行鼓励，提高学生的学习兴趣。

拓展练习：

1. 击鼓传声游戏。

2. 可通过辨认声音（敲打物品或说出孩子的名字）的方式训练孩子目光注视的能力，也可通过光线进行训练目光注视的能力。

3. 待学生掌握到一定的程度后，训练者可适当增加难度，利用拨浪鼓等制造声音训练孩子注视从左到右或从上到下连贯的动作。听指令做相关动作。

评价内容	教师评价			家长评价		
	独立完成	需要辅助	不配合	独立完成	需要辅助	不配合
目光与他人注视						
目光正面注视						
目光非正面注视						

续 表

评价内容	教师评价			家长评价		
	独立完成	需要辅助	不配合	独立完成	需要辅助	不配合
目光从左到右连贯注视						
目光从上到下连贯注视						

主动走近熟悉的人

教学准备：

师生互动物品（如糖果、书籍等）。

教学目标：

1. 学会主动走向熟悉的人。

2. 掌握与人沟通的技能。

3. 帮助学生养成良好的沟通习惯。。

教学内容：

1. 学生与家人面对面站着（如面对着奶奶），训练者发出指令："向奶奶问好。"要求学生与家人问好，可以采用主动走近、打招呼、招手、拥抱等方式。

2. 学生与邻居面对面站着（如面对着阿姨），训练者发出指令："向阿姨问好。"要求学生与邻居问好，可以采用主动走近、打招呼、招手等方式。

3. 学生与老师面对面站着，训练者发出指令："向老师问好。"要求学生与老师问好，可以采用主动走近、打招呼、招手、鞠躬等方式。

教学建议：

1. 可以根据学生能力选择合适的活动。

2. 可以安排找宝藏游戏训练学生的注意力和沟通能力。

3. 教师要及时对学生进行鼓励，提高学生的学习兴趣。

拓展练习：

表达自己的需求时，主动走近熟悉的人，并寻求帮助。

评价内容	教师评价			家长评价		
	独立完成	需要辅助	不配合	独立完成	需要辅助	不配合
主动向同伴问好						
主动向家人问好						
主动向邻居问好						
主动向老师问好						
主动向熟悉的人寻求帮助						

克服对陌生人的恐惧

教学准备：

创设情境（在确保安全的情况下进行）。

教学目标：

1. 能够克服恐惧心理，走近陌生人。

2. 培养学生的沟通动机。

3. 通过与陌生人的接触，激发学生的沟通动机。

教学建议：

1. 给予学生一些心理暗示，增强其自信心从而克服恐惧心理。

2. 创设的环境可以是学生比较舒适的，如饭后或午睡起床后。

3. 教师要及时对学生进行鼓励，以提高其学习兴趣。

拓展活动：

1. 让学生跟好朋友拉拉手，说："我们都是好朋友。"

2. 学生去超市买东西，自己试一试走到收银台结账。

评价内容	教师评价			家长评价		
	独立完成	需要辅助	不配合	独立完成	需要辅助	不配合
面对陌生人（小孩）不恐惧						
面对陌生人（大人）不恐惧						
面对陌生人不恐惧而且主动打招呼						

二、认识自己

认识镜中的自己

教学准备：

镜子（长镜子）、强化物。

教学目标：

1. 通过镜子认出镜子里的自己。

2. 培养孩子的视觉辨别能力。

3. 通过视觉辨别能力增强沟通意识。

教学内容：

1. 照着镜子来唱歌。学生站在镜子前，训练者与学生一起边唱歌边照镜子。

照镜子

镜子里面有个我，
镜子外面一个我。
我张嘴来他张嘴，
我舞蹈来他舞蹈。

2. 照着镜子擦嘴巴。情境模拟：学生吃东西后嘴巴脏了，照着镜子擦擦嘴。

3. 照着镜子欣赏衣服。情境模拟：学生穿了一件新衣服，照着镜子欣赏自己漂亮的衣服。

教学建议：

1. 教师引导学生注视镜中自己的影像。

2. 选择长的大块的镜子，让学生能够清晰看到自己。可以一个人也可以多人一起进行，培养学生的辨别能力。

3. 教师要及时对学生进行鼓励，以提高其学习兴趣。

拓展练习：

回家照照镜子，看看镜子中的自己，并尝试指认镜子中自己的五官、头发、四肢等。

评价内容	教师评价			家长评价		
	独立完成	需要辅助	不配合	独立完成	需要辅助	不配合
对着镜子指认自己的头发						

续 表

评价内容	教师评价			家长评价		
	独立完成	需要辅助	不配合	独立完成	需要辅助	不配合
对着镜子指认自己的五官						
对着镜子指认自己的四肢						
懂得利用镜子的功能擦嘴、擦脸						
懂得利用镜子整理自己的衣服、头发						

认识自己的衣服

教学准备：

一套孩子的衣服、强化物。

教学目标：

1. 正确指认自己的衣服。

2. 培养学生的观察、辨析能力。

3. 通过对自己物品的指认，激发学生的沟通动机。

教学内容：

1. 出示一件女孩的衣服实物（如裙子），训练者提示语："女孩的衣服。"学生跟着指认裙子，并跟读。

2. 出示女孩的衣服图片（如裙子），训练者提示语："女孩的衣服。"学生跟着指认图片中的衣服，并跟读。

3. 出示一件男孩衣服实物，训练者提示语："男孩的衣服。"学生跟着指认衣服，并跟读。

4. 出示男孩的衣服图片，训练者提示语："男孩的衣服。"学生跟着指认图片中的衣服，并跟读。

教学建议：

1. 刚开始时选择颜色鲜艳的衣物并且是孩子喜欢的，慢慢变为孩子的常用衣物。

2. 互动环节可以适当添加一些其他物品，以增加辨别难度。

3. 教师要及时对学生进行鼓励，以提高孩子的学习兴趣。

拓展练习：

辨认自己的上衣和裤子。

1. 学生在家里的衣橱里，找一找自己的衣服。

2. 学生在家里的衣橱里，找一找父母的衣服。

评价内容	教师评价			家长评价		
	独立完成	需要辅助	不配合	独立完成	需要辅助	不配合
辨认自己的上衣						
辨认自己的上衣（多件）						
辨认自己的裤子						
辨认自己的裤子（多条）						

知道并可以回答自己的年龄

教学准备：

学生照片、姓名卡片、小镜子。

教学目标：

1. 学习简单的自我介绍方法和聆听技巧。

2. 掌握语言表达的技能。

3. 培养学生的良好沟通习惯。

教学内容：

1. 学生与训练者面对面站着，训练者问："你今年几岁了？"要求学生拍拍自己的胸脯回答："我今年×岁了。"

2. 出示镜子，训练者让学生对着镜子站着，训练者问："你今年几岁了？"要求学生对着镜子回答："我今年×岁了。"

3. 出示学生照片，训练者问："你今年几岁了？"要求学生指着照片上的自己说："我今年×岁了。"

教学建议：

1. 根据学生的能力，增加一些活动辅助，以达到教学目标。

2. 让学生先在自己熟悉的人员面前说出自己的年龄，再向陌生人介绍自己。

3. 教师要及时对学生进行鼓励，以提高其的学习兴趣。

拓展练习：

1. 跟老师（家长）读一读。

我今年×岁。

2. 介绍自己的年龄。

3. 猜一猜你的好朋友今年多少岁了。

评价内容	教师评价			家长评价		
	独立完成	需要辅助	不配合	独立完成	需要辅助	不配合
知道自己的年龄						
会回答自己的年龄						
会简单自我介绍						

知道并可以回答父母（照顾者）的名字

教学准备：

父母或者照顾者的照片、父母或者照顾者的物品、强化物

教学目标：

1. 正确指认父母或者照顾者的照片或者物品。

2. 培养孩子的辨别能力。

3. 帮助学生养成良好的沟通习惯。

教学内容：

1. 出示学生父母的照片，训练者发出指令："请找出哪个是爸爸/妈妈？"要求学生指认照片。

2. 出示学生父母的常用物品，训练者发出指令："请找出哪个是爸爸/妈妈常用的物品？"要求学生指认物品。

3. 出示学生全家福，训练者发出指令："请问爸爸/妈妈的名字叫什么？"要求学生回答："我的爸爸/妈妈叫×××。"

教学建议：

1. 出示照片的顺序可以是先从父母开始再到其他人。

2. 安排一些指认父母或者照顾者的物品的活动。

3. 教师要及时对学生进行鼓励，以提高其学习兴趣。

拓展练习：

1. 想一想，读一读。

我的爸爸叫×××，
我的妈妈叫×××。

2. 说一说。

爸爸叫什么名字？

妈妈叫什么名字？

我还知道其他人的名字。

评价内容	教师评价			家长评价		
	独立完成	需要辅助	不配合	独立完成	需要辅助	不配合
能辨认父母的照片						
能辨认父母的常用物品						

续 表

评价内容	教师评价			家长评价		
	独立完成	需要辅助	不配合	独立完成	需要辅助	不配合
能理解"爸爸的名字"						
能理解"妈妈的名字"						
能辨认自己的爸爸和妈妈						
能说出爸爸的名字						
能说出妈妈的名字						
能说出其他人的名字						

三、评价自己

知道自己行为的对错

教学准备：

孩子的一张照片、孩子最喜欢的活动视频、强化物

教学目标：

1. 知道并且正确区分自己行为的对与错。

2. 培养孩子的是非辨别能力和沟通能力。

3. 初步形成是非辨别意识，养成良好的沟通行为。

教学内容：

1. 出示学生与朋友一起玩玩具的照片，训练者问："这样的行为对吗？"学生回答。

2. 出示情境一：两个好朋友手拉手玩耍。训练者问："这样的行为对吗？"学生回答。

3. 出示情境二：两个小朋友吵架了互不理睬。训练者问："这样的行为对吗？"学生回答。

4. 出示情境三：两个小朋友争抢玩具并哭闹起来。训练者问："这样的行为对吗？"学生回答。

5. 出示情境四：一个小朋友随地扔香蕉皮。训练者问："这样的行为对吗？"学生回答。

6. 出示情境五：一个小朋友把垃圾丢进垃圾桶。训练者问："这样的行为对吗？"学生回答。

教学建议：

1. 创设环境让学生学习领会是非对错，如不乱扔垃圾、不跟同学、同伴打架等。

2. 根据学生的能力，选择适合的参与方式，如语言参与或者行动参与。

3. 教师要及时对学生进行鼓励，以提高其学习兴趣。

拓展练习：

1. 说一说怎样与好朋友相处？可以通过读儿歌学习方法。

好朋友

好朋友握握手，

不吵架不打架，

我们都是好朋友。

2. 播放小视频，判断视频里小朋友的行为对不对。（如一起看书、互相打架等）

评价内容	教师评价			家长评价		
	独立完成	需要辅助	不配合	独立完成	需要辅助	不配合
能朗读儿歌《好朋友》						
通过看视频，能理解行为的对错						
通过照片、图片辨别对的行为						
通过照片、图片辨别错的行为						
能说出其他对的行为						
能说出其他错的行为						

四、控制自己

知道执行"不准"的指令

教学准备：

图片和视频（不文明行为）、强化物。

教学目标：

1. 认识几种常见的不文明行为（错误行为）。

2. 掌握辨别不文明行为（错误行为）的能力。

3. 培养学生的文明意识。

教学内容：

1. 出示图片，图片内容是一个孩子在啃手指，训练者问："这样的行为对吗？"学生回答。

2. 出示图片，图片内容是一个孩子在撕坏书本，训练者问："这样的行为对吗？"学生回答。

3. 出示图片，图片内容是一个孩子在乱扔垃圾，训练者问："这样的行为对吗？"学生回答。

教学建议：

1. 根据学生的能力选择适合开展的活动，其间视情况加强学生的个别指导，促进其达成学习目标。

2. 注意正确引导学生，避免其学习错误的行为。

3. 教师要及时对学生进行鼓励，以提高其学习兴趣。

拓展练习：

1. 播放小视频，视频内容是小朋友在图书馆安静看书，要求学生说一说这个行为是否正确。

2. 播放小视频，视频内容是小朋友在煤气罐旁边点火，要求学生判断这个行为是否是错误的、危险的、不能做的。

3. 展示若干张行为图片，要求学生判断哪些行为是正确的，哪些行为是错误的。

评价内容	教师评价			家长评价		
	独立完成	需要辅助	不配合	独立完成	需要辅助	不配合
能理解"不准"的指令						
能执行"不吃手指"的指令						

续 表

评价内容	教师评价			家长评价		
	独立完成	需要辅助	不配合	独立完成	需要辅助	不配合
能执行"不撕书本"的指令						
能执行"不乱丢垃圾"的指令						
能判断其他不准的行为						

第五章　社交技巧

单元说明：

本单元通过一些简单的动作和语言与照顾者进行沟通交流，使学生有主动与人沟通的意图和行为，以达到交流目的。通过模仿动作和发音，静静聆听，让学生学会简单地与人沟通交流，提高学生的交流能力，增强沟通能力。

一、与照顾者互动

用微笑回应照顾者

教学准备：

创设情境（照顾者照顾孩子）或者其他情景、强化物。

教学目标：

1. 学习用微笑回应照顾者。
2. 培养学生的观察能力和沟通能力。
3. 通过微笑，激发学生的沟通动机。

教学内容：

1. 父母与孩子面对面站着，训练者发出指令："笑一笑。"要求孩子微笑看着父母。

2. 出示父母的照片，训练者发出指令："笑一笑。"要求学生微笑看着父母的照片。

3. 训练者教学生读一读："爸爸妈妈照顾我，我用微笑感谢他们。"学生尝试自己读。

教学建议：

1. 根据学生能力选择合适的活动，以达到学习目标。

2. 学生在教师的指导下练习微笑。

3. 教师要及时对学生进行鼓励，以提高其学习兴趣。

拓展练习：

1. 微笑对待照顾者（爸爸/妈妈/爷爷/奶奶/外公/外婆）。

2. 你知道在什么情况下微笑吗？

见爸妈我微笑，

客人来我微笑，

微笑待人有礼貌。

评价内容	教师评价			家长评价		
	独立完成	需要辅助	不配合	独立完成	需要辅助	不配合
能理解"微笑"						
能执行"微笑"指令						
对照顾者微笑						
能微笑待人						

用发出声音引发照顾者的注意

教学准备：

微笑图片、拍手行为、强化物。

教学目标：

1. 学习用微笑或者发出声音引发照顾者的反应。

2. 培养学生的沟通技能。

3. 通过微笑或声音的传递引发学生的沟通意识。

教学内容：

1. 训练者提示："当我们有什么需求时，可以用打招呼来引起照顾者的反应。"训练者示范打招呼："您好！"并示意学生模仿。

2. 训练者提示："当我们有什么需求时，可以用微笑来引起照顾者的反应。"训练者示范微笑，并示意学生模仿。

3. 训练者提示："当我们有什么需求时，可以用拍手来引起照顾者的反应。"训练者示范拍手，并示意学生模仿。

4. 训练者提示："当我们有什么需求时，可以用敲打东西发出声音来引起照顾者的反应。"训练者示范敲打东西发出声音，并示意学生模仿。

教学建议：

1. 创设情境让学生模拟用微笑或声音引发照顾者反应。

2. 教师引导学生用语言或发音引起照顾者反应。

3. 教师要及时对学生进行鼓励，以提高其学习兴趣。

拓展练习：

1. 微笑面对照顾者。

2. 练习用声音引起照顾者反应，如拍手，发出啊啊、哈哈等叫声。

评价内容	教师评价			家长评价		
	独立完成	需要辅助	不配合	独立完成	需要辅助	不配合
对照顾者的到来有动作或眼神反应						
向照顾者问好						
发出其他声音引起照顾者的注意						

用微笑或者伸开手臂拥抱表达对照顾者的喜爱之情

教学准备：

照顾者照片、创设情境（早晨照顾者来到孩子身边）、强化物。

教学目标：

1. 学习用微笑或者伸开手臂拥抱表达对照顾者的喜爱之情。

2. 掌握微笑和拥抱的动作，培养学生的模仿和操作能力。

3. 通过微笑和拥抱表达对照顾者的喜爱，激发学生的沟通意识和表达喜爱之情。

教学内容：

1. 学生父母与学生面对面站着，训练者说："笑一笑，抱一抱。"要求学生微笑并拥抱父母。

2. 学生与训练者面对面站着，训练者说："笑一笑，抱一抱。"要求学生微笑并拥抱训练者。

3. 学生与兄弟姐妹面对面站着，训练者说："笑一笑，抱一抱。"

要求学生微笑并拥抱兄弟姐妹。

4. 学生与好朋友面对面站着，训练者说："笑一笑，抱一抱。"要求学生微笑并拥抱好朋友。

教学建议：

1. 根据学生的能力，教师指导学生如何微笑和伸手拥抱。

2. 创设情境让学生进行模拟练习，能力强的学生可以增加语言表述环节。

3. 教师要及时对学生进行鼓励，以提高其学习兴趣。

拓展练习：

与你喜欢的同学、家人、老师或玩具娃娃等来个拥抱。

评价内容	教师评价			家长评价		
	独立完成	需要辅助	不配合	独立完成	需要辅助	不配合
对照顾者的到来有心理反应						
用微笑表达对照顾者的喜爱之情						
用拥抱表达对照顾者的喜爱之情						
喜欢与人玩耍						

可以请求照顾者帮助拿自己想要的东西

教学准备：

刺激物（如颜色纸、糖果等），强化物。

教学目标：

1. 能表达自己的意愿，想要什么东西。

2. 能请求照顾者帮忙。

3. 通过情境教学，激发学生的沟通动机。

教学内容：

1. 出示情境图片一，请学生表达想法和主动请求帮助："毛巾挂得有点高，我要洗脸。妈妈，您可以帮我拿毛巾吗？"

首先训练者示范，然后学生模仿；接着学生看着图片，独立完成练习。

2. 出示情境图片二，请学生表达想法和主动请求帮助："水有点热，我想喝水。爸爸，您可以帮我倒杯水吗？"

首先训练者示范，然后学生模仿；接着学生看着图片，独立完成练习。

3. 出示情境图片三，请学生表达想法和主动请求帮助："我没有笔，想画画，老师，您可以借给我一支铅笔吗？"

首先训练者示范，然后学生模仿；接着学生看着图片，独立完成练习。

教学建议：

1. 创设情境，让学生主动表达自己的想法（可以是语言也可以是动作描述）。

2. 教师与学生相对站着，让学生注意观察模仿教师的动作（如何向别人请求帮助）。

3. 教师要及时对学生进行鼓励，以提高其学习兴趣。

拓展练习：

向邻居表达自己的需求："您好，能帮帮我吗？"

评价内容	教师评价			家长评价		
	独立完成	需要辅助	不配合	独立完成	需要辅助	不配合
表达要毛巾的需求						
表达要水杯的需求						
表达要铅笔的需求						
表达拿自己想要的东西						

二、与校内的人或物互动

可以与新同学或新玩具进行简单交谈

教学准备：

创设教学情境、强化物。

教学目标：

1. 学习与人简单交谈的方法。

2. 掌握交谈的技能，培养学生的语言表达能力。

3. 帮助学生养成良好的沟通习惯。。

教学内容：

1. 出示一个毛绒娃娃玩具，训练者模拟与毛绒娃娃打招呼："你好，我叫×××，你叫什么？"学生模仿练习。

2. 学生与训练者面对面，训练者打招呼："你好，我叫×××，你叫什么？"学生回答："你好，我叫×××。"

3. 学生与训练者面对面，学生打招呼："你好，我叫×××，你叫什么？"训练者回答："你好，我叫×××。"

教学建议：

1. 可让学生做自我介绍，体验沟通乐趣。

2. 创设情境，让学生与其他人互相交流，引导其主动与他人交流。

3. 教师要及时对学生进行鼓励，以提高其沟通兴趣。

拓展练习：

1. 学生与父母练习打招呼。

2. 向其他小朋友介绍自己。

3. 向其他小朋友发出交往请求："我也一起玩，好吗？"

评价内容	教师评价			家长评价		
	独立完成	需要辅助	不配合	独立完成	需要辅助	不配合
对新同学是否腼腆						
能否与新同学进行简单交谈						
能否向新同学打招呼						
能否向新同学介绍自己的名字						

可以与人维持谈话

教学准备：

创设情境、图片、强化物。

教学目标：

1. 学习与人交谈的技巧。

2. 培养学生的语言表达和理解能力。

3. 帮助学生养成良好的沟通习惯。

教学内容：

1. 故事表演，学生与训练者进行角色扮演：

小红：早上好，小明同学。

小明：早上好，小红同学。

小红：我们一起去踢球吧！

小明：好！勤运动身体好！

2. 交流对话，训练者问学生："你喜欢什么玩具？"学生回答。

3. 交流对话，训练者问学生："你喜欢什么电视节目？"学生回答。

教学建议：

1. 教师通过语言或者动作提示学生表达自己的意思。如聊天气变化、兴趣爱好、电视节目等。

2. 引导学生能够根据自己的观察或者实际生活经验说出话题。

3. 教师要及时对学生进行鼓励，以提高其沟通兴趣。

拓展练习：

1. 看图练习说话。（图上有谁，他们在干什么，心情怎样？）

2. 与自己的小伙伴聊天（可以打电话聊天或者视频聊天）

评价内容	教师评价			家长评价		
	独立完成	需要辅助	不配合	独立完成	需要辅助	不配合
与小伙伴见面时不腼腆						

续 表

评价内容	教师评价			家长评价		
	独立完成	需要辅助	不配合	独立完成	需要辅助	不配合
与小伙伴简单对话						
与小伙伴持续交流						

可以主动分享自己的事情

教学准备：

孩子喜欢的物品（如玩具、食物），强化物。

教学目标：

1. 学习与人分享自己事情的技巧。

2. 培养学生的语言表达和理解能力。

3. 帮助学生养成良好的沟通习惯。

教学内容：

1. 出示图片，训练者指导学生说："哥哥，我请你吃面包吧。"

2. 出示图片，训练者指导学生说："姐姐，我们一起看故事书吧。"

3. 出示图片，训练者指导学生说："弟弟，我们一起吃饼干吧。"

教学建议：

1. 在课堂中，教师要用书面语言与学生进行对话，让学生学会准确的表达，提高沟通能力。

2. 教师可以创设更多的情境，让学生更好地与人分享。

3. 教师要及时对学生进行鼓励，以提高其沟通兴趣。

拓展练习：

1. 出示图片，学习主动与小伙伴分享。（说一说图上的小朋友在分享什么？）

2. 出示图片，学习主动与父母或者照顾者分享物品。（说一说图上的小朋友在分享什么？）

评价内容	教师评价			家长评价		
	独立完成	需要辅助	不配合	独立完成	需要辅助	不配合
能做出"分享"的动作						
能简单说分享的话						
与小伙伴分享						
与家人分享						

第六章　社交礼仪

单元说明：

本单元通过一些简单的动作、语言模仿和操作，一系列活动的设置，引导学生做出适当的反应，培养学生模仿动作以及发音的能力，让学生学会主动与人交流，能够模仿简单的动作和一般的表情，能够用简单的语言和动作进行交流表达感谢、抱歉、称赞，启发学生的沟通动机，激发学生的主动沟通欲望，提高学生的沟通交流能力，锻炼学生的社交礼仪，从而达到提高学生理解和交流能力的目的。

一、近距离打招呼

对别人的问候（你好）表示回应

教学准备：

图片（点头）、视频、创设情境、强化物。

教学目标：

1. 学习点头的动作和惊讶的表情。
2. 培养学生的观察能力和理解能力。

3. 帮助学生养成良好的沟通习惯。

教学内容：

1. 播放视频，训练者指导学生："当别人向我们问候打招呼的时候，我们要给予回应，这样才礼貌。"学生跟着说一说。

2. 情境表演一。学生假装跟训练者打招呼，训练者说："呀，我不认识他，他跟我问好，我也要礼貌地跟他点点头，说声'你好'。"训练者依次示范点头的动作和惊讶的表情，学生观察后进行模仿。学生与训练者互换角色进行表演。

3. 情境表演二。学生假装跟训练者打招呼，训练者说："呀！我刚才没看到你，不好意思。"训练者先示范点头的动作，学生观察后进行模仿。学生与训练者互换角色后进行表演。

教学建议：

1. 根据学生的实际情况，教师示范点头的动作和惊讶的表情，学生观察后进行模仿。

2. 创设情境，引导学生理解惊讶的表情。

3. 对学生及时给予鼓励，以提高学生学习的积极性。

拓展练习：

1. 出示表情图片，认一认表情并且做一做相对应的表情和动作。

2. 播放动作视频，练一练动作：挥手、点头、鞠躬等。

评价内容	教师评价			家长评价		
	独立完成	需要辅助	不配合	独立完成	需要辅助	不配合
能做出"点头"的动作						
能做出"惊讶"的表情						

续表

评价内容	教师评价			家长评价		
	独立完成	需要辅助	不配合	独立完成	需要辅助	不配合
能对别人的问候做出点头的动作						
能对别人对自己的突然问好感到惊讶						

用微笑回应别人的问候

教学准备：

微笑图片、创设环境、强化物。

教学目标：

1. 学习用微笑回应别人的问候。

2. 提高学生的观察能力和理解能力。

3. 培养学生的文明行为，使学生养成良好的文明礼仪习惯。

教学内容：

1. 出示笑脸的表情图片，训练者说："你今天微笑了吗？脸露笑容惹人爱。"训练者示范微笑，学生模仿。

2. 出示镜子，训练者说："你今天微笑了吗？对着镜子笑一笑吧。"训练者示范微笑，学生模仿。

3. 训练者模拟跟学生打招呼，要求学生微笑地回应。

教学建议：

1. 根据学生的能力情况适当增加活动，并视学生的掌握情况加强个别指导，以促进学生达成学习目标。

2. 教师示范微笑的表情，学生观察练习，可以延伸至其他表情。设定情境，用微笑来回应别人的问候。

3. 教师要及时对学生进行鼓励，以提高其沟通兴趣。

拓展练习：

每天向照顾者微笑一次。（微笑了打上√）

微笑记录表

评价内容	教师评价			家长评价		
	独立完成	需要辅助	不配合	独立完成	需要辅助	不配合
能做出"微笑"的表情						
能对别人的问候做出微笑的表情						

握手或拥抱回应别人的问候（你好）

教学准备：

握手或拥抱图片、视频、创设情境、强化物。

教学目标：

1. 学习握手或拥抱回应别人的问候。

2. 培养学生的动手能力和理解能力。

3. 帮助学生养成良好的沟通习惯。

教学内容：

1. 播放小视频，训练者描述故事场景（两个好朋友见面之后），训练者与学生练习握手，说："你好！"

2. 播放小视频，训练者描述故事场景（两个好姐妹见面之后），训练者与学生练习握手，并且互相拥抱。

教学建议：

1. 根据学生的能力创设更多的活动让其参与进来，可以用动作表示，也可以用语言表示。

2. 教师示范，学生认真观察，可适当延伸教学内容。

3. 教师要及时对学生进行鼓励，以提高其沟通兴趣。

拓展练习：

1. 训练者出示动作卡片，要求学生听指令、做动作，如握手。

2. 训练者出示动作卡片，要求学生听指令、做动作，如拥抱。

评价内容	教师评价			家长评价		
	独立完成	需要辅助	不配合	独立完成	需要辅助	不配合
能做出"握手"的动作						
能做出"拥抱"的动作						
能对别人的问候做出握手的动作						
能对别人的问候做出拥抱的动作						

用"你好"回应别人的问候（你好）

教学准备：

图片、视频、创设情境、强化物。

教学目标：

1. 学会用语言"你好"回应别人的问候。

2. 培养学生的语言能力和沟通意识。

3. 帮助学生养成良好的沟通习惯。

教学内容：

1. 播放音乐，训练者带着学生一起唱《你好歌》。

2. 出示词卡，训练者指导学生读"你好"。

3. 出示情境图片，训练者与学生做故事表演，模拟好朋友见面打招呼的故事，训练者说："你好！"学生说："你好！"

4. 出示儿歌挂图，训练者带着学生朗读儿歌。

你　好

你好你好你们好，

见面问声你们好，

人人夸我有礼貌。

教学建议：

1. 根据学生的能力创设环境让学生说出："你好！"

2. 适当延伸活动，可以语言+动作一起完成。

3. 教师要及时给予鼓励，激发学生学习兴趣。

拓展练习：

1. 师生互相问好。

2. 外出活动主动回应别人的问好。

评价内容	教师评价			家长评价		
	独立完成	需要辅助	不配合	独立完成	需要辅助	不配合
对别人的问候有反应						
用"你好"回应别人的问候						

用"叔叔好、阿姨好"回应别人的问候

教学准备：

图片、视频、创设环境、强化物。

教学目标：

1. 学会用"叔叔好""阿姨好"回应别人的问候。

2. 培养学生的语言表达和理解能力。

3. 帮助学生养成良好的沟通习惯。

教学内容：

1. 出示学生的叔叔、阿姨的照片，训练者指导学生说："叔叔好！""阿姨好！"回应别人的问候。

2. 在家长的协助下，拨通叔叔/阿姨的电话或微信视频聊天，训练者指导学生说："叔叔好！""阿姨好！"回应别人的问候。

3. 在家长的协助下，带领学生去邻居家，训练者指导学生说："叔叔好！""阿姨好！"回应别人的问候。

教学建议：

1. 根据学生的能力创设情境，完成教学目标。

2. 可以适当调整添加学习内容，如可向亲近人回应。

3. 教师要及时给予鼓励，激发学生学习兴趣。

拓展练习：

1. 向身边的叔叔、阿姨问好。

2. 拨通亲戚的电话或微信视频聊天，训练者指导学生说："××好！"回应别人的问候。

评价内容	教师评价			家长评价		
	独立完成	需要辅助	不配合	独立完成	需要辅助	不配合
能用"叔叔好"回应别人的问候						
能用"阿姨好"回应别人的问候						
能用自己的方式回应别人的问候						

用"早上好、晚上好"回应别人的问候

教学准备：

图片、视频、创设情境、强化物。

教学目标：

1. 学会用语言或动作表示："早上好！""晚上好！"来回应别人。

2. 培养学生的语言表达和操作能力。

3. 帮助学生养成良好的沟通习惯。

教学内容：

1. 出示情境图片，训练者问："早上起来，见到爸爸妈妈要怎样打招呼呢？"指导学生："爸爸妈妈早上好！"

2. 出示句子纸条，训练者指导学生读："爸爸妈妈早上好，我来向您问个早。"熟练之后，可以指导学生唱出来。

3. 出示情境图片，训练者问："早上回到校园，见到同学要怎样打招呼呢？"指导学生："同学早上好！"

4. 出示情境图片，训练者问："晚上，见到爸爸妈妈要怎样打招呼呢？"指导学生："爸爸妈妈晚上好！"

教学建议：

1. 创设早上和晚上的情境，引导学生学会在相应情境中正确地表达。

2. 根据学生的能力适当安排活动，可以增加中午的情境。

3. 教师要及时给予学生鼓励，以增加他们的学习积极性。

拓展练习：

1. 主动与老师问好（早、中、晚）。

2. 在家主动与父母家人问好。

评价内容	教师评价			家长评价		
	独立完成	需要辅助	不配合	独立完成	需要辅助	不配合
能用"早上好"问好						
能用"晚上好"问好						
能分清楚早上和晚上						

用"叔叔好、阿姨好"问候并握手

教学准备：

图片、视频、创设情境、强化物。

教学目标：

1. 学会语言问候："叔叔好，阿姨好！"并且配上握手动作。

2. 培养学生的语言表达和动手能力。

3. 帮助学生养成良好的沟通交流能力。

教学内容：

1. 出示情境图片，训练者描述故事情境："叔叔给我送礼物，我与叔叔握握手。"训练者示范打招呼："叔叔好！"并握手，学生模仿。

2. 出示情境图片，训练者描述故事情境："阿姨给我送礼物，我与阿姨握握手。"训练者示范打招呼："阿姨好！"并握手，学生模仿。

教学建议：

1. 教师可根据学生的实际能力创设情境，让学生练习说话和动手操作。

2. 教师多收集资料创设情境，引导学生在恰当的情境中说出和使用恰当的语句。

3. 教师及时给予鼓励，激发学生的学习积极性。

拓展练习：

1. 学习握手问好。

2. 与小伙伴、老师、照顾者握手。

评价内容	教师评价			家长评价		
	独立完成	需要辅助	不配合	独立完成	需要辅助	不配合
能用"叔叔好"问好						
能用"阿姨好"问好						
能用握手问好						
能与人问好并握手						

用"你好"问候并握手

教学准备：

图片、视频、创设情境、强化物。

教学目标：

1. 学会用"你好"并握手。

2. 培养学生的语言表达和操作能力。

3. 帮助学生养成良好的沟通习惯。

教学内容：

1. 播放儿歌视频，训练者带着学生朗读儿歌："两个好朋友，见面握握手，互相问候感情重。"

2. 训练者拿着毛绒娃娃，与学生打招呼："你好！"学生回应："你好！"

3. 学生拿着毛绒娃娃，与训练者打招呼："你好！"训练者回应："你好！"

教学建议：

1. 教师创设情境指导学生运用句子："你好！"进行沟通，并且适当使用握手。

2. 教师及时给予学生鼓励，以激发其积极性。

拓展练习：

好朋友之间练习握手并且用语言说出："你好！"

评价内容	教师评价			家长评价		
	独立完成	需要辅助	不配合	独立完成	需要辅助	不配合
能用"你好"问候						
能用"你好"						
能与人问候并握手						

二、远距离打招呼

用"你好"并挥手

教学准备：

图片、视频、创设情境、强化物。

教学目标：

1. 学习远距离打招呼并且挥手。

2. 培养学生的观察能力、语言表达能力。

3. 帮助学生养成良好的沟通交流习惯。

教学内容：

1. 播放打招呼视频，训练者指导："远距离打招呼时，我们需要大声说一下'你好！'并且挥挥手。"学生说一说远距离打招呼怎么做。

2. 学生与训练者面对面站着，间隔3米，训练者主动大声说一下"你好！"并且挥挥手。学生做相同的动作给予回应。

3. 学生与训练者面对面站着，间隔3米，学生主动大声说一下"你好！"并且挥挥手。训练者做相同的动作给予回应。

4. 出示情境图片，训练者描述情境："放学了，我们要回家了。远远看到我的好朋友，我会挥着手说：'小丽，再见！'"学生与训练者一起来进行情境模拟表演。

教学建议：

1. 教师在与学生进行课堂教学时控制好双方距离，确保学生的安全。

2. 挥手的动作要强化并且加上一些语言的表达。

3. 教师及时给予鼓励，以增强其积极性。

拓展练习：

1. 看图说一说，他们是怎么打招呼的。

2. 与小伙伴进行挥手练习。

3. 演一演：远远见到好朋友，我想知道他去哪里，可以挥挥手大声地说："你去哪里了？"

评价内容	教师评价			家长评价		
	独立完成	需要辅助	不配合	独立完成	需要辅助	不配合
能用"你好"问候						
能远距离挥手打招呼						

三、自我介绍

主动用"××"回答别人对自己名字的提问

教学准备:

图片、视频、创设情境、强化物。

教学目标:

1. 学会主动应答别人对自己名字的提问。
2. 培养学生的听力、理解能力和语言表达能力。
3. 帮助学生养成良好的沟通习惯。

教学内容:

1. 播放儿歌《你的名字叫什么》,训练者指导学生跟着音乐练习"我叫×××"。
2. 学生问:"你叫什么名字?"训练者示范回答:"×××。"
3. 训练者问:"你叫什么名字?"学生模仿回答:"×××。"

教学建议:

1. 教师根据学生的能力创设教学情境,让学生在自然环境中学会被动应答。
2. 教师及时给予鼓励,以激发其学习积极性。

拓展练习:

1. 模拟问答式自我介绍。
2. 问答游戏。学生代替玩具回答,如爸爸妈妈问:"你叫什么名字?"学生代替玩具回答:"蜘蛛侠""佩奇"等。

评价内容	教师评价			家长评价		
	独立完成	需要辅助	不配合	独立完成	需要辅助	不配合
对别人提问名字有反应						
主动回答自己的名字						

主动自我介绍："你好，我叫××。"

教学准备：

准备学生的照片、视频、创设情境、强化物。

教学目标：

1. 学会自我介绍的技巧。

2. 培养学生的语言表达能力。

3. 帮助学生养成良好的沟通习惯。。

教学内容：

1. 播放小视频，训练者指导学生如何自我介绍：先打招呼，后介绍名字。

2. 训练者示范自我介绍，学生模仿。

3. 请家长协助扮演群众，学生尝试自我介绍："大家好，我叫×××。"

教学建议：

1. 可以让学生互相自我介绍，认识朋友，体验沟通乐趣。

2. 创设更多的情境，让学生互相沟通，引导学生主动与人沟通。

3. 教师要及时给予鼓励，提高学生与他人沟通的兴趣。

拓展练习：

1. 模拟打电话，学说："喂，你好，我是×××。"
2. 学填个人信息表格。

姓名	年龄	性别

评价内容	教师评价			家长评价		
	独立完成	需要辅助	不配合	独立完成	需要辅助	不配合
能理解"自我介绍"的含义						
能用"你好，我叫××。"介绍自己						

四、表示感谢

> 拿到别人的东西，双手作揖表示感谢

教学准备：

创设情境、视频、图片、强化物.

教学目标：

1. 学会用语言或动作表示感谢。
2. 培养学生的语言表达能力和操作能力。
3. 帮助学生养成良好的沟通习惯。

教学内容：

1. 播放小视频，训练者提示："当我们拿到别人给的东西时，要怎么表示谢意？"学生根据视频提示回答："双手作揖。"

2. 训练者示范双手作揖的动作，学生进行模仿。

3. 情境表演：训练者模拟送礼物给学生，学生做双手作揖的动作表示谢意。

教学建议：

1. 教师根据学生的能力创设更多的情境，引导学生说出表示感谢的话或做出相关动作。

2. 指导学生在得到帮助或者获得物品的时候能正确做出表示感谢的反应。

3. 教师及时给予鼓励，以增加学生的学习积极性。

拓展练习：

看图说话，我们还可以用什么来表示谢意？

评价内容	教师评价			家长评价		
	独立完成	需要辅助	不配合	独立完成	需要辅助	不配合
能理解"作揖"的含义						
能用双手作揖表示感谢						

拿到别人给的东西说"谢谢你"

教学准备：

创设情境、图片、视频、强化物。

教学目标：

1. 学会用语言表达谢谢。

2. 培养孩子的语言表达能力。

3. 培养孩子的感恩之心。

教学内容：

1. 出示图片，训练者描述图片故事的情境："叔叔给我买了礼物，我要谢谢他。"训练者模拟说："谢谢叔叔！"学生模仿。

2. 故事表演，训练者扮演"叔叔"角色，给学生送礼物，学生说："谢谢叔叔！"

3. 出示图片，训练者描述图片故事的情境："阿姨请我吃糖果，我要谢谢她。"训练者模拟说："谢谢阿姨！"学生模仿。

4. 故事表演，训练者扮演"阿姨"角色，请学生吃糖果，学生说："谢谢阿姨！"

教学建议：

1. 根据孩子的能力创设情境，引导孩子用语言表达感谢之情。

2. 教师及时给予鼓励，增强学生的学习积极性。

拓展练习：

1. 情境模拟表演。公交车上，小女孩给老奶奶让座。

2. 情境模拟表演。斑马线上，小男孩扶老爷爷过马路。

3. 在家做一件感谢父母的事情或者说一句感谢的话语。

评价内容	教师评价			家长评价		
	独立完成	需要辅助	不配合	独立完成	需要辅助	不配合
能用"谢谢你"表示感谢						
会根据不同的性别年龄说出如"谢谢叔叔"的句子。						

五、表示抱歉

弄坏别人的东西会说"对不起"

教学准备：

图片、视频、创设情境、强化物。

教学目标：

1. 学会用语言或者动作表示抱歉。
2. 培养学生的语言能力和操作能力。
3. 帮助学生养成良好的文明礼仪习惯。

教学内容：

1. 出示图片，训练者描述故事："小明不小心踩到小东的脚了，小明应该说什么？"学生回答："对不起！"训练者与学生进行情境表演。

2. 播放视频，训练者描述故事："小明不小心弄坏了朋友的玩具，小明应该说什么？"学生回答："对不起！"训练者与学生进行情境表演。

3. 情境表演，学生模拟弄丢了训练者的笔，学生说："对不起！"训练者说："没关系！"

教学建议：

1. 根据学生的实际能力创设情境，让学生学习用语言表达歉意。
2. 教师在教学中引导学生逐渐形成良好的文明习惯。
3. 教师及时给予鼓励，增强学生的学习积极性。

拓展练习：

1. 看图读儿歌。

对不起和没关系

做错事，对不起，用道歉，表诚意；

小问题，不计较，没关系，原谅你。

2. 看图猜一猜：他们之间发生了什么事了？他们说了什么话？（图片展示的是小红弄脏了小丽的绘画作品）

评价内容	教师评价			家长评价		
	独立完成	需要辅助	不配合	独立完成	需要辅助	不配合
会说"对不起"						
弄坏别人的东西会说"对不起"						
做错事会与人道歉说"对不起"						

六、表示称赞

口头称赞别人或者通过动作称赞别人

教学准备：

图片、视频、创设情境、强化物。

教学目标：

1. 学会称赞别人的技巧。

2. 培养学生的语言表达能力。

3. 帮助学生养成良好的文明习惯。

教学内容：

1. 出示图片，画面上的小朋友把地上的果皮扔进垃圾桶，训练者提问："他做得对吗？我们要跟他说什么？"训练者指导学生说："很棒！"

2.训练者示范竖起大拇指，表扬他人，学生模仿这个动作。

3.训练者指导学生边竖起大拇指边对他人说："很棒！"

4.训练者示范鼓掌，表扬他人，学生模仿这个动作。

5.训练者指导学生边鼓掌边对他人说："很棒！"

教学建议：

1.根据学生的实际能力创设情境，让学生学习用语言表达称赞。

2.教师在教学中引导学生逐渐养成良好的文明习惯。

3.教师及时给予鼓励，以增强其学习积极性。

拓展练习：

1.对爸爸妈妈点赞表扬。

2.说一说，你知道哪些行为可以点赞？

评价内容	教师评价			家长评价		
	独立完成	需要辅助	不配合	独立完成	需要辅助	不配合
会判断称赞别人的情景						
能用"很棒"表示称赞						
能用大拇指表示称赞						
知道哪些行为是可以称赞的						
知道哪些行为是不可以做的						

第四篇 生活能力

第七章 进 食

单元说明：

本单元以进食方式为主题进行吸吮、合唇、喝、咀嚼、进食方式等内容设计。旨在通过生活化的吸吮、合唇、喝、咀嚼、进食方式场景训练，锻炼学生的咀嚼、动作精细度、手功能和手眼协调的能力，培养学生自主进食的意识，锻炼自主进食行为，养成自主进食的习惯。

一、吸吮

吸吮自己的手指和奶瓶内的液体

认一认：

| 手指 |  奶嘴 |

步骤：

1. 张开嘴巴。

2. 含住手指。

3. 用力向里不停吸。

4. 不断重复，练习吸吮。

实践活动：

1. 吸吮手指和棒棒糖。

2. 吸吮奶瓶里的液体。

教学建议：

1. 此部分教学目标主要训练学生吸吮的动作，步骤掌握要根据学生的情况调整教学的进度。

2. 吸吮手指之前要清洗干净手指。

3. 实践活动根据学生的喜好和能力自由选择。

评价内容	教师评价			家长评价		
	独立完成	需要辅助	不配合	独立完成	需要辅助	不配合
能把手放进嘴巴						
能吸吮自己的手指						
能把奶嘴放进嘴巴						
能吸吮奶瓶里的液体						

二、合唇

吃汤匙里的食物

认一认：

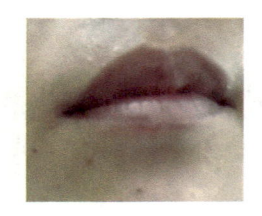

嘴巴　　　　　勺子　　　　　食物

步骤：

1. 拿起勺子。

2. 放进嘴里。

3. 合上嘴巴。

合唇练习：

活动一：吃米饭。

活动二：喝红豆糖水。

活动三：用汤匙喝蜂蜜水。

教学建议：

1. 此部分教学目标主要训练学生合唇的动作，步骤掌握要根据学生的情况调整教学的进度。

2. 吃固体食物从少量开始，并且注意把握食物的温度。

3. 喝汤和饮料要注意温度，要准备小围兜。

评价内容	教师评价			家长评价		
	独立完成	需要辅助	不配合	独立完成	需要辅助	不配合
能吃汤匙里的固体食物						
能喝汤匙里的半固体食物						
能喝汤匙里的液体						

三、喝

用吸管喝饮料

认一认：

步骤：

1. 准备饮料、吸管。

2. 拿吸管，吸管一头对饮料锡纸。

3. 用力向下戳。

4. 吸管插到底，用嘴含吸管。

5. 用力将饮料往上吸，吸一口，咽一口，反复进行，将饮料喝完。

自己用杯子喝水

学一学：

看名字，找到自己的杯子。

步骤：

1. 拿起水杯，握住杯耳。

2. 打开盖子装水，把杯口对准出水口。

3. 喝杯子里的水，喝不完会倒掉。

4. 喝完水盖上杯盖。

5. 喝完水把水杯放在指定位置。

实践活动：

小朋友口渴了，要去喝水。

教学建议：

1. 此部分教学目标主要训练学生喝的动作和训练学生喝的流程，步骤掌握要根据学生的情况调整教学的进度。

2. 含在嘴里吸管的长度要适当，太长容易伤到口腔，太短则吸不到饮料。吸管含在嘴里时，不要嚼咬吸管。

3. 吸饮料时，不能一口吸太多，用杯子喝水不要太快，以免被呛到。

4. 特别提示：对一吸和一咽有困难的学生，可以先用中号吸管学习，或在杯中放少量的饮料学习一吸一咽的技能。

5. 学生找到自己的杯子，用自己的杯子装水时，水不要装太满，水温不宜过高。

6. 放杯子时，要把杯子摆放整齐。

评价内容	教师评价			家长评价		
	独立完成	需要辅助	不配合	独立完成	需要辅助	不配合
能把吸管插进饮料里						
能用吸管喝饮料						
能自己拿杯子						
能自己用杯子装水						
能自己用杯子喝水						

四、咀嚼

咀嚼软、硬的固体食物

认一认：

软食物和硬食物。

步骤：

1. 教学准备：软、硬的固体食物若干。

2. 把软、硬的固体食物放进嘴里。

3. 上下牙齿配合咬软、硬的固体食物。

4. 把食物嚼碎以后，再咽下去。

实践活动：

活动一：咀嚼硬的食物（核桃）。

活动二：咀嚼软的食物（面包）。

教学建议：

1. 此部分教学目标主要训练学生咀嚼的动作，步骤掌握要根据学生的情况调整教学的进度。

2. 选择食物尽量根据学生特点进行多样选择。（软的稀饭、馒头，硬的葡萄等）

3. 选择硬的食物，尽量选择大一点和没有核的食物，以免卡住。

4. 实践活动根据学生的需求做适当调整。

评价内容	教师评价			家长评价		
	独立完成	需要辅助	不配合	独立完成	需要辅助	不配合
能咀嚼软的粥						
能咀嚼软的饭						
能咀嚼软的馒头						
能咀嚼硬的饭						
能咀嚼硬的饼干						
能咀嚼硬的葡萄干						

五、进食方式

把食物扒入口中

学一学：

认识食物。

米饭　　　　菜肉

步骤：

1. 教学准备：各种食物和盘子。

2. 五指并拢仿勺状。

3. 嘴靠餐具，用手扒。

实践活动：

把米饭扒入嘴里。

教学建议：

1. 此部分教学目标主要训练学生把食物扒入口中，步骤掌握要根据学生的情况调整教学的进度。需要注意的是，此部分针对的是不会使用用餐工具的学生。

2. 在学习扒食物之前要准备好合适温度的饭和干净的双手。

4. 咀嚼食物，记得要把食物充分嚼碎。

用手指把食物放进口中

学一学：

抓一抓，放一放。

步骤：

1. 食物。

2. 拇指和食指配合做好捏的姿势。

3. 手指配合捏起食物。

4. 将食物放进口中。

实践活动：

活动一：抓菜吃。

活动二：抓馒头吃。

教学建议：

1. 此部分教学目标主要训练用手指把食物放进嘴里，步骤掌握要根据学生的情况调整教学的进度。

2. 学生几个手指配合进行抓食物时，可适当增加食物的种类，以锻炼抓的能力。

3. 实践活动中学生学习抓的食物具体根据学生的情况进行，精细动作比较好的学生选取小的物品，精细动作一般的学生选取大的物品。

用汤匙进食

学一学：

认识汤匙和米饭。

步骤：

1. 准备汤匙、一碗米饭。

2. 拇指在上，中指食指在下，拿好汤匙。

3. 把汤匙插进米饭里。

4. 用汤匙将适量的米饭从碗里舀起来。

5. 稍微低头，将汤匙里的米饭送入口中，慢慢咀咽米饭。

实践活动：

用汤匙吃菜。

教学建议：

1. 此部分教学目标主要训练学生用汤匙进食的动作，步骤掌握要根据学生的情况调整教学的进度。

2. 让学生整个手的5个手指全部弯曲进行配合舀食物，锻炼"舀"的能力。

3. 学生用汤匙进食的速度不可以太快，养成细嚼慢咽的习惯。

4. 用汤勺吃菜实践活动中，菜的长度要选择短的且好咀嚼的为宜。

用筷子夹食物

学一学：

认识筷子。

步骤：

1. 准备筷子、餐盘。

2. 用手握住筷子。

3. 把两根筷子分开，对准菜。

4. 把两根筷子并拢夹住菜。

5. 将夹的食物放进嘴里。

实践活动：

活动一：用筷子夹菜。

活动二：用筷子夹面。

教学建议：

1. 此部分教学目标主要训练学生使用筷子的动作，步骤掌握要根据学生的情况调整教学的进度。

2. 握筷子时，注意两根筷子要一样齐，右手五指自然弯曲握筷，大拇指、食指和中指夹住一根筷子，大拇指根部和无名指夹住另外一根筷子，小指自然弯曲。

3. 夹菜时，食指和中指向内弯曲，使第一根筷子靠紧第二根筷子，手要捏住筷子的中间部位，从而将菜夹住。

4. 可以用辅助筷子进行练习夹食物。

撕开食物的包装袋

学一学：

认识食物包装袋。

步骤：

1. 找到有锯齿的一边。

2. 一只手的大拇指和食指捏住一边。

3. 另一只手的大拇指和食指捏住另一边。

4. 两手配合一前一后用力撕。

实践活动：

活动一：撕山楂饼纸。

活动二：撕零食的包装。

教学建议：

1. 此部分教学目标主要训练学生撕的动作，步骤掌握要根据学生的情况调整教学的进度。刚开始进行教学可以帮学生开一个小口进行辅助。

2. 撕的教学中，撕的材质由易到难，先从学生容易撕的纸开始再到零食包装袋。

3. 撕的过程中注意大拇指、食指、中指的相互配合。

评价内容	教师评价			家长评价		
	独立完成	需要辅助	不配合	独立完成	需要辅助	不配合
能做扒的动作						
能把食物扒入口中						
能做抓食物动作						
能把食物抓放进口中						
能握汤勺的动作						
能用汤勺进食						
能做握筷子动作						
能用筷子夹食物						
能找到锯齿						
能做撕的动作						
能撕开食物的包装						

第八章 如 厕

单元说明：

本单元以如厕为主题进行如厕需要、如厕等内容设计。通过生活化的场景（上厕所）进行训练。

首先，用如厕前手势、沟通图或者声音表示如厕需求；进而主动说出如厕的需要，并主动到厕所里排尿、排便；其次，通过任务分析法，掌握如厕技能；再次通过如厕前后沉浸式练习自己拉上拉下裤子，发展学生穿裤子的技能；最后，通过如厕后自己洗手技能训练，让学生加深对如厕流程的学习。

通过如厕训练，培养学生自主上厕所的意识，锻炼学生的动作精细度、手功能和手眼协调的能力和上厕所行为，养成自主上厕所的习惯。

一、表示如厕需要

如厕前以手势、沟通图或声音表示如厕需求

学一学：

1. 手势表达需求（无语言，无法指认图片）。

（1）手指着厕所的方向。

（2）把手放在裤裆的地方。

2.沟通图表达需求。（无语言地给老师指一指）

活动一：去厕所。

活动二：去男厕所。

活动三：去女厕所。

3.声音表达需求（有语言发音不清晰）。

嘘嘘嘘（小便）　　　　嗯嗯嗯（大便）

主动说出如厕的需求并主动到厕所里排尿、排便

说一说：

我要去男厕所大便。

我要去女厕所小便。

实践活动（主动到厕所里排尿、排便）：

活动一：有小便的需求时，会主动找到厕所小便。

活动二：有大便的需求时，会主动找到厕所大便。

教学建议：

1. 此部分教学目标主要训练如厕需求，步骤掌握要根据学生的情况调整教学的进度。

2. 依据学生的语言水平决定学生利用哪一种表达需求的方式。在表达需求中对于表达不清晰但有表达的能力的学生，可以利用图片提示卡辅助进行提示。

3. 对于主动到厕所排尿和排便有难度的学生，老师可以利用动作和语言的协助帮助其达成意愿。

评价内容	教师评价			家长评价		
	独立完成	需要辅助	不配合	独立完成	需要辅助	不配合
如厕前，能以手势表示如厕需求						
如厕前，能以沟通图片表示如厕需求						

续 表

评价内容	教师评价			家长评价		
	独立完成	需要辅助	不配合	独立完成	需要辅助	不配合
如厕前，能以声音表示如厕需求						
如厕前，能主动说出如厕的需求						
如厕时，能主动找到厕所						
如厕时，能主动到厕所里排尿、排便						

二、如厕技能

坐便盆如厕

学一学：

认识坐便盆。

步骤：

1. 双手把衣服拉起来。

2. 脱裤子，坐在坐便盆上。

3. 在坐便盆上排大小便。

4. 拿纸巾，擦屁股。

5. 拉上裤子。

6. 按下按钮。

实践活动：

坐便盆小便。

教学建议：

1. 此部分教学目标主要训练学生坐便盆如厕的动作，步骤掌握要根据学生的情况调整教学的进度。

2. 便盆要选择学生喜欢的。

3. 对于学生不乐意坐便盆，老师可以利用学生喜欢的物品进行引导强化。

如厕后自己洗手

学一学：

水龙头

洗手

步骤：

1. 打开水龙头，调整水龙头的出水量。

2. 搓手心和洗手背。

3. 会轻轻甩干手上的水。

4. 洗完手后关上水龙头。

实践活动：

活动一：吃完橘子去洗手。

活动二：饭前洗手。

教学建议：

1. 此部分教学目标主要训练学生洗手的动作，步骤掌握要根据学生的情况调整教学的进度。

2. 调整水龙头出水量是教学的难点，教师需要花多点时间。

3. 采取任务教学法进行洗手步骤学习，同时要小步子多循环进行。

分辨男女厕所的符号

学一学：

男厕所标志　　　　　女厕所标志

试一试：

1. 在男厕所下面打√。

2. 在上厕所时，可以说出上什么厕所？（有语言能力的学生跟老师说一说，无语言能力的学生给老师指一指）

教学建议：

1. 此部分教学目标主要训练学生分辨男女厕所符号，要根据学生的掌握情况调整教学的进度。

2. 学生认识厕所标志从图片到真实环境，学生上厕所前要提醒学生注意看门口的标志，并且认真分辨标志。

大便后会正确使用厕纸进行清洁

学一学：

认识厕纸。

厕纸

步骤：

1. 来到洗手间，掀开马桶盖。

2. 厕纸拿手上，折成小方块。

3. 弯下腰翘起小屁股，用纸擦干净。

4. 找到水龙头，把手洗干净。

实践活动：

能取适量的纸巾如厕。

教学建议：

1. 此部分教学目标主要训练学生用厕纸清洁的动作，步骤掌握要根据学生的情况调整教学的进度。

2. 实践活动中学生拿纸巾长度需要老师重点讲解，折纸要折成小方块。

3. 强调擦干净的标准。

评价内容	教师评价			家长评价		
	独立完成	需要辅助	不配合	独立完成	需要辅助	不配合
能找到便盆						
能坐便盆如厕						
分辨男女厕所的标志						
能指认裤头、膝盖、腰						
如厕前自己拉下裤子及内裤						
如厕后自己拉上裤子及内裤						
如厕后自己找到洗手池						

续 表

评价内容	教师评价			家长评价		
	独立完成	需要辅助	不配合	独立完成	需要辅助	不配合
如厕后能自己洗手						
能找到厕纸						
大便后会正确使用厕纸进行清洁						

第九章　穿　脱

单元说明：

本单元以穿衣为主题进行穿脱等内容设计。旨在通过脱鞋子、穿鞋子、脱拉袜子、穿有脚后跟的袜子、脱穿长裤、脱外套、穿外套活动，培养学生穿脱的意识，使学生掌握穿脱的技能，能进行灵活穿脱，提高穿脱的能力，养成穿脱的习惯。

推脱鞋子、穿鞋子

学一学：

（鞋子图：魔术贴、鞋头、鞋跟）

步骤：

1. 推脱鞋子步骤。

解开魔术贴 　　　拿住鞋跟，往下拉

往脚趾方向，向前推 　　　完成

2. 穿鞋子步骤。

准备 　　　解开魔术贴 　　　伸进去

提上鞋跟 　　　贴好魔术贴 　　　完成

实践活动：

1. 脱鞋后要将鞋摆放好。

2. 连线，把下面的鞋配成双。

教学建议：

1. 此部分教学目标主要训练学生穿脱鞋子的步骤和流程，步骤掌握要根据学生的情况调整教学的进度。

2. 穿脱鞋子步骤时，要选择一双合适的鞋子。

3. 学生会配对鞋子后，拿熟悉的鞋子让学生配对。引导学生分清鞋子的左右并把鞋子摆放好。

4. 学生练习配对鞋子时，引导学生分清鞋子的左右脚，并把鞋子摆放好。

评价内容	教师评价			家长评价		
	独立完成	需要辅助	不配合	独立完成	需要辅助	不配合
能分清鞋子的左右						
会解开鞋子的魔术贴						
会贴上鞋子的魔术贴						
会穿脱魔术贴鞋子						
能把脱下的鞋子整齐摆放好						

脱拉袜子、穿有脚后跟的袜子

学一学：

1. 认识袜子。

袜口
袜跟
袜底
袜头

195

2. 脱拉袜子的步骤。

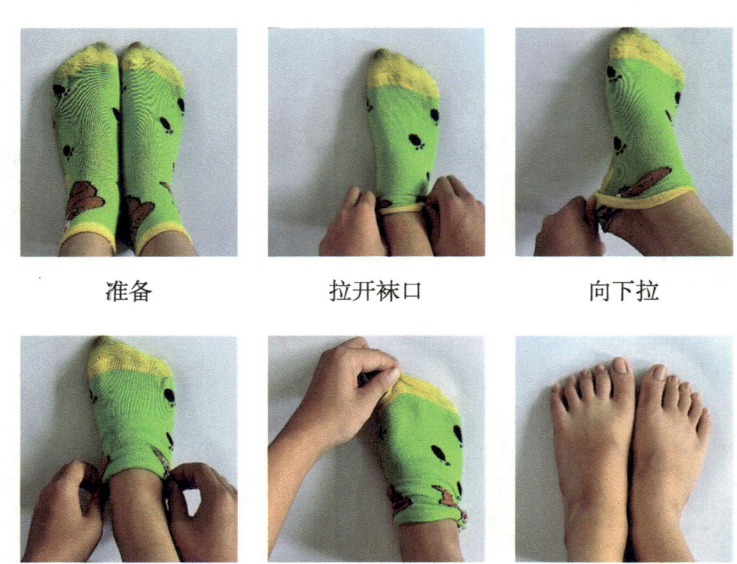

准备　　　　　　拉开袜口　　　　　　向下拉

向前推　　　　　　向前拉　　　　　　完成

3. 穿有脚后跟的袜子步骤。

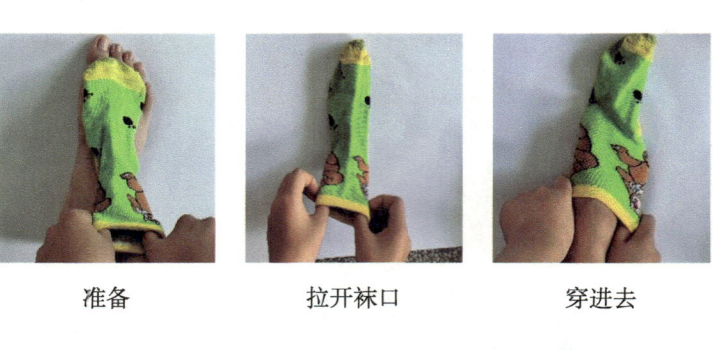

准备　　　　　　拉开袜口　　　　　　穿进去

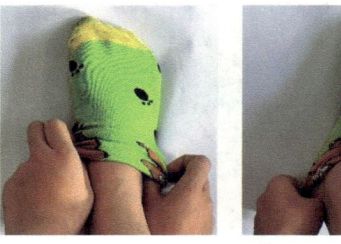

往后拉 　　　　　　向上提

向上拉　　　　　完成

实践活动：

1. 睡觉前脱袜子。

2. 起床后穿袜子。

3. 连线，把下面的袜子配成双。

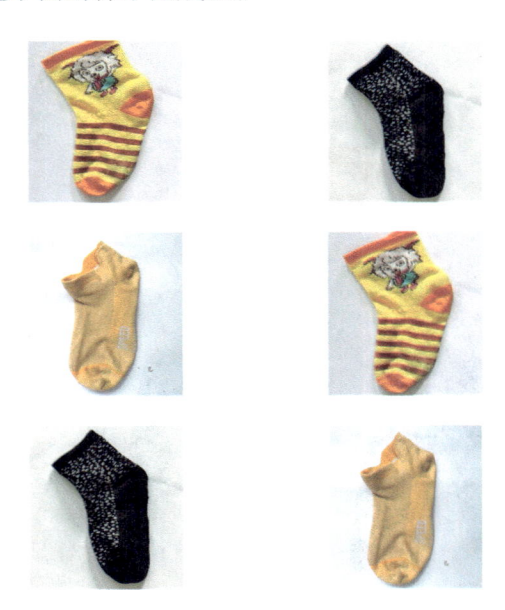

教学建议：

1. 此部分教学目标主要训练学生穿脱袜子的步骤和流程，步骤掌握要根据学生的情况调整教学的进度。

2. 采取任务教学法学习穿袜子的步骤，同时要小步子多循环进行。

3. 在袜子配成双中，选取自己熟悉的袜子进行，这样可以调动学生的积极性。

评价内容	教师评价			家长评价		
	独立完成	需要辅助	不配合	独立完成	需要辅助	不配合
能区分袜子的正面和背面						
能区分袜子的底部						
会穿有脚后跟标志的袜子						
会脱有脚后跟标志的袜子						

脱下长裤、穿长裤

学一学：

裤腰

裤腿

步骤：

1. 脱下长裤步骤：

（1）两边拉开。

（2）向下脱裤子。

（3）脱至膝盖处。

（4）脱至膝盖下。

（5）取出左脚。

（6）取出右脚。

2. 穿长裤步骤：

（1）两边拉开。

（2）放至膝盖。

（3）先放左脚。

（4）再放右脚。

（5）提至大腿。

（6）先提前面。

（7）再提后面。

（8）完成。

实践活动：

1. 区分裤子的前面和后面。

2. 在长裤的括号内画上"√"。

(　　)　　　　(　　)　　　　(　　)

教学建议：

1. 此部分教学目标主要训练学生穿脱裤子的步骤和流程，步骤掌握要根据学生的情况调整教学的进度。

2. 裤子要选取适合学生的，在分辨裤子正反面的过程中重点让学生感知正和反的区别。

3. 采取任务教学法学习引导学生穿脱裤子步骤，同时要小步子多循环进行。

评价内容	教师评价			家长评价		
	独立完成	需要辅助	不配合	独立完成	需要辅助	不配合
认识自己的裤子						
能区分裤子的前后						
会穿长裤						
会脱长裤						

脱外套、穿外套

学一学：

步骤：

1. 脱外套步骤：

准备	向下拉拉链	拉开拉链
脱下左边袖子	脱下右边袖子	完成

2. 穿外套步骤:

准备	衣服披在肩上	左手穿进衣袖里
右手穿进衣袖里	衣服对整齐	拉合拉链
拉上拉链	完成	

实践活动:

1. 区分外套的前面、后面。

2. 连一连，看图片把相对应的文字连起来。

外套　　　　　　　　衬衫

教学建议：

1. 此部分教学目标主要训练学生穿脱外套的步骤和流程，步骤掌握要根据学生的情况调整教学的进度。

2. 在穿脱外套的过程中重点让学生分清前面和后面。

3. 采取任务教学法学习穿脱外套步骤，同时要小步子多循环进行。

4. 穿脱过程中尽量选大一点的外套进行，这样容易练习。

5. 难点是让学生清楚穿脱一个袖子后，再穿脱另一个袖子。

拉开拉链、拉合拉链

学一学：

拉链
拉链结

拉链头
拉链

203

步骤：

1. 拉开拉链步骤：

双手拉捏住拉链 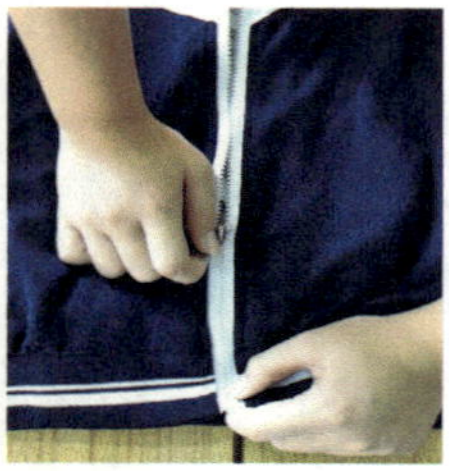　　　向下拉

解开拉链结 　　　完成

2. 拉合拉链步骤：

（1）两边拉链对齐拉直。

（2）拉链右边的结插入左边的结中。

（3）左手拉住拉链的下端，右手捏住拉链链搭往上拉。

（4）往上拉到合适的位置。

（5）完成。

（1）  　　　（2）

（3） （4） （5）

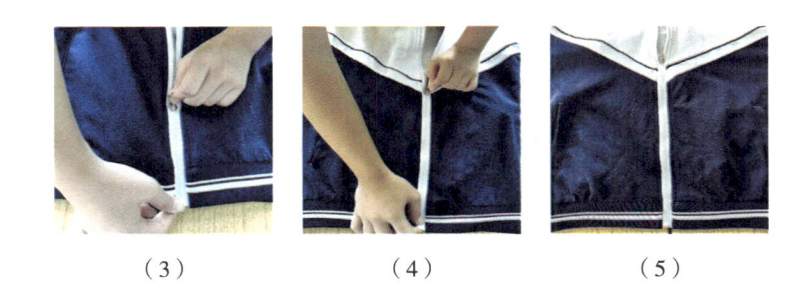

实践活动：

1. 连一连，看图片和相对应的文字连起来。

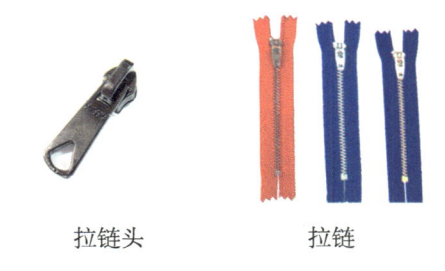

拉链头　　　　　拉链

2. 谁的拉链拉得正确，在括号里打"√"。

（　　）　　　（　　）

3. 比赛拉开拉链。
4. 比赛拉合拉链。

教学建议：

1. 此部分教学目标主要训练学生拉拉链的步骤和流程，步骤掌握要根据学生的情况调整教学的进度。

2. 在拉开和拉合拉链的过程中，让学生首先学会插拉链，但是插的时候要小心，以免弄到手。

3. 采取任务教学法进行拉开和拉合拉链步骤学习，同时要小步子多循环进行。

4. 可以选取不同带有拉链的物品进行练习。

评价内容	教师评价			家长评价		
	独立完成	需要辅助	不配合	独立完成	需要辅助	不配合
会拉下拉链						
会拉上拉链						
会穿拉链外套						
会脱拉链外套						

解开大纽扣、扣合大纽扣

学一学：

衬衫
纽扣

纽扣　　　扣眼

步骤：

1. 解开纽扣步骤：

（1）坐好或站好。

（2）左手拇指、食指拿纽扣，右手拇指、食指拿扣眼。

（3）左手纽扣放入扣眼。

（4）右手拿纽扣。

（5）解开纽扣。

2. 扣纽扣步骤：

（1）找到纽扣和扣眼。

（2）右手拇指、食指拿纽扣，左手拇、指食指拿扣眼。

（3）右手拿纽扣穿过扣眼。

（4）左手拿出纽扣。

（5）左手向两边拉开。

实践活动：

1. 连一连，看图片和相对应的文字连起来。

纽扣

扣眼

2. 谁的纽扣合正确，在括号内打"√"。

（   ）   （   ）

3. 比赛解开纽扣。

4. 比赛扣纽扣。

教学建议：

1. 此部分教学目标主要训练学生解、扣纽扣的步骤，步骤掌握要根据学生的情况调整教学的进度。

2. 在扣纽扣的过程中，纽扣和扣眼要相对应。

3. 采取任务教学法学习解开和扣合纽扣的步骤，同时要小步子多循环进行。

4. 可以选取不同解开和扣纽扣的物品进行练习。

评价内容	教师评价			家长评价		
	独立完成	需要辅助	不配合	独立完成	需要辅助	不配合
能区分纽扣和扣眼						
能把纽扣对准扣眼						
会扣上纽扣						
会解开纽扣						

脱T-恤、穿T-恤

学一学：

步骤：

1. 脱T-恤步骤。

（1）举高左手向上拉衣袖。

（2）左手褪出衣袖。

（3）左手拉起衣角穿过头部。

（4）左手脱下衣服。

2. 穿T-恤步骤。

（1）放好衣服。

（2）拉开衣角。

（3）先穿右手。

（4）再穿左手。

（5）套头。

（6）完成。

实践活动：

1. 指出下图哪一面是T-恤的正面和背面。

2. 下图中哪一件是T-恤，在括号内画上"√"。

（ ）　　　　　　　（ ）

（ ）　　　　　　　（ ）

教学建议：

1. 此部分教学目标主要训练学生穿、脱T-恤的步骤和流程，步骤掌握要根据学生的情况调整教学的进度。

2. 在穿、脱T-恤的过程中重点让学生分清前后和正反面。

3. 采取任务教学法学习穿T-恤的步骤，同时要小步子多循环进行。

4. 穿脱过程中尽量选大一点的T-恤进行，这样容易练习。

评价内容	教师评价			家长评价		
	独立完成	需要辅助	不配合	独立完成	需要辅助	不配合
会分辨短袖T-恤的前面						
会分辨短袖T-恤的后面						
找到套头的位置并套上头部						
会穿上一只手						
会穿短袖T-恤						
脱短袖时会尝试往上拉						
会脱出一个袖子						
会脱短袖T-恤						

第十章 梳 洗

单元说明：

本单元以梳洗为主题，旨在通过用毛巾擦嘴、用毛巾擦手、洗手会擦干、用毛巾仔细擦脸、用牙刷粗略地刷牙、用清水漱口、用挤有牙膏的牙刷刷牙、用肥皂洗手、拧干湿毛巾、洗毛巾、洗脸、自己洗澡、自己用梳子将头发梳理整齐等内容进行设计，提高学生擦、刷、洗、梳头的能力，增强学生的梳洗意识。

一、擦

用毛巾擦嘴

学一学：

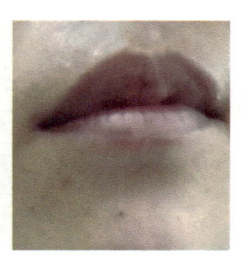

步骤：

用毛巾擦嘴步骤。

1. 找到嘴。

2. 双手捧起毛巾。

3. 放在嘴上，左右来回擦。

实践活动：

1. 说一说我们什么时候用毛巾擦嘴？（有语言的说给老师听，无语言的指出来）

2. 比一比谁的嘴擦得最干净。

用毛巾擦手

学一学：

用毛巾擦手步骤。

步骤：

1. 找到毛巾。

2. 双手捧起毛巾。

3. 把手放在毛巾上，左右来回擦。

实践活动：

1. 我们什么时候用毛巾擦手？

2. 比一比谁的手擦得最干净。

洗手会擦干

学一学：

1. 洗手后用毛巾擦干手步骤。

2. 跟着老师学一学用毛巾擦干手。

实践活动：

比一比谁的手擦得最干净。

用毛巾仔细擦脸

学一学：

步骤：

1. 用毛巾仔细擦脸步骤。

（1）拿起毛巾。

（2）找到额头左右擦。

（3）找到鼻子左右擦。

（4）找到眼睛左右擦。

（5）找到耳朵左右擦。

（6）找到嘴巴左右擦。

2. 跟着老师学一学擦脸。

实践活动：

比一比谁的脸擦得最干净。

教学建议：

1. 此部分教学目标主要训练学生擦的动作，步骤掌握要根据学生的情况调整教学的进度。

2. 老师示范要正确，没有其他干扰环境。

3. 学生在进行擦的学习中，注意擦的力度适中，擦的动作规范程度要根据学生情况做具体要求。

评价内容	教师评价			家长评价		
	独立完成	需要辅助	不配合	独立完成	需要辅助	不配合
擦嘴：用双手拿住毛巾						
将毛巾从鼻上覆盖						
拿住毛巾从脸颊开始擦向嘴角，从鼻下擦至底部						

续 表

评价内容	教师评价			家长评价		
	独立完成	需要辅助	不配合	独立完成	需要辅助	不配合
擦手：用一只手拿住毛巾，把毛巾放在另一只手的手心						
做出擦的动作						
拿住毛巾来回擦，能把手擦干						
擦脸：用双手捧住毛巾，把毛巾覆盖在脸上						
用毛巾依次把眼睛、鼻子、嘴巴、脖子、耳朵擦干净						

二、刷

用牙刷粗略地刷牙

学一学：

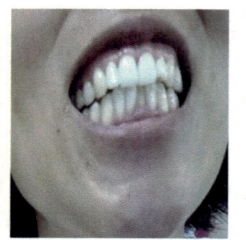

步骤：

用牙刷粗略地刷牙步骤。

1. 拿起牙刷。

2. 找到门牙左右刷、上下刷。

3. 找到大牙左右刷、上下刷。

4. 上牙往下刷。

5. 下牙往上刷。

6. 中间来回刷。

用清水漱口

学一学：

步骤：

用清水漱口步骤。

1. 拿好漱口杯，装清水。

2. 喝一口清水。

3. 咕噜咕噜吐出来。

用挤有牙膏的牙刷刷牙

学一学：

步骤：

用挤有牙膏的牙刷刷牙步骤。

1. 准备刷牙用具。

2. 拿杯子接水。

3. 拧开盖子。

4. 挤牙膏。

5. 刷牙。

6. 喝水漱口。

7. 接水洗牙刷。

8. 用毛巾擦干嘴。

实践活动：

1. 圈出下面哪些是刷牙用品。

2. 比一比，看看谁的牙齿刷得最干净。

教学建议：

1. 此部分教学目标主要训练学生刷牙的步骤，步骤掌握要根据学生的情况调整教学的进度。

2. 挤牙膏时要适量。

3. 学生在上刷时出现困难，可适当利用视频和动画进行教学。

4. 采取任务教学法进行刷牙漱口步骤学习，同时要小步子多循环进行。

评价内容	教师评价			家长评价		
	独立完成	需要辅助	不配合	独立完成	需要辅助	不配合
用手握住牙刷柄，做出刷的动作						
张开嘴巴，把牙刷放在牙齿表面						
拿牙刷来回地刷牙						
喝一口水含在嘴里						
把嘴里的水吐出来						
做出拧的动作						
拧开牙膏的盖子						
把牙膏挤在牙刷的刷毛上						

三、洗

用肥皂洗手

学一学：

步骤：

用肥皂洗手步骤。

1. 卷起衣袖。

2. 拧开水龙头。

3. 冲水约10秒（家长由1数到10）

4. 压取洗手液。

5. 双手相互搓洗。

6. 冲洗干净。

7. 关上水龙头。

8. 取纸或者毛巾擦干。

9. 收拾毛巾或丢掉纸巾。

拧干湿毛巾

学一学：

拧干湿毛巾步骤。

把湿过水的毛巾一折二

双手捏紧向相反的方向用力拧

拧到没有水滴下

洗毛巾

学一学：

洗毛巾步骤。

将毛巾放入水中浸透 　　　取出毛巾稍拧 　　　将肥皂抹在毛
　　　　　　　　　　　　　　　　　　　　　巾污渍处

双手握住毛巾　　　　将毛巾放入水　　　　拧干
两头互相搓揉　　　　盆内漂洗干净

洗脸

学一学：

洗脸步骤。

把毛巾放在水中浸湿，稍拧干

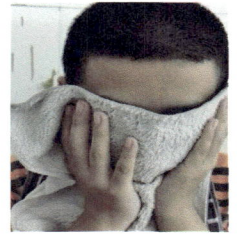

把湿毛巾从脸的上方往下方擦一遍 　　　擦前

擦眼角 　　　擦鼻子 　　　擦嘴角

擦耳朵 　　　擦脖子

再洗一次毛巾拧干 　从上方往下方再擦一遍

自己洗澡

学一学：

自己洗澡步骤。

1. 准备干净衣服，进入浴室，脱掉衣服，打开沐浴开关。
2. 将水温调节到合适的温度，再冲洗身体。

3. 用洗发露洗头发。
4. 用沐浴露擦洗身体。
5. 用清水冲洗全身后，用毛巾把身体擦干。
6. 穿上干净的衣服。

想一想：

1. 洗澡要用哪些用品？

| 盆 |  毛巾 |  沐浴露 |  洗发水 |

2.洗脸要洗哪些地方？

前额、眼角、鼻子、嘴角、脖子、耳朵。

教学建议：

1.此部分教学目标主要训练学生洗的动作和步骤，步骤掌握要根据学生的情况调整教学的进度。

2.采取任务教学法进行分步骤学习用水洗的过程，然后用水洗手，拧干毛巾，洗毛巾，用毛巾擦脸，把这几个任务进行分解，同时要小步子多循环进行。

3.洗的时候装适量的水，学习拧毛巾、洗毛巾，洗脸时，选取小一点的毛巾。

评价内容	教师评价			家长评价		
	独立完成	需要辅助	不配合	独立完成	需要辅助	不配合
洗手：会开水龙头						
做按压洗手液						
做揉搓手的动作						
洗毛巾：握住毛巾两头互相揉搓						
拧干毛巾，双手捏紧毛巾，做向相反的方向拧的动作						

续 表

评价内容	教师评价			家长评价		
	独立完成	需要辅助	不配合	独立完成	需要辅助	不配合
能完成洗毛巾的一系列动作						
洗脸：双手捧住毛巾，把毛巾覆盖在脸上						
把毛巾从脸的上方往下方擦						
洗澡：自己穿、脱衣服						
用洗发露洗头发						
用沐浴露擦洗身体						
用毛巾把身体擦干						

四、梳头发

自己用梳子将头发梳理整齐

学一学：

1.听听下面的小朋友在做什么？

（1）小朋友在梳头。

（2）小朋友在洗头。

（3）小朋友在镜子前梳头。

2. 我们为什么要每天梳头呢？

每天梳头是一种卫生习惯。梳头能使人看起来整洁、有精神，还能促进头皮的血液循环。

男女同学都要养成每天早晨起床后梳头的好习惯。

3. 梳头发的方法：

从前额正中开始，以均匀力量，向头部、枕部、颈部梳理，然后再梳两侧，动作不要太快。

比一比：

看谁的头发梳理得既整齐又好看。

教学建议：

1. 此部分教学目标主要训练学生梳头的步骤，步骤掌握要根据学生的情况调整教学的进度。

2. 学生学习梳头发首先要从短的头发开始，然后再到长的头发。

3. 梳子选取大小适合并且有柄的。

评价内容	教师评价			家长评价		
	独立完成	需要辅助	不配合	独立完成	需要辅助	不配合
认识梳子						
能做出梳头发的动作						

续表

评价内容	教师评价			家长评价		
	独立完成	需要辅助	不配合	独立完成	需要辅助	不配合
用手握住梳子，把梳子放在前额正中位置梳理						
自己用梳子将头发梳理整齐						

第十一章 睡 眠

单元说明：

本单元以睡眠为主题旨在通过睡眠规律、安静入睡、睡觉安稳、睡觉不尿床等进行内容设计，培养了学生规律入睡、安静入睡的意识，巩固了学生睡觉安稳和不尿床的行为习惯。

学一学：

1. 我们为什么要每天睡眠呢？

睡眠是人类不可缺少的一种生理现象和赖以生存的基本生活方式，是生命的基本需要，是保持人体健康的基础。规律而充足的睡眠是健康长寿的重要保证。

2. 规律的睡眠时间：

（1）每天按时睡觉、按时起床。

按时睡

（2）坚持每天睡午觉，睡眠时间在12：00到14：30之间。

中午午饭后到14：30

（3）每天晚上合适的时间睡觉最好，21：00前入睡，保证睡眠10小时以上。

合适的时间睡最好

3. 说一说。

我每天晚上几点睡觉、早上几点起床。

安静入睡

学一学:

1. 睡觉能使人的大脑、身体得到休息，使人们身体更健康。我们要养成正确的睡觉姿势，养成每天午睡和按时晚睡的好习惯。

2. 怎样安静入睡？

（1）睡觉时不说话、不吵闹、不玩玩具。

（2）躺在床上不翻来覆去，闭上眼睛，保持正确的睡姿。

3. 说一说。

我们在睡觉时应该怎样做呢？

睡觉安稳

学一学:

1. 睡眠的质量好坏与人体健康有密切关系，正确的睡姿能使人安静入睡，每天保证充足的睡眠时间有益身体健康。

保证10小时睡眠有益健康

2. 怎样才能睡得安稳？

（1）睡眠有规律，每天按时睡觉。

（2）保持正确的睡姿，不蒙头睡觉，不趴着睡觉。

（3）养成良好的睡眠卫生习惯，保持卧室清洁、安静，避免噪音和光线刺激。

（4）睡觉前半小时洗热水澡、泡脚、喝牛奶。

（5）白天适度的体育锻炼有助于睡眠。

实践活动：

指出下列哪些行为是对的，哪些行为是错的。

1. 睡室保持安静，少灯光。　　（　　）

2. 蒙着头睡觉。　　　　　　　（　　）

3. 一边吃东西一边睡觉。　　　（　　）

4. 睡觉前半小时洗热水澡。　　（　　）

睡觉不尿床

学一学：

避免尿床的方法：

1. 睡觉前少喝水。

2. 睡觉前上厕所。

3. 睡觉时如果尿急了，要及时告诉家长或老师。

实践活动：

指出下列图中哪些行为是对的，哪些行为是错的。

教学建议：

1. 此部分教学目标主要训练学生规律睡眠，培养良好的生活习惯。

2. 学生知道什么时候睡觉，根据学生程度自己选择自主入睡还是听指令进入睡眠状态。

评价内容	教师评价			家长评价		
	独立完成	需要辅助	不配合	独立完成	需要辅助	不配合
按时睡觉、起床						
睡觉时不说话、不吵闹、不玩耍						
能自觉上床睡觉						
会选择舒适、正确的睡姿						
睡觉时尿急了会及时告知家长或老师						

第十二章　日常家居自理能力

单元说明：

本单元以日常家居处理能力为主题进行物品归位、开关、收拾餐具等进行内容设计，旨在利用生活场景，锻炼学生精细动作、手部功能、整理能力，培养学生照顾自我的意识和劳动的意识。

一、物品归位

将自己的玩具放在固定位置

学一学：

玩具丢得满地都是怎么办呢？

步骤：

1. 教学准备：各种玩具。
2. 把玩具分类。
3. 把分好类的玩具放在不同的收纳盒。
4. 将玩具放在玩具架上。

实践活动：

活动一：玩积木。

活动二：玩雪花片。

教学建议：

1. 此部分教学目标主要训练学生将玩具放在固定位置，步骤掌握要根据学生的情况调整教学的进度。

2. 采取任务教学法，把自己的玩具放在指定的位置，同时要注意小步子多循环进行。

3. 实践活动根据学生的喜好和能力自由选择，其难点是学习玩具的分类。

将鞋子、袜子放在指定位置

学一学：

鞋子、袜子应该放在哪里呢？

鞋架 　　　　　　　抽屉

教学准备：

鞋子、袜子。

步骤：

1. 五个手指配合拿起鞋子和袜子。

2. 把鞋子放进鞋架。

3. 把袜子对折，放进袜盒。

实践活动：

活动：睡觉前脱鞋子、袜子。

（1）教学准备鞋子和袜子。

（2）把脱下来的鞋子放在指定位置。

（3）拿起脱下来的两只袜子。

（4）一只袜子放一个鞋子，另一只袜子放另一个鞋子。

（5）把装有袜子的鞋子放在指定位置。

教学建议：

1. 此部分教学目标主要训练学生将鞋子和袜子放在指定位置，步骤掌握要根据学生的情况调整教学的进度。

2. 采取任务教学法，把自己的鞋子和袜子放在指定位置，同时要注意小步子多循环进行。

3. 可以根据学生的生活习惯，把鞋子和袜子放在指定位置。

将自己的物品挂在指定位置，将外套挂在衣架上

学一学：

把毛巾、外套挂在哪里？

教学准备：

毛巾、短袖。

步骤：

1. 找到毛巾架、衣架。

2. 挂在晾衣架上。

实践活动：

活动一：洗完脸挂毛巾到指定位置。

活动二：洗澡前脱衣服挂到指定位置。

（1）拿起自己的毛巾、外套。

（2）找到挂钩。

（3）把毛巾外套挂在挂钩上。

教学建议：

1. 此部分教学目标主要训练将自己的物品挂到指定位置，学习挂的动作，知道自己的物品放在哪里，养成整理物品的好习惯。

2. 步骤掌握要根据学生的情况调整教学的进度。

3. 采取任务教学法，进行挂衣服、挂毛巾的步骤学习，同时要小步子多循环进行。

4. 衣服、毛巾挂钩的高度设置要适中。

评价内容	教师评价			家长评价		
	独立完成	需要辅助	不配合	独立完成	需要辅助	不配合
能把玩具分类						
能找到玩具位置						
将自己的玩具放在固定位置						
能找到鞋子、袜子						
能找到鞋架、袜盒位置						
将鞋子、袜子放在指定位置						
能找到毛巾						
能找到毛巾架位置						
将自己的毛巾挂到指定位置						
能正确拿起外套						
能找到衣架						
将外套挂在衣架上						

二、开关

将门关上

学一学：

看看图中的门怎么了？

步骤：

1. 一只手握住把手。

2. 握紧把手把门往回拉。

3. 门关上了。

实践活动：

离开房间时，请关门。

教学建议：

1. 此部分教学目标主要训练将门关上，重点学习拉的动作，步骤掌握要根据学生的情况调整教学的进度。

2. 采取任务教学法，进行关门的步骤学习，要注意小步子多循环进行，同时要注意安全，不要把手指放在门缝里。

开关电灯

学一学：

认一认开关。

步骤：

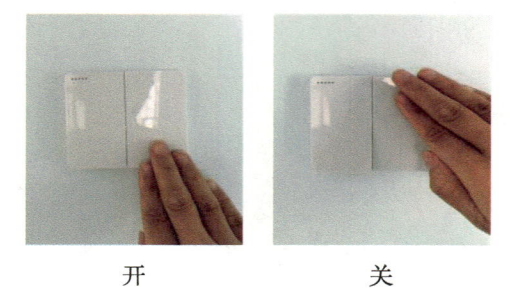

开　　　　关

1. 找到开关。
2. 手掌按下（上）面开（关）。

实践活动：

活动一：教室（客厅）很暗，开灯。

（1）进入教室时，找到开关。

（2）用食指按下按钮打开电灯。

（3）离开教室时，用食指将打开的电灯关掉。

活动二：离开房间，关灯。

教学建议：

1. 此部分教学目标主要训练学生开关电灯的动作，步骤掌握要根据学生的情况调整教学的进度。

2. 采取任务教学法，进行开、关灯的步骤学习，同时要注意小步子多循环进行，注意不同开关按钮有不同的操作方法，大多数情况下按下按钮的方法是开。

3. 开、关灯的时候要注意手上不能有水。

扭动门把手开门

学一学：

认一认门把手。

步骤：

抓住并拧
动把手

轻轻往外推，门就
打开了

实践活动：

进教室（卧室），要开门。

教学建议：

1. 此部分教学目标主要训练学生扭动门把手开门的动作，步骤掌握要根据学生的情况调整教学的进度。

2. 采取任务教学法进行掌握关门的步骤学习，同时要小步子多循环进行。

3. 开门的时候注意不要夹到手。

评价内容	教师评价			家长评价		
	独立完成	需要辅助	不配合	独立完成	需要辅助	不配合
关门：找到门把手						
能将门关上						
开关电灯：能找到开关						
开关电灯						
开门：能扭动门把手						
扭动门把手开门						

三、收拾餐具

饭前摆放餐具　饭后收拾餐具

学一学：

认识餐具。

步骤：

1. 摆放餐具：

（1）教学准备：筷子、碗、盘若干。

（2）双手拿碗筷。

（3）每个座位放一个碗。

（4）在碗的旁边放一副筷子或者一个勺子。

2. 收拾餐具：

（1）五指配合拿碗筷，叠一起。

（2）双手手掌托碗。

（3）放进碗槽。

实践活动：

活动一：学校吃饭时，摆餐具。

活动二：学校吃饭时，收餐具。

洗 碗

学一学：

里面

外面

步骤：

1. 拿起碗。

2. 往抹布上挤上洗洁精，用抹布里外擦一圈。

3. 用水冲洗一次、两次、三次。

4. 用抹布擦干水。

5. 把碗放在碗盆里，将其整齐地摆放好。

教学建议：

1. 此部分教学目标主要训练学生收拾餐具的动作，步骤掌握要根据学生的情况调整教学的进度。

2. 采取任务教学法，进行洗碗的步骤学习，同时要小步子多循环进行。

3. 用洗洁精的量要适当，洗碗的时候要选不锈钢碗进行。

评价内容	教师评价			家长评价		
	独立完成	需要辅助	不配合	独立完成	需要辅助	不配合
能辨识常用餐具						
能双手拿碗筷						
能把椅子和碗筷进行配对						
能把碗筷叠在一起						
能双手托住碗						
能挤洗洁精						
能用抹布洗碗						
能将碗、碟分别放好						

名师名校名校长

凝聚名师共识
回应名师关怀
打造名师品牌
培育名师群体

送教上门 助残筑梦

——生活语文课程指导手册

董桂林 编

送教上门，助残筑梦
董桂林 主编

全国教育科学规划2018年度教育部重点课题"基于现代信息技术条件下的重度残疾儿童送教上门电子课程体系的开发研究"成果

团结出版社

图书在版编目（CIP）数据

送教上门，助残筑梦.生活语文课程指导手册/董桂林主编；董桂林编.—北京：团结出版社，2023.8
ISBN 978-7-5234-0266-5

Ⅰ.①送… Ⅱ.①董… Ⅲ.①语文课—儿童教育—特殊教育—教学参考资料 Ⅳ.①G764

中国国家版本馆CIP数据核字（2023）第133307号

出　　版：	团结出版社
	（北京市东城区东皇城根南街84号　邮编：100006）
电　　话：	（010）65228880　65244790
网　　址：	http://www.tjpress.com
E-mail：	65244790@163.com
经　　销：	全国新华书店
印　　刷：	廊坊市印艺阁数字科技有限公司
装　　订：	廊坊市印艺阁数字科技有限公司

开　　本：	170×240毫米　1/16
印　　张：	40
字　　数：	522千字
版　　次：	2023年8月　第1版
印　　次：	2023年8月　第1次印刷

书　　号：ISBN 978-7-5234-0266-5
定　　价：198.00元（全3册）
（版权所属，盗版必究）

序言

开展适龄残疾儿童送教上门工作既是对现有国家残疾儿童教育安置方式的完善，又是对我国重度残疾儿童接受法定义务教育服务形式的重要补充。重度残疾儿童身体状况特殊、生存环境各异，为了给每一个适龄重度残疾儿童提供合适的教育资源，从而满足每一个重度残疾儿童的教育需求，课题组全体参研人员以"重度残疾学生现状评估表"为依据，以学生身体发展规律为支撑，以为每一个重度残疾儿童提供最适合的教育为指导思想，以实践为基础，系统编写了重度残疾儿童送教上门系列课程知识学习指导手册。

本册为《送教上门，助残筑梦——生活语文课程指导手册》，主要以重度残疾儿童生活中所需的语言及文字需求为目标，以重度残疾儿童所需的发音前练习、语言沟通、语言理解与表达等能力要求为方向，以为重度残疾儿童提供最适教学内容及过程为指引，层层递进、螺旋上升，以期最终达到为每一位重度残疾儿童提供最适学习内容的目标。

本指导手册的编写难免存在不足之处，课题组全体成员本着在实践中不断改进的思想，希望广大使用者在使用中多提宝贵意见！

课题组全体成员

2023年3月

目录

第一篇　感知觉

第一单元　视觉 ························· 2
第1课　寻找光源 ·························· 3
第2课　镜子里的我 ························ 5
第3课　会走的玩具 ························ 7
第4课　动物拼图 ·························· 9
综合练习1 ······························· 11

第二单元　听觉 ························ 12
第1课　灵敏的耳朵 ······················· 13
第2课　会说话的手机 ····················· 16
第3课　奇妙的声音 ······················· 18
综合练习2 ······························· 20

第三单元　触觉 ························ 21
第1课　小虫爬 ··························· 22
第2课　分辨冷热 ························· 24
第3课　箱中摸宝 ························· 26
综合练习3 ······························· 29

第四单元　味（嗅）觉 ·················· 30
第1课　尝一尝 ··························· 31
第2课　美食的体验 ······················· 34
第3课　闻一闻 ··························· 36
第4课　快乐的"小厨师" ·················· 38
综合练习4 ······························· 40

第二篇　语言与沟通前能力

第五单元　非语言沟通能力 ············ 42
　第1课　目光接触 ············ 43
　第2课　脸部动作 ············ 46
　第3课　手部动作 ············ 51
　第4课　迎合的头部与身体动作 ············ 55
　第5课　抗拒的头部与身体动作 ············ 59

第六单元　分辨声音 ············ 62
　第1课　对声音的位置、音量、音调做出的反应 ············ 63
　第2课　分辨人的声音和其他声音 ············ 65

第七单元　口腔器官运动 ············ 67
　第1课　双唇的运动 ············ 68
　第2课　舌头、牙齿的运动 ············ 70

第三篇　语言模仿

第八单元　模仿单音、叠音词 ············ 74
　第1课　模仿a、i、u ············ 75
　第2课　模仿o、e、ü ············ 79
　第3课　模仿b、p、m ············ 81
　第4课　模仿h、d、t、g ············ 83
　第5课　模仿k、f、l、s、n、z、c ············ 86
　第6课　模仿j、q、x、r、zh、ch、sh ············ 90
　第7课　仿说叠音词：爸爸、妈妈、嘟嘟 ············ 93

第九单元　仿说表示或形容物品的词 ········· 95
第1课　仿说"猫""狗""鸭""鹅" ········· 96
第2课　模仿"大""好"的发音 ········· 98
第3课　模仿数量词的发音 ········· 100

第十单元　仿说动词、方位词 ········· 103
第1课　模仿"跑""爬""打"的发音 ········· 104
第2课　模仿动物的叫声与动作 ········· 106
第3课　模仿方位词的发音 ········· 108

第四篇　语言理解

第十一单元　名称指令 ········· 112

第十二单元　指认 ········· 117
第1课　我的身体 ········· 118
第2课　我的五官 ········· 119
第3课　常见主食 ········· 122
第4课　常见零食 ········· 125
第5课　常见家具 ········· 128
第6课　常见餐具 ········· 131
第7课　我的家人 ········· 134
第8课　常见动物 ········· 137

第十三单元　动作指令 ········· 141

第五篇　语言表达

第十四单元　短语 ········· 146
第1课　礼貌用语 ········· 147

3

第2课　认识蔬菜 ………………………………………… 151

　　第3课　长和短 …………………………………………… 156

　　第4课　高和矮 …………………………………………… 160

第十五单元　句子 ……………………………………………… 165

第十六单元　主动提问 ………………………………………… 170

第十七单元　主动描述 ………………………………………… 175

　　第1课　描述正在发生的事情 …………………………… 176

　　第2课　描述已经发生过的事情 ………………………… 180

第一篇

感 知 觉

第一单元

视 觉

单元说明：

　　本单元旨在通过视觉注视、视觉追踪、视觉辨别、视觉记忆再现等训练，使学生学会辨别物体的大小、颜色、形状等特征，并能够进行视觉比较，提高学生的视觉注意力和其大脑对视觉信息的加工能力，提升学生的视觉感受能力。

本单元教学目标：

1. 学习注视光线，感受颜色刺激。
2. 辨认自己的影像、熟悉人物的面孔。
3. 灵活追视运动的物体。
4. 利用动物拼图培养重整记忆。

第1课　寻找光源

学一学：

哪里有光？找一找光线来源。

1. 这些是什么？（出示各种各样的灯）

晚上，有了灯光，我们能像白天一样生活。那它们都有什么特点呢？

> 它们都能发出光。

2. 你还知道其他的光吗？

向学生展示手电筒、蜡烛、萤火虫等发光物体。

3. 找一找：你能在房间里找到发光的东西吗？

4. 注意：对着发光的东西看数秒后，眼睛是不是感到不适呢？要记得休息一下眼睛，眨眨眼，离开光源。

课后练习：

1. 说一说：光源在哪儿？

出示各种发光的物体，引导学生寻找光源。注意：不可让学生长时间注视光源。

2. 拓展练习：你能分辨出光线的明与暗吗？

用不同材质的物品遮住发光的手电筒，引导学生感受光线的明与暗。

教学建议：

1. 教师可以利用手电筒、灯饰等光源，让学生看自己的影子，寻找光源的位置，达到教学目的。

2. 可以用手电筒对着地板照，让学生寻找灯光，然后站在灯光上，接着又变换灯光位置，继续寻找灯光，站在灯光上。

3. 先让学生寻找近距离的较强的光，比如手电筒，再训练在一个空间里寻找能发出光的东西。

4. 注意不要用手电筒直射学生的眼睛。

内容	教师评价			家长评价		
	独立完成	需要辅助	不配合	独立完成	需要辅助	不配合
能寻找近距离的较强的光						
能寻找一个空间里的光						
能寻找较远距离的光						
能追寻光源						
能分辨出较暗光线的光源						

第2课　镜子里的我

学一学：

里面一个我，外面一个我。

我踢他（她）也踢，我唱他（她）也唱。

做一做：

1. 对着镜子梳一梳头发。
2. 对着镜子笑一笑。

课后练习：

1. 照一照镜子，看看镜子里的我。

出示较大的镜子，引导学生在镜子前做各种表情、动作。

2. 拓展练习：印手印。（把涂上颜色的手印在纸上，手印跟我们的手是一样的）

3. 吃完饭后，照一照镜子，看看嘴巴干不干净。

教学建议：

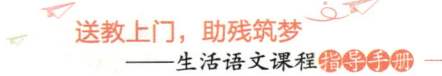

1. 教师引导学生注视镜中自己的影像。
2. 更换不同的人照镜子，观察镜中影像的区别。
3. 可以做不同的表情、动作，观察镜子里的我。

内容	教师评价			家长评价		
	独立完成	需要辅助	不配合	独立完成	需要辅助	不配合
能注视镜子中的影像						
能观察到镜子里影像的变化						
能辨认出镜子中自己的影像						
能通过镜子梳头						
能通过镜子擦嘴巴						
能通过镜子整理自身的衣着						

第3课　会走的玩具

学一学：

小玩具，不开口，一起游戏向前走。

做一做：

1. 小朋友正在开心地玩球。（出示皮球，来回滚动）

2. 滑行的小飞机，好快啊！（出示玩具飞机，向前滑行）

3. 嘟嘟嘟，小汽车开过来了。（出示玩具汽车，前后推动）

4. 泡泡随着风飘走了。（出示泡泡机，吹出的泡泡随处飘动）

> 你找到了哪些能走的玩具？怎么玩的呢？

课后练习：

1. 和好朋友或者爸爸妈妈一起玩皮球。

2. 拓展练习：到户外吹泡泡。

教学建议：

1. 教师和学生相对而立，保持一段距离，做互相滚皮球的游戏。
2. 也可以用扔纸飞机、吹泡泡等游戏活动来进行视觉追踪训练。

内容	教师评价			家长评价		
	独立完成	需要辅助	不配合	独立完成	需要辅助	不配合
能感觉到物体在运动						
能追视运动的球						
能追视运动的玩具						
能玩会走的玩具						

第4课　动物拼图

看图辨认：

同学们，我们动手来拼图吧！

你能指一指动物的头、脚、尾巴吗？

课后练习：

1. 我们来拼一拼：出示简单拼图（2—4块），和学生一起完成。

2. 拓展练习：帮助小猴找它的脚。教师出示拼出一半的拼图，让学生猜猜剩下的一部分。

教学建议：

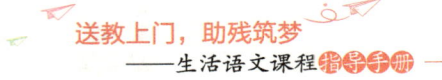

1. 动物拼图培养重整记忆，可以先让学生认识动物的头部、脚部、尾部等。

2. 从整体辨认开始，再从两块拼图开始拼，逐步加大难度。

3. 训练学生认识动物图片时，可以故意隐藏动物的某一部位，让学生辨别，说出隐藏的部位。

内容	教师评价			家长评价		
	独立完成	需要辅助	不配合	独立完成	需要辅助	不配合
能辨认常见的动物图片						
能指认动物的头部、脚部、尾部						
能指出动物图片中隐藏或缺失的部位						
指出动物拼块的正确位置						
能拼两块的动物拼图						
能拼3块至5块的动物拼图						
能拼较复杂的动物拼图						

综合练习 1

1. 辨一辨。

指认生活中发光的物体。

2. 做一做。

对着镜子照一照,看看镜子里的自己。

3. 我会玩。

玩一玩可以移动的玩具。

第二单元

听觉

单元说明：

本单元旨在通过声音定位、音色辨别、听觉记忆、理解指令等训练，使学生学会分辨不同的发声材料，运用比较、联想等手段记忆，并能复述或描述物体的简单外形、特征等，提高学生的听觉感受能力。

单元教学目标：

1. 对突发声音有反应，听到响声会把头转向声源。
2. 注意声音，专心聆听音乐。
3. 听到别人叫自己的名字有反应。

第1课　灵敏的耳朵

认一认，听一听：

小耳朵听一听，是什么发出的声音？

> 同学们，请敲一敲、拍一拍、摇一摇、吹一吹，你听到了什么？

试一试：

> 你能敲出有节奏的声音吗？

> 你能模仿这些声音吗？

听一听：

老师敲了什么乐器？你能说一说吗？这个乐器长什么样呢？是敲出来的声音，还是吹出来的声音？是圆形的，还是长长的？

想一想：

用哨子怎么吹出长短、强弱、快慢不同的声音？你们来试一试吧！

课后练习：

1. 敲打物品，感受不同声音的刺激。就地取材，任何可以发出声音的物体均可。

2. 拓展练习：敲打其他物体（如桌子或勺子、碗）或拍手，听力训练。在学生不同方位敲某一物体，让学生寻找声音或做出反应。

教学建议：

1. 教师准备小鼓、摇铃、喇叭、哨子等让学生认识。

2. 教师敲打这些物品，让学生感受到不同声音的刺激。

3. 学生听到声音，训练模仿出大致的声音。

4. 可以让能力强的学生通过听声音描述声音是什么物品发出来的，也可以描述一下物品的特征、外形。

5. 可以尝试训练敲打出有节奏的声音或聆听秒表的声音。

6. 可以让能力强的学生分辨声音的长短、强弱、快慢。

内容	教师评价			家长评价		
	独立完成	需要辅助	不配合	独立完成	需要辅助	不配合
能对突发的稍大声响有反应						

续 表

内容	教师评价			家长评价		
	独立完成	需要辅助	不配合	独立完成	需要辅助	不配合
能对突发声响有反应并把头转向声源						
能对较尖锐、响亮的声音有反应						
能对低沉、缓慢的声音有反应						
能对有节奏的声音有反应						
听到声音，能寻找声源						
能模仿听到的声音						
能分辨2种以上的铃声或节奏音						
能辨别并简单描述听到的声音来自什么物品						
能分辨声音的长短、强弱、快慢						

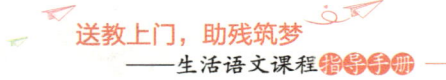

第2课　会说话的手机

认一认：

大家好，我的名字叫手机。我会说话、唱歌，还有其他很多本领，你们喜欢我吗？丁零零，你们听……

手机里面还有我们的视频，它记录了我们快乐的时刻。用妈妈的手机播放一段我们的视频吧！

> 我们还能在手机里看动画片、玩游戏，你们喜欢吗？

听一听：

手机上怎么有鸟声、雨声、风声呢？注意听。用手机播放给学生听。

课后练习：

1. 听一听：手机里面的声音或音乐。

2. 拓展练习：指认音频里说话的人。

教学建议：

1. 教师演示手机能发出声音的功能，让学生听。

2. 教师出示全家福照片，学生指认照片上的家人。

3. 播放学生家人的音频，让学生听到谁的说话声就在照片上指认谁，或直接说出谁。

内容	教师评价			家长评价		
	独立完成	需要辅助	不配合	独立完成	需要辅助	不配合
能短时间聆听音乐						
能专心聆听音乐						
能对熟人的声音有反应						
能辨别指认熟人的声音						
能分辨自然界常见的声音						

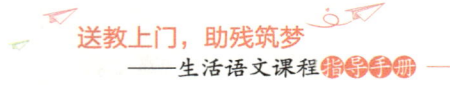

第3课　奇妙的声音

听一听：

奇妙的声音真有趣，我们都来敲一敲。

试一试：我们经常会听到很多人的声音，有哥哥、姐姐，小朋友、老爷爷，你们能辨别吗？

课后练习：

1. 家里人叫自己的名字有反应，或回答"哎"。

2. 拓展练习：家长可以带孩子到超市或菜市场，让孩子辨别老人和孩子、男人和女人说话的不同声音。

教学建议：

1. 教师将不同质地的物品排好，用小木棍逐个敲击，让学生认识并分辨不同物品发出的声音。

2. 让学生敲打各种物品，感受敲击时发出的声音。

3. 教师叫学生的名字，学生大声回答"哎"。

4. 播放美妙的音乐，让学生感受有节奏、有动感的声音。

5. 听各种年龄阶段人说话的音频，辨别哥哥、姐姐、爷爷等。

内容	教师评价			家长评价		
	独立完成	需要辅助	不配合	独立完成	需要辅助	不配合
能敲打物品						
能分辨一种物品发出的声音						
能分辨几种物品发出的声音						
别人叫自己名字时有反应						
能辨别不同性别的声音						
能辨别不同年龄的声音						
能享受美妙的音乐						

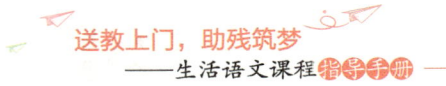

综合练习2

1. 辨一辨。

2. 敲一敲。（注意分辨声音的长短、强弱、快慢）

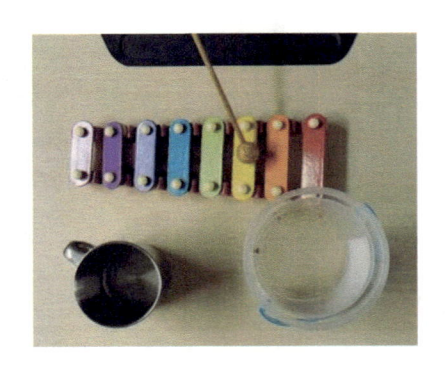

3. 我会模仿。

模仿动物或教师发出的声音。

4. 我会听。

辨听生活中和自然界常见的声音，如常见的乐器声、各种人的声音。

第三单元

触 觉

单元说明：

本单元旨在通过触觉辨别、触觉记忆与再现等训练，使学生用触觉感知物体的材料、形状、质感、温度等特征，改善学生的触觉敏锐度，提高学生的触觉感受能力。

本单元教学目标：

1. 对碰撞身体的物品有反应。
2. 培养学生的触觉辨别力。
3. 通过触觉进行回忆和再认。

第1课　小虫爬

触觉训练：

1. 摸一摸，这是什么？

2. 做一做。
用毛绒玩具触摸学生的手、胳膊、脸、脚等身体部位。

3. 听儿歌，猜一猜。

毛毛虫，爬呀爬，

爬到脸上痒痒的。

小朋友，你别怕，

闭眼猜猜它到哪？

课后练习：

1. 指出小虫爬过的部位。

2. 用抚摸、触碰、拍打等形式和学生进行触摸训练。

3. 拓展练习：

（1）快来跟我做一做。

让学生趴或仰卧在大笼球上，感受大笼球对触觉的刺激。

（2）想一想：身上穿的衣服湿了，是什么感觉呢？我们该怎么办呢？

教学建议：

1. 教师让毛绒小虫玩具在学生身体各部位爬动。

2. 训练中尽量避免毛绒玩具的绒毛进入学生鼻孔。

3. 教师用大笼球训练学生的感知觉，观察学生的反应。

4. 训练学生对自己衣服湿了有反应。

内容	教师评价			家长评价		
	独立完成	需要辅助	不配合	独立完成	需要辅助	不配合
物品碰撞身体时，能做出反应						
3种不同的物品触碰身体时，能做出反应						
凭触觉能区分物品						
对自己的衣物湿了有反应						
凭触觉区分干和湿的衣服						

第2课　分辨冷热

触觉训练：

1. 摸一摸这两杯水，有感觉吗？

说一说，指一指，

哪一杯是冷水，哪一杯是热水？

2. 辨一辨：冷与热。

3. 听一听，读一读，做一做。

今天上课真奇怪，

两个杯子桌上摆。

用手轻轻摸一摸，

冷的热的能分开。

课后练习：

1. 让学生逐一触摸，感知物体的冷热。可以就地取材，如玻璃、刚烤好的蛋糕、从冰箱里拿出来的冷饮、刚泡好茶的杯子等。
2. 拓展练习：日常生活中对学生进行触觉辨别训练。

教学建议：

1. 教师把一杯冷水和一杯热水分别放在桌子上，引导学生逐一触摸，让学生确认物体的冷、热。
2. 认识生活中常见的冷的和热的食物。
3. 引导学生了解吃冷、热食物的方法。

内容	教师评价			家长评价		
	独立完成	需要辅助	不配合	独立完成	需要辅助	不配合
用触觉区别冷水和热水						
辨别生活中常见食物的冷和热						
用触觉区别冷、热食物						
感受天气的冷和热						

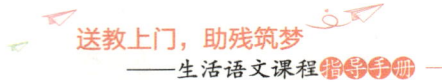

第3课　箱中摸宝

触觉训练：

1. 箱子里的东西可多了，伸出你的手，摸一摸。

你能拿出一个球吗？

说一说你摸到了什么。

2. 听一听、读一读、做一做

　　　　小箱子，嘴巴大，
　　　　各种物品全吞下，
　　　　请你把手伸进去，
　　　　闭眼摸摸都是啥。

课后练习：

1. 让学生触摸物品，感知物体的存在。（可以放轻的、重的、干的、湿的、圆的、方的等不同的物品）

2. 拓展练习：日常生活中对学生进行触觉辨认练习。（用触觉记忆将物体按大小、轻重来排列，用触觉来配对物品等）

教学建议：

1. 教师引导学生观察箱中的物品，并说出名称。

2. 教师训练学生凭触觉认识物品，从生活中常见的物品入手，再训练学生凭触觉记忆来挑选物品，区分轻重、干湿，感受物体的形状。

3. 能力强的学生可以尝试凭触觉将物体按大小或轻重排序。

4. 注意箱子里面不要放尖锐物品，避免伤害学生。

内容	教师评价			家长评价		
	独立完成	需要辅助	不配合	独立完成	需要辅助	不配合
认识生活中常见物品						
能说出常见物品						
凭触觉分辨物品						
凭触觉区分轻重						

续　表

内容	教师评价			家长评价		
	独立完成	需要辅助	不配合	独立完成	需要辅助	不配合
凭触觉区分干湿						
凭触觉配对物品						
触摸物体，按大小排序						
触摸物体，按轻重排序						

综合练习3

1. 感受一下被毛绒公仔、球或毛线等触摸、碰撞身体时的感觉，做出相应的反应。

2. 练一练。凭触觉感知物体的形状、重量、大小等特征，进而对物品进行配对、排序。

第四单元

味（嗅）觉

单元说明：

本单元旨在通过味（嗅）觉的辨别、记忆与再现等训练，使学生学会辨别物体的酸、甜、苦、辣、咸、香、臭等多种气味，认识到味觉和嗅觉的联系，改善学生的味觉、嗅觉敏感度，提高学生的味觉、嗅觉感受能力。

单元教学目标：

1. 对几种不同味道做出反应。
2. 分辨食物的味道、软硬。
3. 对嗅觉刺激有反应。
4. 分辨不同气味。

第1课　尝一尝

味觉反应：

1. 你们吃过这些东西吗？

你喜欢吃吗？
味道怎么样？

2. 你喜欢吃什么东西，甜甜的还是香香的还是？

好甜～

吃了这些东西，你的表情有变化吗？

好酸～

课后练习：

1. 让学生逐一品尝酸、甜、苦、辣的食物。

2. 拓展练习：日常生活中对学生进行味觉刺激练习，观察学生的表情。

教学建议：

1. 教师拿出准备好的柠檬、糖果、辣椒、苦瓜等，让学生逐一品尝。

2. 让学生通过亲身体会，感受不同的味道刺激，表情能够随之变化。

内容	教师评价			家长评价		
	独立完成	需要辅助	不配合	独立完成	需要辅助	不配合
分辨酸的味道						
分辨甜的味道						
分辨咸的味道						
分辨苦的味道						
分辨辣的味道						
对3种以内的味道做出反应						
对3种或以上的味道做出反应						

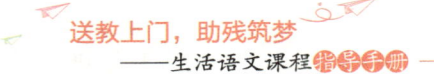

第2课　美食的体验

味觉训练：

美食会开始了

同学们，你们看，桌面上有各种各样的食物，各有特色，美味可口，可诱人了！我们赶紧来尝一尝吧。

哇！巧克力好甜好甜，这种饼干有点甜也有点咸。

这块肉有点硬，要慢慢咬。

这块肉比较软，应该煮了很久吧？

这豆腐很滑很香……

说一说你尝到了什么美食。

课后练习：

1. 让学生逐一品尝。

2. 拓展练习：日常生活中对学生进行味觉训练，让其辨别各种食物味道的浓和淡，以及食物的软硬和滑粗。

教学建议：

1. 教师拿出准备好的香蕉、苹果等水果，让学生逐一品尝，说一说每种水果的味道和软硬。

2. 辨别各种食物味道的浓和淡，以及食物的软硬和滑粗。

3. 识别混合味道的食物，比如酸酸甜甜的、香香辣辣的。

内容	教师评价			家长评价		
	独立完成	需要辅助	不配合	独立完成	需要辅助	不配合
辨别味道的浓和淡						
辨别食物的软和硬						
辨别食物的滑和粗						
能识别两种混合味道的食物						
能表达尝到食物的味道						

第3课　闻一闻

嗅觉反应：

1. 闻一闻，这是什么味道？

2. 听儿歌，跟我一起做表情。

　　　　　　香香臭臭两兄弟，
　　　　　　不在一起别生气。
　　　　　　快用鼻子闻一闻，
　　　　　　脸上表情各不同。

课后练习：

1. 闻一闻，这是什么东西。就地取材，让学生闻一闻家中零食或饭菜的味道。

2. 拓展练习：拿出常见食物，让学生进行嗅觉训练，进而进行气味配对。

教学建议：

1. 教师拿出准备好的香油、臭豆腐等食物，学生闻一闻，分辨香、臭等味道。

2. 教师训练学生根据气味指出或说出常见的水果的名称。

3. 教师可以让学生蒙住眼睛闻不同的食物，说出食物名称，进行气味配对，可以先从香和臭这两种气味开始训练。

4. 让学生感受不同的嗅觉刺激，并做出不同的表情或反应。

内容	教师评价			家长评价		
	独立完成	需要辅助	不配合	独立完成	需要辅助	不配合
分辨香的气味						
分辨臭的气味						
对3种以内的气味做出反应						
对3种或3种以上的气味做出反应						
根据气味，指出或说出1到2种水果的名称						
能按气味配对食物						

第4课 快乐的"小厨师"

嗅觉训练：

1. 认一认：厨房里的调味品。

闻一闻这些调味品，能说出是哪种调味品吗？

2. 读一读、做一做。

小厨师，真快乐，
做饭做菜不怕热。
各种调料到他手，
闭眼闻闻乐呵呵。

课后练习：

1. 利用就餐时间对学生进行嗅觉训练，如先闻闻饭菜的气味，再引导学生说一说、尝一尝。

2. 拓展练习：训练学生根据气味指出或说出常见的调味品。

教学建议：

1. 教师出示准备好的各种调味品，根据学生实际情况进行简单介绍，并且闻一闻、尝一尝。

2. 教师训练学生根据气味指出或说出常见的调味品。

3. 注意了解学生是否对某些气味过敏。

内容	教师评价			家长评价		
	独立完成	需要辅助	不配合	独立完成	需要辅助	不配合
认识几种常见的调味品						
根据气味，指出或说出常见的3种以下的调味品						
根据气味，指出或说出常见的3种或以上的调味品						

综合练习4

1. 闻一闻各种东西的气味。

2. 我能行。闻一闻各种食物，指出或说出食物名称。说一说闻到的味道是怎样的，喜不喜欢这个味道。

第二篇

语言与沟通前能力

第五单元

非语言沟通能力

单元说明：

本单元旨在通过目光接触、脸部动作、手部动作、迎合的头部与身体动作、抗拒的头部与身体动作等训练，使学生提高非语言沟通能力，学会目光接触、脸部动作、手部动作、迎合的头部与身体动作、抗拒的头部与身体动作。

本单元教学目标：

1. 学习目光接触。
2. 学习脸部动作。
3. 学习手部动作。
4. 学习迎合的头部与身体动作。
5. 学习抗拒的头部与身体动作。

第1课　目光接触

学一学：

1. 这是什么？你们喜欢吗？

吹泡泡　　　　　　　　　　小零食

　　　　　　　　　　　　　手摇铃

　　用有声音的玩具、小零食吸引孩子，让孩子用眼神去追随这个玩具（零食），将玩具（零食）移到家长（老师）和孩子的眼睛中间，然后移开玩具（零食），达到目光的接触，做到的孩子给予零食的奖励。还可以用吹泡泡的游戏来提高孩子目光接触的能力，当泡泡飞起来的时候，家长（老师）可以有意跑到泡泡的前面，让孩子注意到自己。

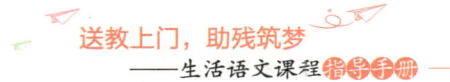

2.我们的脸部还能做这样的动作,一起做一做。

做鬼脸来引起孩子的注意,让孩子觉得脸部是有趣的,从而实现目光的接触。

3.你喜欢吗?请看这里……

直接让孩子看着自己的眼睛,或通过孩子比较感兴趣的事物来引起他的注意,从而达到目光接触的目的。如:"××,看着妈妈(老师)的眼睛。""你喜欢吃苹果吗?""你喜欢玩积木吗?"

课后练习:

1.试一试看着妈妈的眼睛叫"妈妈"。

2.试一试看着老师的眼睛叫"老师"。

3.眼睛追寻喜欢的物品。

教学建议：

1. 此课教学目标主要训练学生的非语言沟通能力——目光接触，训练的道具和方法可以参照以上图片和内容。

2. 以上内容提到的方法仅仅是目光接触方法训练的一小部分，可根据受训练者的情况去尝试更多其他方法。

内容		教师评价			家长评价		
		独立完成	需要辅助	不配合	独立完成	需要辅助	不配合
目光接触	食物						
	小玩具						
	吹泡泡						
	做鬼脸						
	看着老师的眼睛						
	看着家长的眼睛						

第2课　脸部动作

学一学：

1. 我们高兴、喜欢某种事物的时候，脸部往往会呈现出微笑的表情，让我们一起来笑一笑。

喜

（1）去游乐场玩，我很高兴。

（2）看到漂亮的花，我很喜欢。

想一想：在什么情况下，你会高兴，笑起来呢？

2. 我们愤怒、生气时，脸部往往会呈现出怒的表情，让我们来做一做这个表情。

怒

想一想：在什么情况下，你会愤怒、生气，连眉毛都竖起来了呢？

3. 我们伤心、难过时，脸部往往会呈现出哭的表情，让我们来模仿一下。

哭

47

我摔倒了，很疼，我很伤心。

想一想：在什么情况下，你会伤心、难过，眼泪都流出来了？

4. 我们狂喜、异常高兴时，脸部往往会呈现出大笑的表情，让我们来大笑一下。

乐

想一想：在什么情况下，你会狂喜，哈哈大笑起来呢？

课后练习：

1. 把喜、怒、哀、乐的表情对着镜子来做一做。
2. 观察一下身边人的表情。

教学建议：

1. 此课主要训练学生的非语言沟通能力——脸部动作，训练者可以根据以上内容和表情图片，边表演给受训练者看，边让受训练者模仿。

2. 训练者在网络上搜索有关人的喜、怒、哀、乐的表情的图片或小视频，让受训练者看和听，并尝试模仿。

3. 设定一定的情境，让受训练者感受在什么情境下脸部动作会发生变化。

4. 可以让受训练者经常观察身边每个人的表情和发出的声音，并尝试描述和模仿出来。

内容		教师评价			家长评价		
		独立完成	需要辅助	不配合	独立完成	需要辅助	不配合
脸部动作	模仿喜的表情						
	模仿怒的表情						
	模仿哀的表情						
	模仿乐的表情						
	在高兴、喜欢的情境下出现喜的表情						
	在愤怒、生气的情境下出现怒的表情						

续 表

内容		教师评价			家长评价		
		独立完成	需要辅助	不配合	独立完成	需要辅助	不配合
脸部动作	在伤心、难过的情境下出现哀的表情						
	在狂喜、异常高兴的情境下出现乐的表情						

第3课　手部动作

学一学：

小手拍拍，小手拍拍，

手指伸出来，手指伸出来。

我们一起做一做这些动作吧！

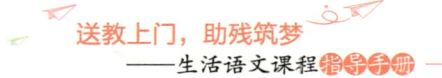

我还能做……

1. 小鸟飞，请跟我一起边说边学小鸟飞。

小鸟飞

2. 鱼儿游，请跟我一起边说边学鱼儿游。

鱼儿游

3. 花儿开，请跟我一起边说边做花儿开。

花儿开

4. 读一读，做一做。

奇妙动物世界

小狗小狗汪汪叫，
兔子兔子蹦蹦跳，
乌龟乌龟慢慢爬，
小鸟小鸟飞得高，
小猴小猴爱吃桃，
小鱼小鱼吹泡泡，
小猫小猫喵喵喵，
看见老虎吓一跳。

课后练习：

表演一下手部动作给家人看。

教学建议：

1. 此课主要训练学生的非语言沟通能力——手部动作，训练者可以根据以上内容和图片中的动作，边表演给受训练者看，边让受训练者模仿。

2. 训练者在网络上搜索有关人的手部动作的图片或小视频，让受训练者看、模仿。

3. 可以让受训练者经常观察身边每个人的动作并尝试描述和模仿出来，可以先学习静态手势，再加大难度学习动态手势。

4. 可以学习手势舞来加大难度。

内容		教师评价			家长评价		
		独立完成	需要辅助	不配合	独立完成	需要辅助	不配合
手部动作	双手捧						
	双手端						
	抓						
	拎						
	其他简单静态动作						
	小鸟飞						
	鱼儿游						
	复杂动作						

第4课　迎合的头部与身体动作

学一学：

1. 点点头，请跟我做一做。

（1）老师表扬我、肯定我的时候，老师会点点头。

（2）阿姨问我要不要吃汉堡的时候，我可以点点头。

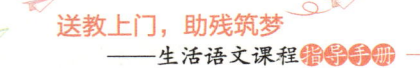

想一想：什么情况下可以用点头来表达呢？

2.让我们来拥抱一下吧。

拥抱

（1）我们和好朋友一起玩、一起笑的时候，为了表示友好，我们可以互相拥抱一下。

（2）家人对我们无微不至地照顾，为了表示感谢，我们抱一抱家人。

想一想：什么情况下可以拥抱对方呢？

3. 握握手，一起来做一做。

握手

（1）我和好朋友见面，很有礼貌地握握手。

（2）医生为我们看病，为了感谢他，我们和他握握手。

想一想：什么情况下我们可以和人握握手呢？

课后练习：

1. 在家人的帮助下练一练点头、拥抱和握手。
2. 设定一定的情境练习点头、拥抱和握手。

教学建议：

1. 此课主要训练学生的非语言沟通能力——迎合的头部与身体动作，训练者可以根据以上内容和图片中人物的动作，边表演给受训练者看，边让受训练者模仿。训练者还可以做更多迎合的头部与身体动作，以上仅供参考。

2. 训练者在网络上搜索有关点头、拥抱、握手的图片或小视频让受训练者看、模仿。

3. 设定一定的情境，理解点头、拥抱和握手等动作常见的意义。

4. 可以让受训练者经常观察身边每个人的动作并尝试描述和模仿。

内容		教师评价			家长评价		
		独立完成	需要辅助	不配合	独立完成	需要辅助	不配合
迎合的头部与身体动作	会点头						
	会拥抱						
	会握手						
	会做其他身体动作						
	理解点头的意义						
	理解拥抱的意义						
	理解与人握手的意义						
	理解其他身体动作的意义						

第5课 抗拒的头部与身体动作

学一学：

今天，我的好朋友丽丽邀请我出去玩，可我不舒服，不想出去，所以我摇着头说："丽丽，对不起，我不舒服，不想出去玩。"

摇头

当我们不愿意做某件事时，可以做出摇头的动作，一起来做一做。

想一想：还有什么动作可以表示不需要和不愿意呢？模仿一下。

摆摆手

转身

在什么情况下我们可以用摇头、摆手、转身等动作来拒绝别人呢？

课后练习：

1. 对着镜子或家人练一练摇头、摆手等动作。

2. 设定一定的情境进行摇头、摆手练习。

教学建议：

1. 此课主要训练学生的非语言沟通能力——抗拒的头部与身体动作，训练者可以根据以上内容和图片中人物的动作，边表演给受训练者看，边让受训练者模仿。训练者还可以做更多抗拒的头部与身体动作，以上仅供参考。

2. 训练者在网络上搜索有关摇头、摆手、转身的图片或小视频让受训练者看、模仿。

3. 可以设定不同的情境来体验拒绝、抗拒的动作。

4. 可以让受训练者经常观察身边每个人的动作并尝试描述和模仿出来。

内容		教师评价			家长评价		
		独立完成	需要辅助	不配合	独立完成	需要辅助	不配合
抗拒的头部与身体动作	模仿摇头						
	模仿摆手						
	模仿转身						
	用摇头表达不愿意						
	用摆手表达不愿意						
	用转身表达不愿意						

第六单元

分辨声音

单元说明：

本单元旨在分辨声音，通过对声音的位置、音量、音调做出反应，分辨人的声音和其他声音等训练，使学生分辨声音的能力得以提升，学会对声音的位置、音量、音调做出反应，学会分辨人的声音和其他声音。

本单元教学目标：

1. 学会对声音的位置、音量、音调做出反应。
2. 学会分辨人的声音。
3. 学会分辨其他声音。

第1课　对声音的位置、音量、音调做出的反应

学一学：

1. 对声音位置反应的三种方法：

（1）在离孩子1米远处，没有障碍物的情况下叫孩子的名字。

（2）在桌子或柜子后面叫孩子的名字。

（3）在屋外或者另一个房间叫孩子的名字。

提示：叫孩子的名字也可以改成敲打物品，让孩子听声音后做出反应。

2. 对音量反应的三种方法：

（1）大声地说话和小声地说话。

（2）把一首音乐大声播放和小声播放。

（3）大声敲击打击乐和小声敲击打击乐。

3. 对音调做出反应的方法：

（1）高音调地说话和低音调地说话。

（2）放一首高音调的音乐和一首低音调的音乐。

（3）听高音鼓的声音和低音鼓的声音。

课后练习：

1. 在家人的帮助下对声音的位置、音量、音调做出反应，如：妈妈在厨房或房间叫孩子的名字。

2. 爸爸和妈妈通过说话的音量和音调的变化让孩子做出反应。

教学建议：

1. 此课主要训练学生分辨声音——对声音的位置、音量、音调做出反应，训练者可以根据以上每一个内容所提示的方法来训练受训练者对声音的反应。训练者还可以用更多的方法，以上仅供参考。

2. 训练者在网络上搜索有关声音的音频或小视频，让受训练者看或听，并尝试模仿。

3. 可以让受训练者经常观察身边发出声音的位置、音量、音调并做出反应。

内容		教师评价			家长评价		
			独立完成	需要辅助	不配合	独立完成	需要辅助	不配合
对声音做出的反应	较近位置						
	较远位置						
	较明显位置						
	较隐蔽位置						
	较大声音						
	较小声音						
	高音						
	低音						

第2课　分辨人的声音和其他声音

学一学：

1. 播放人的声音，分辨女声、男声。

2. 分辨并模仿火车、汽车、轮船、小猫、小鸟、小狗、笛子、小鼓、钢琴等发出的声音。

火车：轰隆隆轰隆隆　　　小狗：汪汪汪

汽车：嘟嘟嘟　　　　　　笛子：嘀嘀嘀

轮船：呜呜呜　　　　　　小鼓：咚咚咚

小猫：喵喵喵　　　　　　钢琴：哆来咪

小鸟：叽叽喳喳

课后练习：

1. 听生活中的男声和女声并分辨一下。

2. 听生活中的其他声音，分辨并模仿一下。

教学建议：

1. 此课主要训练学生分辨声音——分辨人的声音和其他声音，训练者可在播放人的声音和其他声音时对不同声音的特点稍做描述，让受训练者容易分辨。训练者还可以用更多的方法，以上仅供参考。

2. 训练者在网络上搜索有关人的声音和其他声音的音频或小视频，让受训练者看或听，并让其尝试模仿。

3. 可以让受训练者经常观察身边的人或事物发出的声音。并让其尝试描述和模仿出来。

内容		教师评价			家长评价		
		独立完成	需要辅助	不配合	独立完成	需要辅助	不配合
分辨人的声音和其他声音	男声						
	女声						
	火车声						
	汽车声						
	小鸟声						
	小猫声						
	小狗声						
	笛子声						
	小鼓声						
	钢琴声						
	模仿3种以下的声音						
	模仿3种或以上的声音						

第七单元

口腔器官运动

单元说明：

本单元旨在学习口腔器官的运动，通过训练学生双唇的运动、舌头的运动、牙齿的运动，提高其口腔器官的运动能力，学会双唇运动、舌头的运动、牙齿的运动。

本单元教学目标：

1. 学会双唇的运动。

2. 学会舌头的运动。

3. 学会牙齿的运动。

第1课　双唇的运动

学一学：

1. 张闭口训练：紧闭双唇，张口；再闭双唇，张大口，反复练习。

2. 咧嘴训练：将嘴角尽量向两侧展开，然后放松；再展开，放松，反复练习。

3. 圆唇训练：双唇向中间收拢呈"O"形，再放松，反复练习。

4. 鼓腮训练：用鼻子深吸一口气，憋气，鼓腮数秒，然后突然排空。可在鼓腮时用手指挤压双颊，有助于发爆破音。

5. 双唇尽量向前噘起（发u音），再尽量向后收拢（发i音位置）。重复5次，休息。逐渐加快交替运动速度，保持最大的运动范围。

课后练习：

和家人一起练习一下双唇运动。

教学建议：

1. 此课主要学习口腔器官的运动——双唇的运动，训练者可以根据以上动作，示范给受训练者看，让受训练者模仿。训练者还可以做更多双唇的运动，以上仅供参考。

2. 训练者在网络上搜索有关双唇运动的图片或小视频，让受训练者看、模仿。

3. 可以一天练习多次。

内容		教师评价			家长评价		
		独立完成	需要辅助	不配合	独立完成	需要辅助	不配合
双唇的运动	张闭口训练						
	咧嘴训练						
	圆唇训练						
	鼓腮训练						
	双唇的训练						

第2课　舌头、牙齿的运动

学一学：

一、舌头的运动

1. 伸舌训练一：舌头尽量向外伸出，然后回缩，向上向后卷起。重复5次，休息，逐渐增加运动次数。

2. 伸舌训练二：张口，舌尖用力抵下颚里面，舌体前伸，反复练习。

3. 舌尖运动一：张口，舌尖外伸，用力向上卷起舔上唇。重复5次，休息，逐渐增加运动次数。

4. 舌尖运动二：用舌面抵住硬腭做弹舌运动。

5. 舌尖运动三：舌尖伸出，由左侧嘴角移至右侧嘴角，逐渐加快运动速度。

6. 舌尖运动四：舌尖沿上下齿龈做环形"清扫"动作。

7. 舌尖运动五：舌尖抵住左右脸颊内侧，交替进行。

除了单纯的唇舌运动，老师（家长）不妨把气球、泡泡、口哨、吸管、乒乓球、蜡烛等引入训练，让孩子在快乐中学习，提高语言能力。

二、牙齿的运动

1. 叩齿，就是空口咬牙，让我们一起来做一做。

2. 发出si的声音练习叩齿。

课后练习：

和家人一起做一做舌头和牙齿的运动。

教学建议：

1. 此课主要学习口腔器官的运动——舌尖的运动和牙齿的运动，训练者可以根据以上动作，示范给受训练者看，让受训练者模仿。训练者还可以做更多舌尖的运动，以上仅供参考。

2. 训练者在网络上搜索有关舌尖运动和牙齿运动的图片或小视频，让受训练者看和感受、模仿。

3. 可以一天练习多次。

内容		教师评价			家长评价		
		独立完成	需要辅助	不配合	独立完成	需要辅助	不配合
舌头的运动	伸舌训练一						
	伸舌训练二						
	舌尖运动一						
	舌尖运动二						
	舌尖运动三						
	舌尖运动四						
	舌尖运动五						
牙齿的运动	叩齿						

第三篇

语言模仿

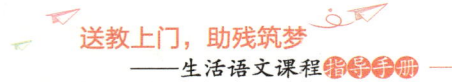

第八单元

模仿单音、叠音词

单元说明：

本单元旨在通过模仿单音和叠音词的训练，提高学生语言模仿的能力，使其学会模仿27个单音和3个叠音词。

本单元教学目标：

1. 模仿a、i、u。

2. 模仿o、e、ü。

3. 模仿b、p、m。

4. 模仿h、d、t、g。

5. 模仿k、f、l、s、n、z、c。

6. 模仿j、q、x、r、zh、chi、shi。

7. 模仿叠音词"爸爸""妈妈""嘟嘟"。

第1课　模仿ɑ、i、u

学一学：

张大嘴巴，ɑ ɑ ɑ。

左半圆，小尾巴。

嘴巴大，ɑ ɑ ɑ。

评一评：老师评 😊😊😊　　家长评 😊😊😊

牙齿对齐，i i i。

一只蚂蚁，iii。

一件衣服，iii。

iii，iii。

小燕子穿花衣。

小朋友做游戏。

评一评：老师评　　　　家长评

小嘴噘起，u u u。

u

u像树上小鸟窝，
住只乌鸦，u u u。

评一评：老师评 😊😊😊　　家长评 😊😊😊

课后练习：

跟着家人模仿3个单音。

教学建议：

1. 此课主要训练语言模仿——模仿单音a、i、u，训练者可以根据以上的儿歌和图片，示范给受训练者听，让受训练者看图片和训练者的口形模仿3个单音。

2. 训练者在网络上搜索有关模仿单音a、i、u的小视频，让受训练者看、听并尝试模仿。

3. 可多练每个单音的儿歌，帮助掌握发音。

内容		教师评价			家长评价		
		独立完成	需要辅助	不配合	独立完成	需要辅助	不配合
模仿单音	a						
	i						
	u						

第2课　模仿o、e、ü

学一学：

圆圆嘴巴，o o o。

公鸡打鸣，o o o。

评一评：老师评 😊😊😊　　家长评 😊😊😊

扁扁嘴巴，e e e。

白鹅倒影，e e e。

评一评：老师评 😊😊😊　　家长评 😊😊😊

u上两点，ü ü ü。

Ü

评一评：老师评 😊😊😊   家长评 😊😊😊

课后练习：

跟着家人模仿3个单音。

教学建议：

1. 此课主要训练语言模仿——模仿o、e、ü，训练者可以根据以上儿歌和图片，示范给受训练者听，让受训练者看图片和训练者的口形模仿3个单音。

2. 训练者在网络上搜索有关模仿单音o、e、ü的小视频，让受训练者看、听并尝试模仿。

3. 可多练每个单音的儿歌，帮助掌握发音。

内容		教师评价			家长评价		
		独立完成	需要辅助	不配合	独立完成	需要辅助	不配合
模仿单音	o						
	e						
	ü						

第3课　模仿b、p、m

学一学：

小广播，ｂｂｂ。

大红萝卜，ｂｂｂ。

评一评：老师评　　　　　家长评

把水泼，ｐｐｐ。

评一评：老师评　　　　　家长评

两个门洞，m m m。

m

评一评：老师评 😊😊😊　　家长评 😊😊😊

课后练习：

跟着家人模仿3个单音。

教学建议：

1. 此课主要训练语言模仿——模仿b、p、m，训练者可以根据以上儿歌和图片，示范给受训练者听，让受训练者看图片和训练者的口形模仿3个单音。

2. 训练者在网络上搜索有关模仿单音b、p、m的小视频，让受训练者看、听并尝试模仿。

3. 可多练每个单音的儿歌，帮助掌握发音。

内容	教师评价			家长评价		
	独立完成	需要辅助	不配合	独立完成	需要辅助	不配合
模仿单音 b						
p						
m						

第4课　模仿h、d、t、g

学一学：

h h h，喝水的h。
一把椅子，h h h。

小椅子，靠墙搁，客人来了把水喝。

h

评一评：老师评 ☺☺☺　　家长评 ☺☺☺

小马跑，ｄｄｄ。

评一评：老师评 😊😊😊　　家长评 😊😊😊

一把雨伞，ｔｔｔ。

评一评：老师评 😊😊😊　　家长评 😊😊😊

一只鸽子，ｇｇｇ。

评一评：老师评 😊😊😊　　家长评 😊😊😊

课后练习：

跟着家人模仿4个单音。

教学建议：

1. 此课主要训练语言模仿——模仿h、d、t、g，训练者可以根据以上儿歌和图片，示范给受训练者听，让受训练者看图片和训练者的口形模仿4个单音。

2. 训练者在网络上搜索有关模仿单音h、d、t、g的小视频，让受训练者看、听并尝试模仿。

3. 可多练每个单音的儿歌，帮助掌握发音。

内容		教师评价			家长评价		
		独立完成	需要辅助	不配合	独立完成	需要辅助	不配合
模仿单音	h						
	d						
	t						
	g						

第5课　模仿k、f、l、s、n、z、c

学一学：

kkk，蝌蚪的k。

评一评：老师评　　　　家长评

fff，拐杖f。

"f"字拐杖弯朝上，

爷爷走路更稳当。

评一评：老师评　　　　家长评

lll长棍l，长棍赶猪，lll。

评一评：老师评 😊😊😊　　家长评 😊😊😊

sss，蚕儿丝。

评一评：老师评 😊😊😊　　家长评 😊😊😊

一个门洞，nnn。

评一评：老师评 😊😊😊　　家长评 😊😊😊

像个2字，ｚｚｚ。

Z 2

评一评：老师评 😊😊😊　　家长评 😊😊😊

小刺猬，ｃｃｃ，

一个半圆，ｃｃｃ。

C

评一评：老师评 😊😊😊　　家长评 😊😊😊

课后练习：

跟着家人模仿7个单音。

教学建议：

1. 此课主要训练语言模仿——模仿k、f、l、s、n、z、c，训练者可以根据以上儿歌和图片，示范给受训练者听，让受训练者看图片和训练者的口形模仿7个单音。

2. 训练者在网络上搜索有关模仿单音k、f、l、s、n、z、c的小视频,让受训练者看、听并尝试模仿。

3.可多练每个单音的儿歌,帮助掌握发音。

内容		教师评价			家长评价		
		独立完成	需要辅助	不配合	独立完成	需要辅助	不配合
模仿单音	k						
	f						
	l						
	s						
	n						
	z						
	c						

第6课　模仿j、q、x、r、zh、ch、sh

学一学：

小鸡小鸡，j j j。

竖弯加点，j j j。

母鸡捉蝶，j j j。

j

评一评：老师评　　　　家长评

七个气球，q q q，

左上半圆，q q q。

q

评一评：老师评　　　　家长评

xxx，大西瓜。

x

评一评：老师评 😊😊😊　　家长评 😊😊😊

一根小苗，rrr。

r

评一评：老师评 😊😊😊　　家长评 😊😊😊

zh、ch、sh，卷舌头，加椅子。

Zh Ch Sh

评一评：老师评 😊😊😊　　家长评 😊😊😊

课后练习：

跟着家人模仿7个单音。

教学建议：

1. 此课主要训练语言模仿——模仿j、q、x、r、zh、ch、sh，训练者可以根据以上儿歌和图片，示范给受训练者听，让受训练者看图片和训练者的口形模仿7个单音。

2. 训练者在网络上搜索有关单音j、q、x、r、zh、ch、sh的小视频，让受训练者看、听并尝试模仿。

3. 可多练每个单音的儿歌，帮助掌握发音。

评价人员 内容　　结果	教师评价			家长评价		
	独立完成	需要辅助	不配合	独立完成	需要辅助	不配合
模仿单音　j						
q						
x						
r						
zh						
ch						
sh						

第7课　仿说叠音词：爸爸、妈妈、嘟嘟

学一学：

1. 仿说叠音词"爸爸""妈妈"。

（1）我会听：听词语，指一指。

（2）我会读：

| 爸爸 | 妈妈 |

2. 模仿"嘟嘟"。

（1）我会听：

嘟嘟，小汽车嘟嘟嘟

（2）我会读：

嘟嘟

课后练习：

跟着家人模仿叠音词。

教学建议：

1. 此课主要训练语言模仿——模仿叠音词，训练者可以根据以上儿歌和图片，示范给受训练者听，让受训练者模仿叠音词并看图片读一读。

2. 训练者在网络上搜索有关模仿叠音词的小视频，让受训练者看、听并尝试模仿。

3. 训练者可以示范较为夸张的口型，让受训练者模仿，然后发音。

4. 可在生活中特定的情境下多练几个叠音词。

内容		教师评价			家长评价		
		独立完成	需要辅助	不配合	独立完成	需要辅助	不配合
模仿叠音词	爸爸						
	妈妈						
	嘟嘟						

第九单元

仿说表示或形容物品的词

单元说明：

本单元旨在通过仿说表示或形容物品的词的训练，提高学生的语言模仿能力：学生仿说"猫""狗""鸭""鹅"；仿说"大""好"；仿说数量词"一、二、三、四、五、六、七、八、九、十"。

本单元教学目标：

1. 仿说"猫""狗""鸭""鹅"。
2. 仿说"大""好"。
3. 仿说数量词"一、二、三、四、五、六、七、八、九、十"。

第1课　仿说"猫""狗""鸭""鹅"

学一学：

1. 我会听：听词语，指一指。

猫

狗

鸭

鹅

2. 我会读：

| 猫 | 狗 | 鸭 | 鹅 |

课后练习：

跟家人仿说"猫""狗""鸭""鹅"。

教学建议：

1. 此课主要训练语言模仿——模仿表示或形容物品的词，训练者可以根据以上的内容和图片，示范给受训练者听，让受训练者模仿"猫""狗""鸭""鹅"的发音。

2. 训练者在网络上搜索有关"猫""狗""鸭""鹅"发音的小视频，让受训练者看、听并尝试模仿。

3. 训练者可以用较为夸张的口型，让受训练者模仿，然后发音。

4. 可以增加常见物品的发音进行练习。

内容		教师评价			家长评价		
		独立完成	需要辅助	不配合	独立完成	需要辅助	不配合
模仿表示物品的词	猫						
	狗						
	鸭						
	鹅						
	其他						

第2课 模仿"大""好"的发音

学一学：

1. 我会听：听词语，指一指。

好

2. 我会读：

大　　好

课后练习：

跟着家人一起模仿"大""好"的发音。

教学建议：

1. 此课主要训练语言模仿——模仿表示物品的词，训练者可以根据以上内容和图片，示范给受训练者听，让受训练者模仿"大""好"的发音。

2. 训练者在网络上搜索"大""好"的发音小视频，让受训练者看、听并尝试模仿。

3. 可在生活特定的情境中练习"大""好"的发音。

4. 训练者可以用较为夸张的口型,让受训练者模仿,然后发音。

5. 可以增加常见形容词的发音练习。

内容		教师评价			家长评价		
		独立完成	需要辅助	不配合	独立完成	需要辅助	不配合
模仿表示物品的词	大						
	好						
	其他						

第3课　模仿数量词的发音

学一学：

1. 我会听：听词组，指一指。

一只公鸡

二（两）条鱼

三只小鸡

四只蜻蜓

五只小狗

六只蝴蝶

七只蜗牛　　　　　　　　　八只鸭子

九条毛毛虫　　　　　　　　十只小老鼠

2. 我会读：

| 一 | 二 | 三 | 四 | 五 |

| 六 | 七 | 八 | 九 | 十 |

课后练习：

跟着家人一起练习一到十的发音。

教学建议：

1. 此课主要训练语言模仿——模仿数量词"一、二、三、四、五、六、七、八、九、十"的发音，训练者可以根据以上内容和图片，示范给受训练者听，让受训练者模仿数量词"一、二、三、四、五、六、七、八、九、十"的发音。

2. 训练者在网络上搜索有关数量词"一、二、三、四、五、六、

101

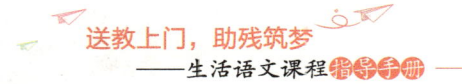

七、八、九、十"的发音小视频，让受训练者看、听并尝试模仿。

    3. 可边数生活中的物品边练习数量词的发音。

    4. 可在特定的生活情境中练习数量词的发音。

    5. 训练者可以用较为夸张的口型，让受训练者模仿，然后发音。

    6. 可以增加其他数量词的发音练习。

内容		教师评价			家长评价		
		独立完成	需要辅助	不配合	独立完成	需要辅助	不配合
模仿数量词	一						
	二						
	三						
	四						
	五						
	六						
	七						
	八						
	九						
	十						
	其他						

第十单元

仿说动词、方位词

单元说明：

本单元旨在通过仿说动词、方位词的训练，提高学生的语言模仿能力，使其学会模仿"跑""爬""打"的发音、动物的叫声与动作、"上、下、左、右、里、外"的发音。

本单元教学目标：

1. 学习模仿"跑""爬""打"的发音。
2. 学习模仿动物的叫声与动作。
3. 学习模仿"上、下、左、右、里、外"的发音。

第1课 模仿"跑""爬""打"的发音

学一学：

1. 我会听：听词语，指一指。

跑

爬

打

2. 我会读：

| 跑 | 爬 | 打 |

课后练习：

在家人的辅导下模仿"跑""爬""打"的发音。

教学建议：

1. 此课主要训练语言模仿——仿说动词，训练者可以根据以上内容和图片，示范给受训练者听，做动作给受训者看，让受训练者模仿"跑""爬""打"的发音。

2. 训练者在网络上搜索有关"跑""爬""打"的发音、动作的小视频，让受训练者看、听并尝试模仿。

3. 可在生活中练习这些发音和动作。

4. 训练者可以用较为夸张的口型，让受训练者模仿，然后发音。

5. 可以增加其他动词的发音练习。

内容		教师评价			家长评价		
		独立完成	需要辅助	不配合	独立完成	需要辅助	不配合
模仿动词的发音	跑						
	爬						
	打						
	其他						

第2课　模仿动物的叫声与动作

学一学：

模仿动物的叫声（观看以下小动物的视频，注意模仿它们的叫声和动作）

小狗汪汪叫

小鸡叽叽叫

小猫喵喵叫

小牛哞哞叫

公鸡喔喔叫

小羊咩咩叫

课后练习：

在生活中多听动物的叫声、多看动物的动作，并模仿一下。

教学建议：

1. 此课主要训练语言模仿——模仿动物的叫声和动作，训练者可以根据以上内容和图片，示范给受训练者听或看，让受训练者模仿动物的叫声与动作。

2. 训练者在网络上搜索有关动物的叫声与动作的小视频，让受训练者看、听并尝试模仿。

3. 可在生活中多听生活中动物的叫声、多看动物的动作。

4. 可在儿歌、舞蹈中练习这些发音和动作。

5. 训练者可以用较为夸张的口型，让受训练者模仿，然后发音。

内容		教师评价			家长评价		
		独立完成	需要辅助	不配合	独立完成	需要辅助	不配合
模仿动物的叫声	汪汪						
	叽叽						
	喵喵						
	哞哞						
	喔喔						
	咩咩						
模仿其他动物的叫声							

第3课　模仿方位词的发音

学一学：

1. 我会听：听词语，指一指。

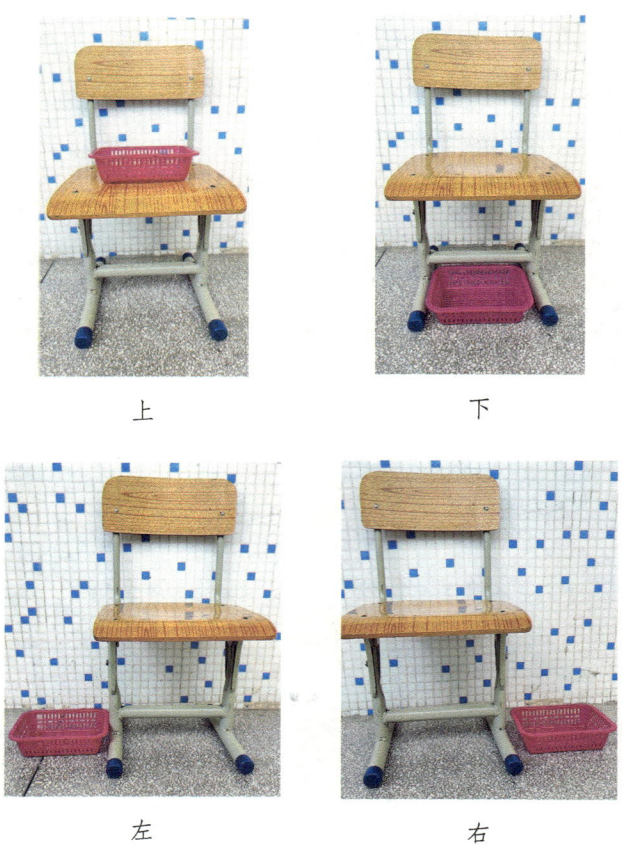

上

下

左

右

里　　　　　　　　　　外

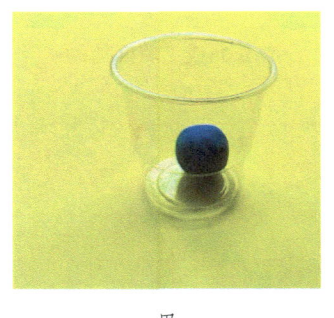

2. 我会读：

上　　下　　左　　右　　里　　外

课后练习：

在生活情景中模仿六个方位词的发音。

教学建议：

1. 此课主要训练语言模仿——模仿方位词"上""下""左""右""里""外"的发音，训练者可以根据以上内容和图片，示范给受训练者听，让受训练者模仿方位词"上""下""左""右""里""外"的发音并解释一下方位词的意思。

2. 训练者在网络上搜索有关方位词"上""下""左""右""里""外"的发音小视频，让受训练者看、听并尝试模仿。

3. 可以在生活情境中学习这些方位词的发音。

4. 训练者可以用较为夸张的口型，让受训练者模仿，然后发音。

内容		教师评价			家长评价		
		独立完成	需要辅助	不配合	独立完成	需要辅助	不配合
模仿方位词	上						
	下						
	左						
	右						
	里						
	外						

第四篇

语言理解

第十一单元

名称指令

单元说明：

本单元通过让学生认知自己和同伴的名字，认识文具盒里文具的名称，来提高学生的自我认知和基本的表达能力，并通过"我叫——""这是——""你是——""我是——""他是——"等句式来进行训练巩固。

本单元的教学目标：

1. 尝试说出自己的名字和同伴的名字。
2. 理解你、我、他。
3. 认识常见文具的名称。

我的名字

我叫小明。

我叫小东。

我叫小红。

你是谁

我是小红。

你是谁?

我是谁

你叫什么名字?

我的名字叫小明。

他是谁

他是小东。

他是谁?

我的玩具

这是我的玩具积木。

这是我的玩具车。

我的文具

这是铅笔。

这是水彩笔。

这是剪刀。

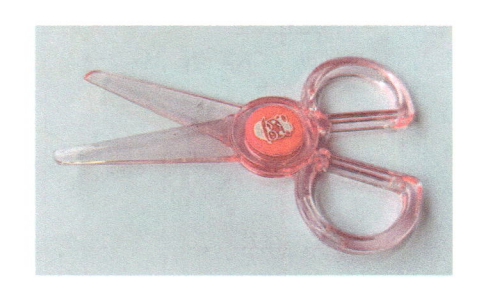

课后练习：

1. 说一说自己叫什么名字。

2. 看着课文所学的三种文具尝试用句式"这是……"说一说。

3. 试一试用"我是谁""你是谁""他是谁"的句式提问。

教学建议：

1. 教师可以利用图片、实物和情景模拟的方式，让学生跟着老师学会说课文的名称指令，达到教学目的。

2. 可以让学生说一说自己叫什么名字，训练对自己的名字有反应，也可以跟老师或家长互动练习课文里的句式。

3. 可让学生根据自己的文具和玩具的实际情况，按课文里的句式说一说句子。

4. 重点让学生理解"你、我、他"。

内容	教师评价			家长评价		
	独立完成	需要辅助	不配合	独立完成	需要辅助	不配合
能跟读课文中的字、词						
能跟读课文中的句子						

续 表

内容	教师评价			家长评价		
	独立完成	需要辅助	不配合	独立完成	需要辅助	不配合
能认读课文中的字、词						
能认读课文中的句子						
能对自己的名字有反应						
能理解常见物品名称						
能理解"我"						
能理解"你"						
能理解"他"						

第十二单元

指 认

单元说明：

本单元通过让学生借助图片指认自己的身体部位、自己以及家庭成员，指认自己的五官、常见主食、零食、家具、餐具、动物，来锻炼学生的形象认知能力，训练学生通过"指认"实现简单表达。

本单元的教学目标：

1. 尝试指认自己，指认自己的身体部位、五官，以及家庭成员。

2. 尝试指认常见主食、零食、家具、餐具、动物。

3. 学会通过"指认"实现简单表达。

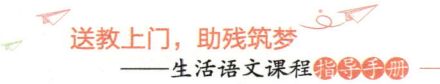

第1课　我的身体

我的身体

1. 认识头、手、脚。

我的小小身体

2. 听一听，读一读，指一指。

身体歌

我的头，

我的手，

我的脚，

天天锻炼身体好。

第2课　我的五官

我的五官

1. 认一认五官。

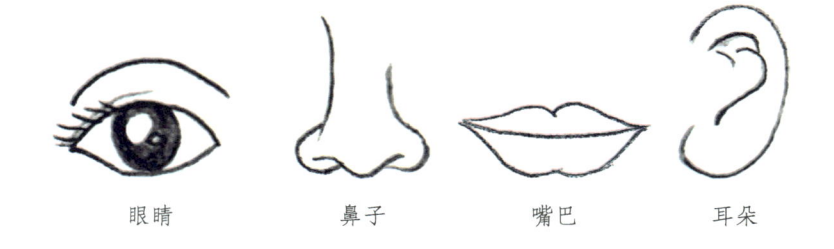

眼睛　　　鼻子　　　嘴巴　　　耳朵

2. 听一听，读一读。

五官歌

小眼睛，看得见；

小鼻子，闻香气；

小嘴巴，会说话；

小耳朵，听清楚。

学一学：

：横

课后练习：

1. 我会听：听老师读词，指出对应的图片。

   | 眼睛 | 鼻子 | 嘴巴 | 耳朵 |

2. 我会读：

   | 眼睛 | 鼻子 | 嘴巴 | 耳朵 |

3. 我会写：

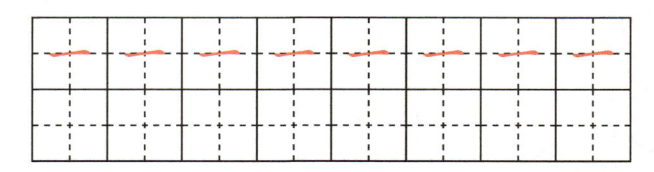

4. 我会指认身体部位：头、手、脚。

   我的小小身体

5. 我会说：

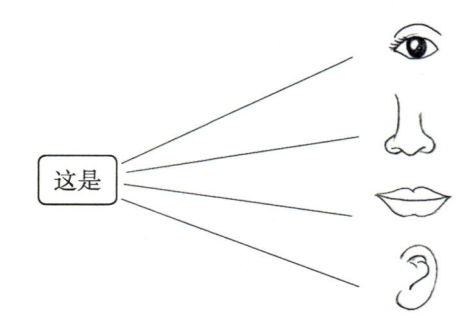

   这是

教学建议：

1. 教师可以利用图片，教师和学生的身体、五官，让学生能跟读和认读课文里的字、词、儿歌，达到教学目的。

2. 可以让学生先听老师说身体部位的名称，然后指出相应的字、词或图片上相应的位置，也可以指自己身体相应的部位。

3. 可以让学生先听老师说五官的名称，再指出相应的字、词或图片，也可以指出自己脸上相应的五官。

内容	教师评价			家长评价		
	独立完成	需要辅助	不配合	独立完成	需要辅助	不配合
能指出身体部位：头、手、脚						
能指出五官：耳朵、眼睛、鼻子、嘴巴						
能指认身体的其他部位						
能跟读课文中的字、词						
能跟读课文中的句子						
能认读课文中的字、词						
能认读课文中的句子						
能认识笔画"一"						
能书写笔画"一"						

第3课　常见主食

常见主食

米饭

馒头

面条

饺子

学一学：

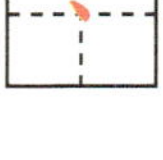

：点

1. 我会认：听老师读词语，指出对应的图片。

　　　　米饭　　　馒头　　　面条　　　饺子

2. 我会读：

　　　　米饭　　　馒头　　　面条　　　饺子

3. 我会写：

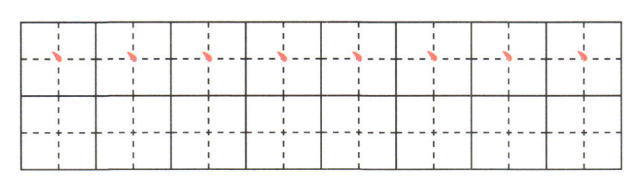

4. 拓展：吃主食的重要性。

米饭、馒头、面条、饺子是主食，

一日三餐少不了。

教学建议：

1. 教师可以利用图片、实物，让学生能跟读和认读课文里的词，达到教学目的。

2. 可以让学生听老师说常见主食的名称，指出相应的词或图片。

3. 重点学习指认食物。

评价人员 内容＼结果	教师评价			家长评价		
	独立完成	需要辅助	不配合	独立完成	需要辅助	不配合
指认常见食物：米饭、馒头、面包、饺子						
能指认其他食物						
跟读课文中的词						
认读课文中的词						
能认识笔画"、"						
能书写笔画"、"						

第4课　常见零食

常见零食

糖果

饼干

小蛋糕

饮料

学一学：

⬚ ：竖

课后练习：

1. 我会认：听老师读词语，指出对应的图片。

   糖果   饼干   饮料   小蛋糕

2. 我会读：

   糖果   饼干   饮料   小蛋糕

3. 我会写：

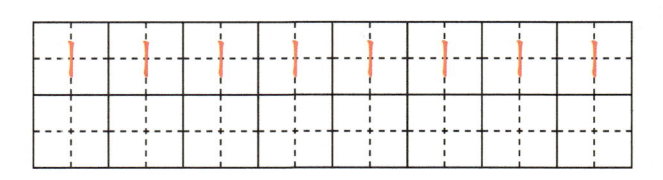

4. 拓展：想一想，为什么要少吃零食？

教学建议：

1. 教师可以利用图片、实物，让学生能跟读和认读课文里的词，达到教学目的。

2. 可以让学生听老师说常见零食的名称，指出相应的词或图片。

内容	教师评价			家长评价		
	独立完成	需要辅助	不配合	独立完成	需要辅助	不配合
指出常见零食：糖果、饼干、饮料、小蛋糕						
指认其他零食						
能跟读课文中的词						
能认读课文中的词						
能认读笔画"丨"						
能书写笔画"丨"						

第5课　常见家具

> 常见家具

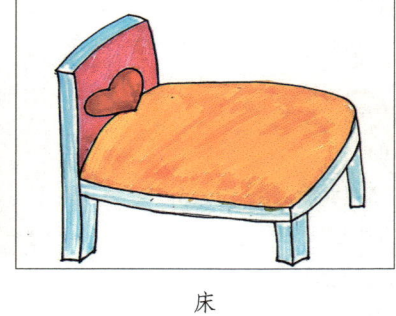

沙发

床

椅子

餐桌

学一学：

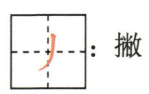

丿：撇

课后练习：

1. 我会认：听老师读词语，指出对应的图片。

   | 沙发 | 床 | 餐桌 | 椅子 |

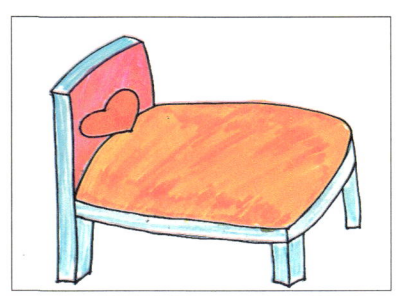

2. 我会读：

   | 沙发 | 床 | 餐桌 | 椅子 |

3. 我会写：

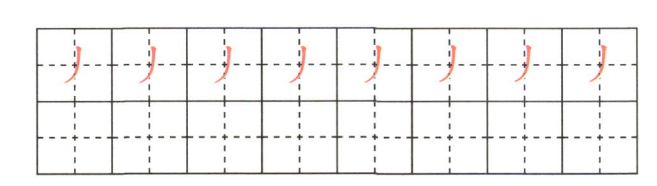

4. 我会说：××在××。

（1）沙发在客厅。

（2）床在房间。

教学建议：

1. 教师可以利用图片、实物，让学生能跟读和认读课文里的词，达到教学目的。

2. 可以让学生听老师说常见家具的名称，指出相应的词、图片或实物。

内容	教师评价			家长评价		
	独立完成	需要辅助	不配合	独立完成	需要辅助	不配合
指出常见家具：沙发、床、餐桌、椅子						
能跟读课文中的词						
指认其他常见家具						
能认读课文中的词						
能认识笔画"丿"						
能书写笔画"丿"						
能用"什么家具在什么地方"的句式说话						

第6课　常见餐具

常见餐具

吃饭用的东西叫餐具。

碗

筷

勺

碟

学一学：

：横钩

课后练习：

1. 我会认：听老师读词语，指出对应的图片。

| 碟 | 碗 | 勺 | 筷 |

2. 我会读：

| 碟 | 碗 | 勺 | 筷 |

3. 我会写：

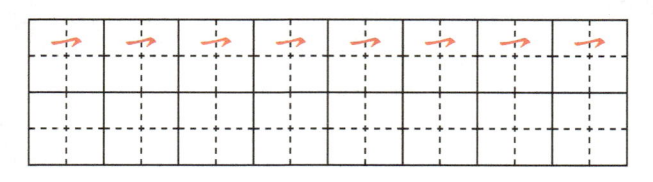

4. 我会说：××用来××。（口头表达）

（1）碗用来盛饭。

（2）筷子用来夹菜。

教学建议：

1. 教师可以利用图片、实物，让学生能跟读和认读课文里的词，达到教学目的。

2. 可以让学生听老师说常见餐具的名称，指出相应的词或图片。

评价人员 内容 \ 结果	教师评价			家长评价		
	独立完成	需要辅助	不配合	独立完成	需要辅助	不配合
指出常见餐具：碗、筷、勺、碟						
指认其他餐具						
能跟读课文中的词						
能认读课文中的词						
能认识笔画"一"						
能书写笔画"一"						
能用"什么餐具用来做什么"的句式说话						

第7课 我的家人

我的家人

训练过程:

1. 从照片中认出家庭成员——学生坐在桌前,将一张或几张家庭成员照片放在桌面上。首先让学生注意力集中,发出指令"指一指××(图片名称,例如妈妈)",提示学生指向正确的图片并强化这一反应。

2. 从真人中认出家庭成员——让一个家庭成员进入房间,坐在学生的对面,让学生注意力集中,发出指令"到××(妈妈)那里去",帮助学生走向妈妈并强化这一反应。

3. 家长与家庭成员说话时,不叫名字而说爸爸、妈妈、哥哥、姐姐、爷爷、奶奶。如说:"把玩具拿给姐姐。"还可以问:"哥哥在哪里呢?"如果学生不能回答,可以轻轻地转过学生的头,告诉他:"哥哥在这里呢!"

4. 家长在与学生交谈时,使用上述称谓。例如:"看,你哥哥正在那里做作业呢!""去看看你妹妹睡醒了没有。"

学一学:

乃 : 横折折折钩

课后练习：

1. 我会认：听老师读词语，指出图片中对应的人物。

   | 爸爸 | 妈妈 | 爷爷 | 奶奶 | 我 |

2. 我会读：

   | 爸爸 | 妈妈 | 爷爷 | 奶奶 | 我 |

3. 我会写：

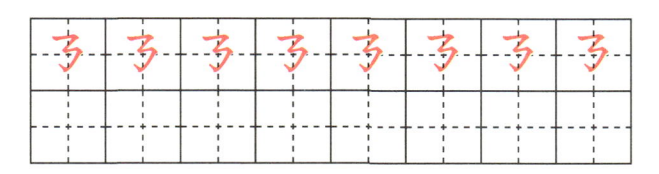

习	习	习	习	习	习	习	习

4. 我会说：这是××。（口头表达）

（1）这是爷爷。

（2）这是奶奶。

（3）这是爸爸。

（4）这是妈妈。

5. 扩展练习。

训练者联系受训练者的家庭实际情况说出指令，受训练者说出相应的家庭成员。

例：

训练者：请指出哪位是爷爷。

受训者（边指边说）：这是爷爷。

教学建议：

1. 教师可以利用图片和学生家人的照片，让学生能跟读和认读课文里的字、词，达到教学目的。

2. 可以让学生听老师说家人的名称，指出相应的词或图片。

3. 训练者可以让受训练者在实际生活中看着自己的家人来练习课文的内容。

内容	教师评价			家长评价		
	独立完成	需要辅助	不配合	独立完成	需要辅助	不配合
指出图片中的家人：爸爸、妈妈、爷爷、奶奶、我						
能指认其他家庭成员						
能跟读课文中的词						
能认读课文中的词						
能认认笔画"乛"						
能书写笔画"乛"						
能用"这是××"的句式说话						

第8课　常见动物

常见动物

小狗

小猫

小鸡

小羊

小狗怎样叫，汪汪汪。

小猫怎样叫，喵喵喵。

小鸡怎样叫，叽叽叽。

小羊怎样叫，咩咩咩。

学一学：

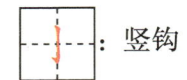

亅：竖钩

课后练习：

1. 我会认：听老师读词语，指认对应的图片。

小狗　小猫　小鸡　小羊

2. 我会读：

小狗　小猫　小鸡　小羊

3. 我会模仿：

小狗——汪汪汪

小猫——喵喵喵

小鸡——叽叽叽

小羊——咩咩咩

4. 我会写：

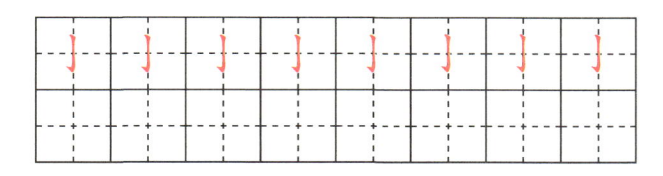

教学建议：

1. 教师可以利用图片，让学生能跟读和认读课文里的词，达到教学目的。

2. 可以让学生听老师说常见动物的名称，指出相应的词或图片。

3. 训练者可以让受训练者在实际生活中看着常见的小动物来练习课文里的词。

内容	教师评价			家长评价		
	独立完成	需要辅助	不配合	独立完成	需要辅助	不配合
指出图片中的动物：小猫、小狗、小鸡、小羊						
能指认其他动物						
跟读课文中的词、句子						
认读课文中的词、句子						

续 表

内容	教师评价			家长评价		
	独立完成	需要辅助	不配合	独立完成	需要辅助	不配合
能认识笔画"亅"						
能书写笔画"亅"						
能模仿常见动物的声音						

第十三单元

动作指令

单元说明：

本单元通过训练学生听肯定或否定指令并做出相应反应，培养学生的语言理解能力。通过学习，提高学生的礼貌意识和纪律意识。

本单元的教学目标：

1. 尝试听懂肯定的基本动作指令。
2. 尝试听懂否定的基本动作指令。
3. 学会通过理解动作指令来实现简单表达。

理解肯定、否定指令

1. 读一读：

老师来了

见到老师问声好，

上课时要看老师，

老师指令我能听。

2. 听指令：起立、请坐、过来、请回到座位上。

3. 听指令：停止、不行、不要。

在教室，不追逐，不打闹。

课堂上，齐齐坐，专心听。

学一学：

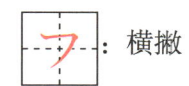

ㄱ：横撇

课后练习：

1. 想一想：请认真观察老师给出的图片，你觉得哪位小朋友的行为是正确的？

2. 读一读：

在教室，不打闹，不追逐。

课堂上，齐齐坐，专心听。

3. 我会写：

教学建议：

1. 教师可以利用图片和词语、句子卡，让学生能跟读和认读课文里的词，达到教学目的。

2. 教师创设各种动作指令发生的情景，让学生在情景下边说边做动作指令，包括肯定指令和否定指令。

3. 教师可以让学生在实际生活的不同情景中边说边做动作指令。

内容	教师评价			家长评价		
	独立完成	需要辅助	不配合	独立完成	需要辅助	不配合
跟读课文中的词和句子						

续 表

内容	教师评价			家长评价		
	独立完成	需要辅助	不配合	独立完成	需要辅助	不配合
认读课文中的词和句子						
听指令做出相关的动作						
在不同情景下理解相关动作指令						
能遵守纪律						
能写笔画"了"						

第五篇

语言表达

第十四单元

短 语

单元说明：

　　本单元训练学生使用简单礼貌用语的能力、学会表达自己喜好的能力和基本观察能力、分辨能力等，学习说出表达数量与颜色的短语，培养学生基本表达意识和表达能力。

本单元的教学目标：

　　1.尝试在一定的情景中使用简单礼貌用语。

　　2.指认常见蔬菜，并说出表达数量与颜色的短语。

　　3.通过观察，能分辨长短、高矮，尝试在情景的辅助下正确表达问题。

　　4.学习表达简单要求与回答简单问题。

第1课　礼貌用语

有礼貌

小朋友，有礼貌，

见老师，问声早，

见同学，问声好，

告别时，说再见。

学一学：

▢ ：捺

课后练习：

1.做一做，说一说：同伴之间学习使用礼貌用语。

早啊！

早上好！

谢谢你！

2. 我会读：

（1）读词语：

| 同学 | 老师 | 再见 |

（2）读句子：

① 见老师，问声早："老师早！"

② 见同伴，问声好："同学好！"

③ 告别时，说再见："再见！"

3. 拓展：常用礼貌用语知多少。

4. 我会写：

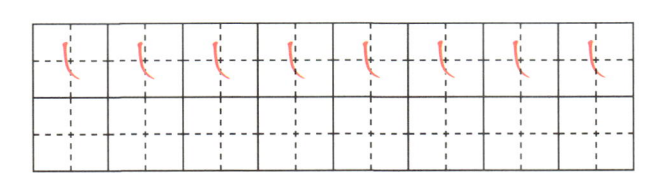

教学建议：

1. 教师可以利用图片和词语、句子卡，让学生能跟读和认读课文里的词、句子，达到教学目的。

2. 教师创设各种情景，让学生在情景中说一说常见的礼貌用语。

3. 训练者可以让受训练者在实际生活的情景中说常见的礼貌用语。

内容	教师评价			家长评价		
	独立完成	需要辅助	不配合	独立完成	需要辅助	不配合
跟读课文中的词和句子						
认读课文中的词						
认读课文中的句子						
在不同情景下模仿说礼貌用语						
能使用礼貌用语						
认识笔画"㇏"						
会写笔画"㇏"						

第2课　认识蔬菜

1. 认一认：

番茄

茄子

萝卜

玉米

2. 读一读：

蔬菜宝宝

红番茄，紫茄子，白萝卜，黄玉米，我爱吃。

3. 说一说短语：

一个萝卜

两个番茄

三个茄子

四根玉米

学一学：

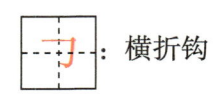

㇆：横折钩

课后练习：

1. 我会认：听老师读词语，指出相应的图。

   | 番茄 | 茄子 | 萝卜 | 玉米 |

2. 我会读：

   | 番茄 | 茄子 | 萝卜 | 玉米 |

3. 我会写：

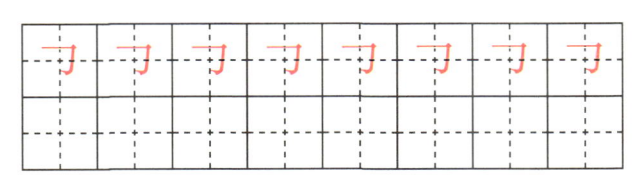

4. 我会说：我爱吃××。

   我爱吃_____。

5. 我会画：给蔬菜宝宝涂上颜色。

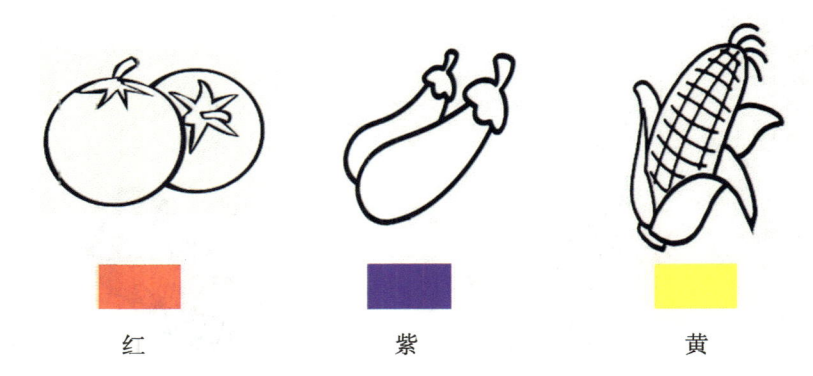

红　　　　　　　紫　　　　　　　黄

6. 你还认识什么颜色呢？涂一涂，说一说，如"红气球""两个红气球"。

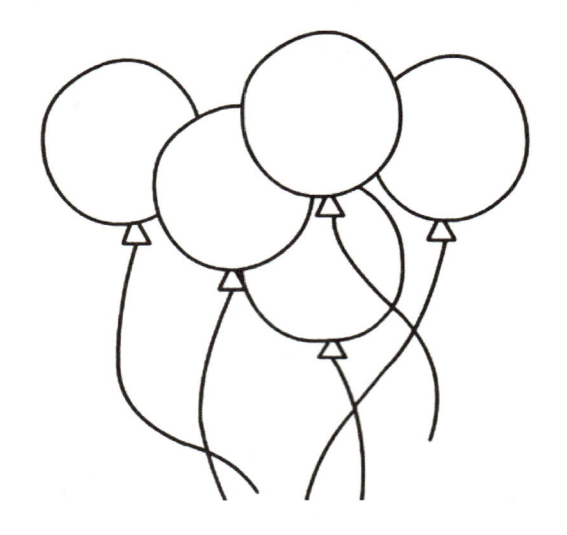

教学建议：

1. 教师可以利用图片和词语、句子卡，让学生能跟读和认读课文里的词，达到教学目的。

2. 可以让学生听老师说常见蔬菜的名称，指出相应的词或图片，并且认识常见的颜色，指导学生说表示颜色的短语。

3.训练学生说表达数量的短语。

4.训练者可以让受训练者在实际生活中练习指认蔬菜名称与颜色，练习使用表达数量的短语。

内容	教师评价			家长评价		
	独立完成	需要辅助	不配合	独立完成	需要辅助	不配合
跟读课文中的字、词						
跟读课文中的句子						
认读课文中的字、词						
认读课文中的句子						
指认常见蔬菜						
指认常见颜色						
会说表达颜色的短语						
会说句子"我爱吃……"						
会写笔画"丁"						

第3课　长和短

1. 认一认：

长铅笔　　短铅笔

2. 说一说：

长长的木棍。

短短的木棍。

想一想：你还能用长和短说一说短句吗？

3. 读一读：

男孩子，短头发，

女孩子，长头发。

男孩子，穿长裤。

女孩子，穿短裙。

学一学：

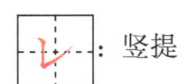

乚：竖提

课后练习：

1. 读一读：

长头发　　短头发

2. 写一写：

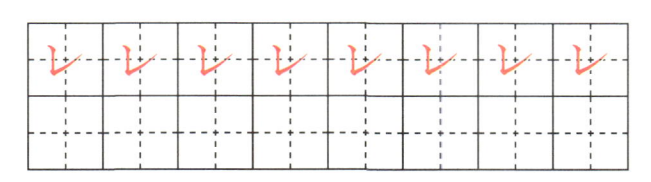

3. 说一说：

男孩子的头发短。

女孩子的头发长。

教学建议：

1. 教师可以利用图片和词语、句子，让学生跟读和认读课文里的内容，达到教学目的。

2. 学生理解长和短的含义，然后学习表达长短。

3. 教师可以让学生在实际生活中用"什么东西长（或短）"的句式表达。

内容	教师评价			家长评价		
	独立完成	需要辅助	不配合	独立完成	需要辅助	不配合
跟读课文中的字、词						
跟读课文中的句子						
认读课文中的字、词						
理解长和短						
能用短句表达长短						
能认识笔画"乚"						
能书写笔画"乚"						

第4课　高和矮

1. 说一说：

弟弟个子矮

哥哥个子高

这棵树高　　　　　这棵树矮

哥哥比妹妹高,妹妹比哥哥矮。

想一想:你还能用高和矮说一说短句吗?

2. 读一读:

不挑食

小哥哥,爱挑食,
不吃肉也不吃菜。
小弟弟,不挑食,
样样食物都喜爱。
两个小孩比高矮,

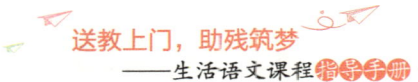

哎呀呀，哎呀呀，
哥哥却比弟弟矮。

想一想：为什么哥哥比弟弟矮？

学一学：

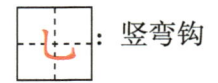

╚ ：竖弯钩

课后练习：

1. 读一读：

哥哥高　　妹妹矮

2. 写一写：

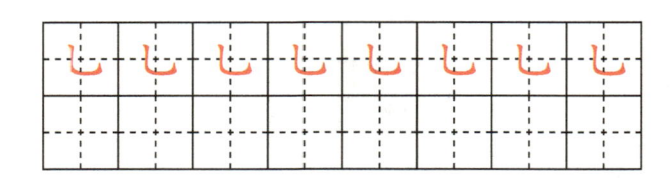

3. 看图说一说。

哥哥个子高，妹妹个子矮

教学建议：

1. 教师可以利用图片和词语、句子，让学生跟读和认读课文里的内容，达到教学目的。

2. 可以让学生在生活中感受"高、矮"的区别，理解相对性。

3. 教师可以让学生在生活中用"××高，××矮"的句式说话。

4. 训练学生说有关高矮的句子。

内容	教师评价			家长评价		
	独立完成	需要辅助	不配合	独立完成	需要辅助	不配合
跟读课文中的字、词						
跟读课文中的句子						
认读课文中的字、词						

续 表

内容	教师评价			家长评价		
	独立完成	需要辅助	不配合	独立完成	需要辅助	不配合
认读课文中的句子						
理解高和矮						
会表达高矮						
能认识笔画"乚"						
能书写笔画"乚"						
能用"××高,××矮"的句式说话						

第十五单元

句 子

单元说明：

本单元通过观察图片和情境辅助培养学生的观察能力，训练学生说简单的句子，培养学生的基本表达意识和表达能力。

本单元的教学目标：

1. 通过观察图片表达某种活动的主谓句子。
2. 通过情境辅助尝试表达他人活动的主谓宾句子。
3. 尝试在一定的情景中说有时间等修饰的句子。

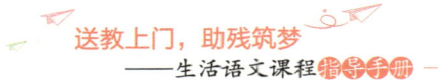

宝宝睡觉。

中午，宝宝在睡觉。

妈妈做饭。

晚上，妈妈在做饭。

女孩唱歌。

早上，女孩在唱歌。

弟弟写字。

傍晚，弟弟在写字。

学一学：

乛 ：横斜钩

课后练习：

1. 说一说：仔细观察图片，说句子。

2. 写一写：

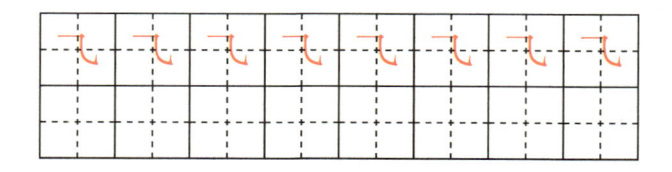

教学建议：

1. 教师可以利用图片和词语、句子，让学生跟读和认读课文里的内容，达到教学目的。

2. 训练学生看图说句子。表达自己活动的主谓句子、表达他人活动的主谓宾句子、表达有时间修饰的句子等。

3. 教师可以让受训练者在实际生活情景中说简单句子。

内容	教师评价			家长评价		
	独立完成	需要辅助	不配合	独立完成	需要辅助	不配合
能跟读课文中的字、词						
能认读课文中的字、词						

续 表

内容	教师评价			家长评价		
	独立完成	需要辅助	不配合	独立完成	需要辅助	不配合
能跟读课文中的句子						
能认读课文中的句子						
能观察并指认图						
能说主谓句子						
能说主谓宾句子						
能说有时间修饰的句子						
能认读笔画"乁"						
能书写笔画"乁"						

第十六单元

主动提问

单元说明：

本单元结合学生的实际生活情景训练学生主动提问的意识，培养学生的基本表达意识和表达能力。

本单元的教学目标：

1. 通过创设特定的情境尝试学习主动表达请求。

2. 通过观察尝试学习主动表达特殊问题。如：我能吃××吗？

3. 尝试学习主动表达原因的问句"为什么"。

1. 你能提出相关的问题吗？

好香的饼干啊！我真想吃，但是我要问问妈妈。

我可以这么问："我能吃饼干吗？"

我想跟那个小朋友一起玩积木。

我可以这么问："我能一起玩吗？"

我在超市买东西，找不到我要买的牛奶。

我可以这么问："请问，牛奶放在哪里？"

想一想：在什么情况下，我们可以主动提出问题呢？

2. 你能说"为什么"的问句吗？

为什么我不能大声说话？

因为夜深了，小朋友们都睡觉了，请安静。

为什么我不能经常吃雪糕？

因为我过量食用雪糕对身体健康有害，不能多吃。

学一学：

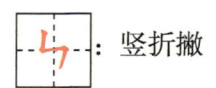

㇜：竖折撇

1. 写一写：

2. 说一说：

我能吃葡萄吗？

我能吃_____吗？

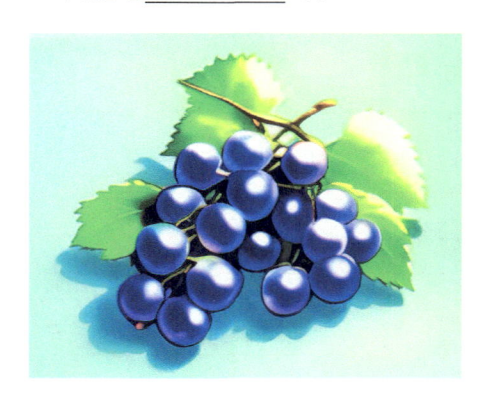

教学建议：

1. 教师可以利用图片、词语、句子，让学生能跟读和认读课文里的字、词、句，达到教学目的。

2. 教师引导学生用"我能吃什么"的句式看图说话，培养学生主动提问的好习惯。

3. 教师可以让学生者在实际生活的情景中主动提出问题。

内容	教师评价			家长评价		
	独立完成	需要辅助	不配合	独立完成	需要辅助	不配合
能跟读课文中字、词						

续 表

内容	教师评价			家长评价		
	独立完成	需要辅助	不配合	独立完成	需要辅助	不配合
能认读课文中的字、词						
能跟读课文中的句子						
能认读课文中的句子						
能用"我能吃什么"的句式提问						
看图片提出不同的问题						
能用"为什么"提出问题						
能认识笔画"乛"						
能书写笔画"乛"						

第十七单元

主动描述

单元说明：

本单元结合学生的实际生活情景训练学生简单描述自己所见所闻的能力，培养学生主动描述的意识和能力。

本单元的教学目标：

1. 学生尝试描述与自己生活相关的情景，描述正在发生的事情。
2. 学生尝试理解已经发生过的事情，学习描述已经发生过的事情。

第1课　描述正在发生的事情

小朋友们在扫地。

妹妹在吃西瓜。

同学们在上课。

想一想：观察图片，我们要怎么描述现在发生的事呢？

学一学：

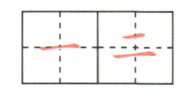

课后练习：

1. 读一读：

小朋友们在扫地。

妹妹在吃西瓜。

同学们在上课。

2. 写一写：

3. 说一说：

小朋友在_____。

操场上，小朋友们正在干什么？说一说吧。

教学建议：

1. 教师可以利用图片和词语、句子，让学生能跟读和认读课文里的字、词、句，达到教学目的。

2. 教师引导学生用"谁在做什么"的句式描述正在发生的事。

3. 教师可以在实际生活情景中训练学生描述正在发生的事。

内容	教师评价			家长评价		
	独立完成	需要辅助	不配合	独立完成	需要辅助	不配合
能跟读课文中的字、词						
能认读课文中的字、词						
能跟读课文中的句子						
能认读课文中的句子						
能用"谁在做什么"的句式说句子						
能描述正在发生的事						
能认识生字"一"						
能认识生字"二"						
能书写生字"一"						
能书写生字"二"						

第2课　描述已经发生过的事情

辨一辨：

早上，公鸡叫了，太阳升起来了。

中午，太阳高高挂。

晚上，月亮出来了。

想一想：你知道早上、中午、晚上是什么时候吗？早上，你做了什么事？中午，你做了什么事？晚上，你做了什么事？

说一说：

妹妹早上在超市里买了苹果。

哎！早上我多睡了一分钟，就赶不上公共汽车了，所以我迟到了。

公共汽车刚刚走了。

昨天我迟到了，今天我准时上学了。

看图说一说：

早上_____，现在_____。

学一学：

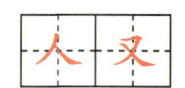

人 叉

课后练习：

1.读一读：

早上　中午　晚上　昨天　刚刚

2.认一认，写一写：

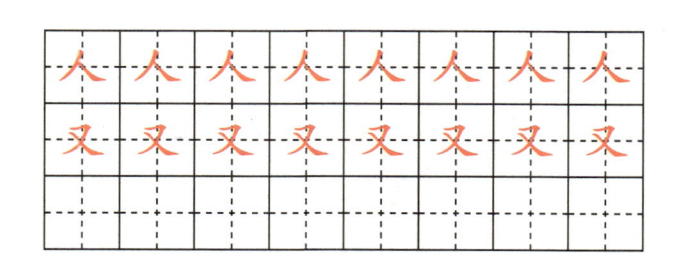

人 人 人 人 人 人 人 人
叉 叉 叉 叉 叉 叉 叉 叉

3.看图说一说发生过的事，当时你的心情是怎样的？

昨天，……

教学建议：

1. 教师可以利用图片和词语、句子，让学生能跟读和认读课文里的字、词、句，达到教学目的。

2. 教师引导学生理解表示时间的词语，然后用"昨天，××做了什么"等句式描述已经发生过的事。

3. 教师可以在实际生活的情景中训练学生描述已经发生过的事。

内容	教师评价			家长评价		
	独立完成	需要辅助	不配合	独立完成	需要辅助	不配合
能跟读课文中的字、词						
能认读课文中的字、词						
能跟读课文中的句子						
能认读课文中的句子						

续 表

内容	教师评价			家长评价		
	独立完成	需要辅助	不配合	独立完成	需要辅助	不配合
能用"昨天，××做了什么"的句式说句子						
看图用其他句式表达发生过的事						
能根据实际情况表达发生过的事						
能认读生字"人、又"						
能书写生字"人、又"						

名师名校名校长

凝聚名师共识
回应名师关怀
打造名师品牌
培育名师群体

送教上门 助残筑梦

——生活数学课程指导手册

董桂林 编

送教上门，助残筑梦
董桂林 主编

全国教育科学规划2018年度教育部重点课题"基于现代信息技术条件下的重度残疾儿童送教上门电子课程体系的开发研究"成果

团结出版社

图书在版编目（CIP）数据

送教上门，助残筑梦. 生活数学课程指导手册 / 董桂林主编，董桂林编. — 北京：团结出版社，2023.8
ISBN 978-7-5234-0266-5

Ⅰ.①送… Ⅱ.①董… Ⅲ.①数学课—儿童教育—特殊教育—教学参考资料 Ⅳ.①G764

中国国家版本馆CIP数据核字（2023）第133304号

出　　版：	团结出版社
	（北京市东城区东皇城根南街84号　邮编：100006）
电　　话：	（010）65228880　65244790
网　　址：	http://www.tjpress.com
E-mail：	65244790@163.com
经　　销：	全国新华书店
印　　刷：	廊坊市印艺阁数字科技有限公司
装　　订：	廊坊市印艺阁数字科技有限公司

开　　本：170×240毫米　1/16
印　　张：40
字　　数：522千字
版　　次：2023年8月　第1版
印　　次：2023年8月　第1次印刷

书　　号：ISBN 978-7-5234-0266-5
定　　价：198.00元（全3册）
（版权所属，盗版必究）

序言

　　开展适龄残疾儿童送教上门工作既是对现有国家残疾儿童教育安置方式的完善，又是对我国重度残疾儿童接受法定义务教育服务形式的重要补充。重度残疾儿童身体状况特殊、生存环境各异，为了给每一个适龄重度残疾儿童提供合适的教育资源，从而满足每一个重度残疾儿童的教育需求，课题组全体参研人员以"重度残疾学生现状评估表"为依据，以学生身体发展规律为支撑，以为每一个重度残疾儿童提供最适合的教育为指导思想，以实践为基础，系统编写了重度残疾儿童送教上门系列课程知识学习指导手册。

　　本册为《送教上门，助残筑梦——生活数学课程指导手册》，主要以重度残疾儿童生活中所需的数学概念及数学常识为目标，以重度残疾儿童所需的数前概念和数量关系的建立能力要求为方向，以为重度残疾儿童提供最适合的教学内容及过程为指引，用层层递进、螺旋上升的编写思路，以期最终达到为每一位重度残疾儿童提供最适合学习的内容目标。

　　本指导手册的编写难免存在不足之处，课题组全体成员本着在实践中不断改进的思想，希望广大使用者在使用中多提宝贵意见！

课题组全体成员
2023年3月

上篇　数前概念

第一章　经验与表征 ··· 2
　一、按照指令交出物件 ··· 2
　二、在口头命令下，指出自己的身体部位 ························ 4
　三、指出玩具动物的身体部位 ······································· 5
　四、示范使用物品 ·· 6
　五、辨认图片 ·· 10
　六、指认男孩和女孩 ·· 12
　七、说出图片中东西遗漏的部位 ··································· 13
　八、说出图片名称 ··· 14

第二章　简单推理与排序 ·· 17
　一、指出有和没有 ··· 17
　二、排序 ··· 19

第三章　分类 ··· 21
　一、物品图片分类（功能分类） ··································· 21
　二、完成简单拼图 ··· 23
　三、物品图片分类（概念分类） ··································· 24

第四章　配 对 …………………………………………… 27

一、实物配对 ……………………………………… 27

二、两种质地物品配对 …………………………… 28

第五章　时间概念 ………………………………………… 31

一、说出一周包含哪些天 ………………………… 31

二、能分辨图片中的时间（白天、黑夜） ……… 32

三、说出四季名称 ………………………………… 33

四、了解简单钟面问题 …………………………… 34

第六章　空间概念 ………………………………………… 36

一、掀开盖着自己脸的毛巾 ……………………… 36

二、模仿将物件放进容器 ………………………… 37

三、找寻隐藏的物体 ……………………………… 38

四、伸手抓握视线内的物体 ……………………… 40

五、从容器中取出物品 …………………………… 41

六、知道物品的固有摆放方式 …………………… 42

七、按要求放置物品（上面、下面） …………… 44

八、按要求摆放物品（里、外） ………………… 45

九、按要求取物品（前面、后面） ……………… 47

第七章　颜色概念 ………………………………………… 49

一、配对黑、白颜色（外形相同） ……………… 49

二、配对黑、白颜色（外形、大小不一） ……… 50

三、基本颜色分类（黑、白、红、绿、黄、蓝） … 51

四、说出常见的颜色名称 ………………………… 52

五、说出常见物体的颜色 ………………………… 53

第八章　图形的认识 ····· 55
　　一、配对三种基本形状 ····· 55
　　二、认识图形 ····· 61

第九章　比较概念 ····· 96
　　一、比较大小1 ····· 96
　　二、比较大小2 ····· 100
　　三、比较大小3 ····· 102
　　四、比较多少1 ····· 105
　　五、比较多少2 ····· 107
　　六、比较多少3 ····· 109
　　七、比较长短1 ····· 112
　　八、比较长短2 ····· 115
　　九、比较长短3 ····· 117
　　十、比较高矮1 ····· 120
　　十一、比较高矮2 ····· 122
　　十二、比较高矮3 ····· 123
　　十三、比较轻重1 ····· 125
　　十四、比较轻重2 ····· 128
　　十五、比较轻重3 ····· 131

下篇　数量关系的建立

第十章　数形结合 ········· 136

　　一、按指示拿一定数目（1—5个）的物品 ········· 136

　　二、数出2块及7块积木 ········· 138

　　三、交出1—5块积木 ········· 139

　　四、唱数 ········· 140

第十一章　认读数字 ········· 143

　　一、认读数字1—10 ········· 143

　　二、重复2—5个数字 ········· 162

　　三、重复6—10个数字 ········· 163

第十二章　简单加法运算 ········· 166

　　一、得数是2的加法 ········· 166

　　二、得数是3的加法1 ········· 172

　　三、得数是3的加法2 ········· 176

第十三章　简单减法运算 ········· 180

　　一、二减几 ········· 180

　　二、三减几 ········· 183

上篇

数概前念

第一章　经验与表征

一、按照指令做

1. 请你说一说以下水果的名称。（梨子、苹果、橘子）

2. 听指令拿水果（在指定位置）

请拿　　　过来。

请拿　　　过来。

请拿　　　过来。

3. 听指令拿物品（物品在可视范围）

拿鞋子过来。

拿衣服过来。

拿袜子过来。

拿毛巾过来。

拿杯子过来。

教学建议：

1. 此部分主要训练听—拿的思维过程，训练的道具都是生活中常见的物品，教师要选孩子认识的物品。

2. 教学过程中可以先让孩子明确物品的位置，从1种水果开始训练，2选1，3选1，逐步加大难度，让孩子一步一步加深印象。

3. 将物品放在孩子的可视范围内，让孩子听指令拿物品部分是拓展知识，可根据孩子的自身情况而做修改。

评价内容		教师评价			家长评价		
		独立完成	需辅助	不配合	独立完成	需辅助	不配合
能在指定位置拿物品	梨子						
	橘子						
	苹果						
能听指令拿物品（物品在可视范围内）	梨子						
	橘子						
	苹果						
	鞋子						
	衣服						
	袜子						
	毛巾						
	杯子						

二、在口头命令下，指出自己的身体部位

1. 认识身体部位。

拿出相关的图片（手、头、脚、眼睛、嘴巴、鼻子、耳朵等）

2. 指出自己的身体部位：手、头、脚、眼睛、鼻子、嘴巴、耳朵。

教学建议：

1. 此部分是让孩子认识自己的身体部位，并能正确指出相应的部位。

2. 教学过程可用直观呈现的方式，让孩子全面认识自己的身体，也可以用镜子进行观察。

评价内容		教师评价			家长评价		
		独立完成	需辅助	不配合	独立完成	需辅助	不配合
能认识身体的部位	手						
	头						
	脚						
	眼睛						
	鼻子						
	嘴巴						
	耳朵						
能正确指出身体的部位	手						
	头						
	脚						
	眼睛						
	鼻子						
	嘴巴						
	耳朵						

三、指出玩偶的身体部位

1. 它是谁？（认一认玩偶的身体部位）

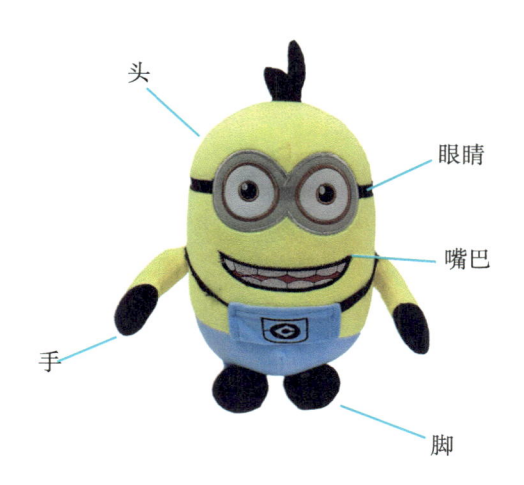

头
眼睛
嘴巴
手
脚

2. 指出其他玩偶的身体部位，如小猪佩奇、小白兔、小乌龟等。认识头、手、脚、眼睛、嘴巴、鼻子、耳朵。（可用玩具或图片）

教学建议：

1. 此部分主要是让孩子指出玩偶的身体部位，和前面的认识自己身体部位相比较难度加大。

2. 在教学过程中可与孩子自己身体部位相比较，同步教学。比如：小兔的手在哪里？请指出来。那你的手在哪里呢？

评价内容		教师评价			家长评价		
		独立完成	需辅助	不配合	独立完成	需辅助	不配合
能指出玩偶的身体部位	手						
	头						
	脚						
	眼睛						
	鼻子						
	嘴巴						
	耳朵						

四、示范使用物品

1. 想一想，图中的人在做什么？

2. 看一看，说一说。

（1）用杯子喝水。

（2）用勺子吃饭。

（3）穿鞋。

（4）用抹布擦桌子。

（5）用扫把扫地。

（6）用拖把拖地。

（7）整理书包。

备注：用其他的图片或自己示范使用物品。如用牙刷刷牙、毛巾洗脸、叠被子、用筷子吃饭、穿衣服、戴帽子等。

教学建议：

1. 让孩子学习如何使用物品，知道一些生活物品的功能与正确使用方法。

2. 在教学过程中最好用实物进行教学，让孩子通过看一看、摸一摸、玩一玩的方法进行学习，可以通过先观看多媒体录制的视频再进行训练。

3. 可以用情景法来辅助教学，编成一个生活点来进行演示。

4. 小步子，多循环地进行教学。

评价内容		教师评价			家长评价		
		独立完成	需辅助	不配合	独立完成	需辅助	不配合
说出示范动作	吃饭						
	打扫卫生						
	用杯子喝水						
能看图说出内容	用勺子吃饭						
	穿衣服						

续 表

评价内容		教师评价			家长评价		
		独立完成	需辅助	不配合	独立完成	需辅助	不配合
能看图说出内容	穿鞋子						
	用牙刷刷牙						
	用抹布擦桌子						
	用扫把扫地						
	用拖把拖地						
	整理书包						
	叠被子						
	其他图片						

五、辨认图片

拿出图片或电子图片让学生认识，指认。

例子：图片内容一：叔叔、阿姨、爷爷、奶奶、男孩、女孩等。

图片内容二：汽车、公交车、电动车等。

认识图片

勺子 　　　　　　碗 　　　　　　杯子

梨子	苹果	橘子
椅子	牙刷、漱口杯	书包

教学建议：

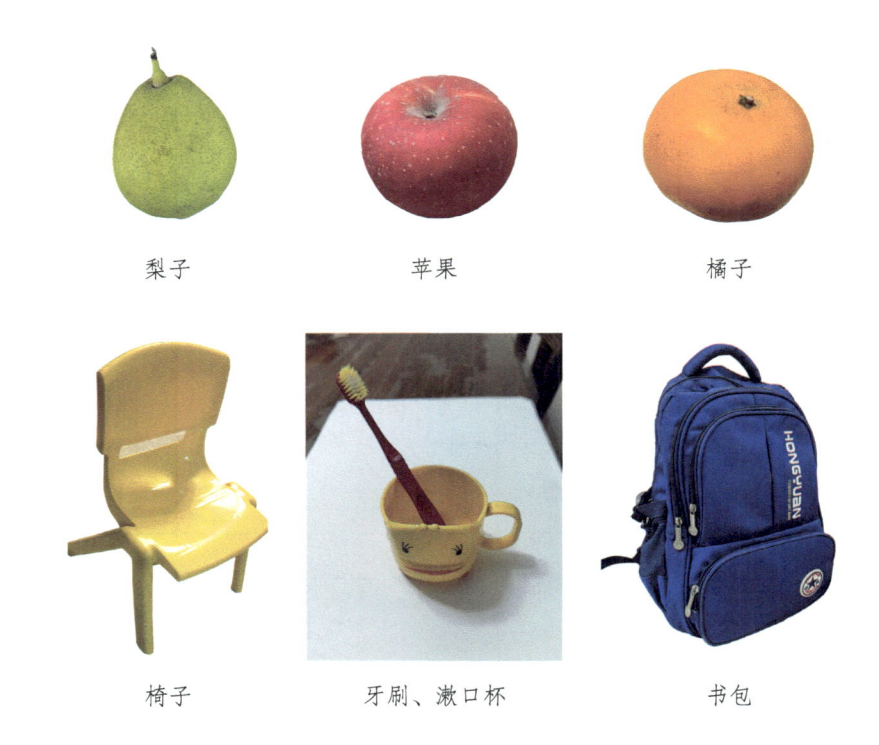

1. 让孩子辨认图片内容，知道图片表示的意思；知道怎样称呼不同年龄的男女；知道生活中常见的生活用品、水果、交通工具等。

2. 不同年龄男女的称呼需要通过多媒体课件进行教学，通过强调循环的教学让孩子巩固知识，称呼可以分为两个课时进行，以免混淆。

3. 常见生活用品可以用实物进行教学，让孩子通过看一看、摸一摸、玩一玩的方法进行学习。可以用情景法来辅助教学，编成一个生活点来进行演示。

评价内容	教师评价			家长评价		
	独立完成	需辅助	不配合	独立完成	需辅助	不配合
能认识图片中的物品 — 叔叔						
阿姨						
爷爷						
奶奶						
男孩						
女孩						
杯子						
碗						
勺子						
漱口杯						
牙刷						
椅子						
书包						
苹果						
西瓜						
香蕉						
汽车						
公交车						
电动车						

六、指认男孩和女孩

1. 拿出男孩、女孩的图片或请一个男孩和一个女孩站在学生前面，指认谁是男孩、谁是女孩。

2. 拿出不同男孩、女孩的图片（不同的穿着、发型等），让孩子判断他们是男孩还是女孩。

教学建议：

1. 让孩子了解男孩、女孩的性别差异。掌握男孩、女孩的外貌特征。

2. 在教学过程中，可以让孩子先观察，再引导，从发型、穿着、喜好、性格特点来进行判断，强化他们的性别意识。

评价内容	教师评价			家长评价		
	独立完成	需辅助	不配合	独立完成	需辅助	不配合
能指认男孩、女孩						
能指认图片中的男孩						
能指认图片中的女孩						

七、说出图片中东西遗漏的部位

1. 拿出一张人像图片（或者教师自己），遮住手或脚。问：你知道遮住了哪个部位呢？

2. 你们会玩贴鼻子游戏吗？（一起玩一玩）

3. 小朋友正在画画，说一说还有什么没画上。

教学建议：

1. 让孩子能说出或指出图片中东西遗漏或遮掩的部分；知道五官包括什么。

2 在教学过程中，可以用镜子来做教学用具，让孩子对着镜子说一说、指一指自己的五官，如通过贴鼻子的游戏，让孩子先认识鼻子，然后才逐渐加深难度，可以辅以画画与手工。

3. 可以利用其他的图片来教学，如一棵大树挡住了老虎的脚，一头大象挡住了猴子的头。

评价内容	教师评价			家长评价		
	独立完成	需辅助	不配合	独立完成	需辅助	不配合
能理解"遗漏"的含义						
能听指令指出遗漏的内容						
能根据遗漏的内容进行添加						

八、说出图片名称

教师可以选择自然风光、交通工具、生活用品的图片给孩子看，并引导他们说出物品的名称。

上 篇
学前概念

教学建议：

1. 引导孩子能说出或用肢体语言表示图片中常见的物品的名称。

2. 在教学过程中最好用实物进行教学，让孩子通过看一看、摸一摸、玩一玩的方法进行学习，可以对物品进行分类教学，根据孩子的接受程度增减图片的数量。

3. 用情景法来辅助教学，编成一个生活点来进行演示。

4. 小步子，多循环地进行教学。

评价内容		教师评价			家长评价		
		独立完成	需辅助	不配合	独立完成	需辅助	不配合
能说出图片名称	花						
	树						
	车						
	短袖						
	裙子						
	长裤						
	桶						
	垃圾桶						
	书包						
	水杯						
	勺子						
	饼干						
	蛋糕						
	糖果						
	米饭						
	苹果						
	西瓜						
	草莓						
	其他						

第二章 简单推理与排序

一、指出有和没有

1. 指出哪个容器里有东西,哪个容器里没有东西。

2. 摇动盒子，听声音判断盒子里有没有东西。

教学建议：

1. 此部分主要是让孩子通过学习，形成"有"和"没有"的概念，知道道具里面放了物品就是有，空的就是没有。

2. 针对从"有"到"没有",或者从"没有"到"有"的演变过程,教师讲解得要尽量详细,利用身边的实际物体举例,让孩子们对概念有更清晰地理解。

3. 对于透明的容器,可以用眼睛直接看出有没有东西,而对于密封的容器,要判断里面有没有东西,可以通过摇一摇、掂一掂、闻一闻等方法来判断。

评价内容	教师评价			家长评价		
	独立完成	需辅助	不配合	独立完成	需辅助	不配合
听指令回答"有"						
听指令回答"没有"						
能判断容器里面有与没有						
能通过摇一摇来判断有与没有						
能通过掂一掂来判断有与没有						
能通过闻一闻来判断有与没有						

二、排序

1. 指出最前(第一)和最后的位置

最后　　　　　　　　　　　　　　　　　　最前

2. 几个人排成队，指出第一和最后的位置。

教学建议：

1. 让孩子学习区分排序中的第一位与最后一位。能区分队列的最前面和最后面。

2. 在教学过程中可以让孩子排成一队，让他们学习如何能按照指定位置准确排队。也可以把积木、小汽车排成一队来进行教学。

3. 利用游戏教学，游戏过程中要反复强调队列的最前面和最后面，以此加强孩子的记忆。并用小奖品激励孩子积极参与游戏。

评价内容	教师评价			家长评价		
	独立完成	需辅助	不配合	独立完成	需辅助	不配合
知道"最前面"						
知道"最后面"						
能按照指定位置准确排队						

第三章 分 类

一、物品图片分类（功能分类）

1. 学习用品。

2. 生活用品。

3. 食物。

教学建议：

1. 此部分让孩子可以将物品分类。教师可选取最常见的学习用品、生活用品和食物让孩子练习。

2. 教学过程中，先用1—2样物品开始学习分类，后续再增加其他物品，最后可将两个种类的物品混合起来分类，以达到最好的学习效果。

评价内容	教师评价			家长评价		
	独立完成	需辅助	不配合	独立完成	需辅助	不配合
能理解"分类",知道用的、吃的两大类						
从2样物品选出一类						
从2样物品选出两类						
从3样物品选出一类						
从3样物品选出两类						
从3样物品选出三类						

二、完成简单拼图

教学建议：

1. 此部分是培养孩子对图片的拆分与整合的能力，以及对其中突出部位的视觉敏感度。

2. 教学过程中可先从突出部位开始动手拼图，比如眼睛、鼻子、嘴巴等容易辨识的卡片先移动，再补上其他空缺。后续可适当增加难度。

评价内容	教师评价			家长评价		
	独立完成	需辅助	不配合	独立完成	需辅助	不配合
图片拆分与整合						
突出部位拼图						
完成拼图能力						

三、物品图片分类（概念分类）

1. 颜色分类。

黄色

红色

24

2. 形状分类

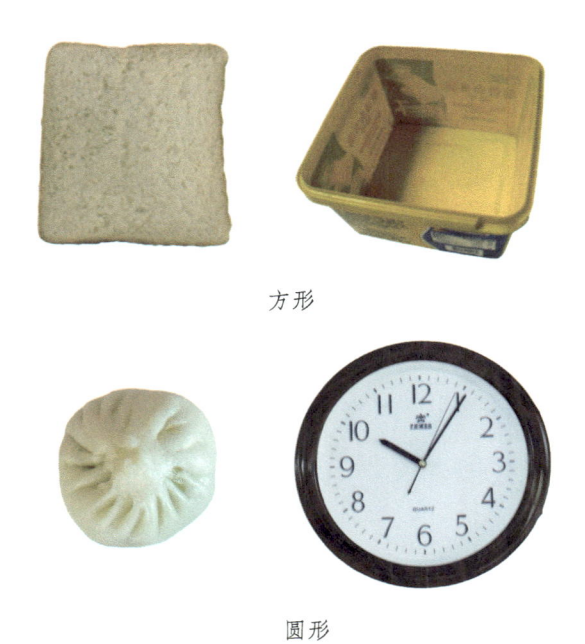

方形

圆形

练一练：

1. 出示红色和黄色的物品图片或实物，让孩子根据颜色分类。

2. 出示圆形和方形（长方形或正方形）的物品图片或实物，让孩子根据形状分类。

教学建议：

1. 此部分是培养孩子对颜色（黄、红）和形状（方形、圆形）的分类，考验视觉和空间想象的能力，难度较大。

2. 在进行颜色训练时，尽量不要有其他颜色的渗入，以免造成颜色混淆。

3. 在进行形状训练时，先采用平面图形和物品，后续可用立体物品增加难度。

4. 可以进行剪纸、涂颜色等教学活动来巩固知识点。

评价内容	教师评价			家长评价		
	独立完成	需辅助	不配合	独立完成	需辅助	不配合
会辨认红色						
会辨认黄色						
会将红色与黄色物品分类						
会辨认方形						
会辨认圆形						
会将方形和圆形物品分类						

第四章 配 对

一、实物配对

一双筷子

一对袜子

练一练：把两只能配成对的袜子用线连起来。

二、两种相关的物品配对

28

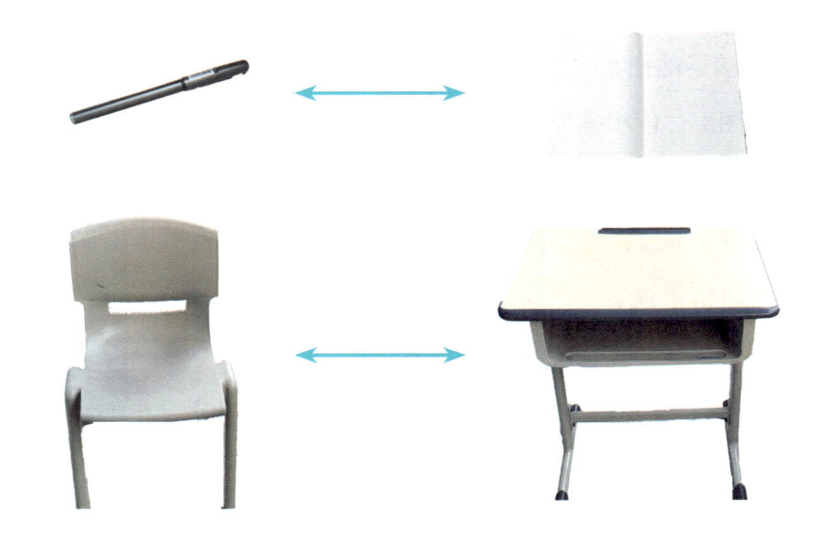

练一练：把相匹配的物品用线连起来。

教学建议：

1. 让孩子能把相关物体一一匹配。能根据"一双""一对"的概念进行匹配图形，能根据生活经验匹配常见的生活物品。

2. 在教学过程中可以从平时吃和用这两大方面着手，尽量生活化，碗和勺、杯子和牙刷、纸和笔等。然后根据孩子的接受程度增加难度。

3. 可以情景教学、游戏教学、生活化的教学。

评价内容	教师评价			家长评价		
	独立完成	需辅助	不配合	独立完成	需辅助	不配合
找到匹配成双的物品如（筷子，袜子，鞋）						
知道纸和笔的匹配						
知道桌子和椅子的匹配						
知道扫把和垃圾铲的匹配						
能为不同质地的物品进行匹配						
能独立完成连线题目						

第五章　时间概念

一、说出一周包含哪些天

1. 一周一共有7天，让孩子自己数一数。

2. 一周包含：星期日、星期一、星期二、星期三、星期四、星期五、星期六。

教学建议：

1. 让孩子学习一周的概念，知道数字的排序1—7，知道一周有多少天以及一周的排序。

2. 在教学过程中可以通过日历、台历进行学习。必须先学习排序，才能理解一周中的星期几的意义。暂时不要将日期融入教学，先学习一周共有多少天，分别是星期几。

评价内容	教师评价			家长评价		
	独立完成	需辅助	不配合	独立完成	需辅助	不配合
知道一周有多少天						
说出一周分别有星期几						

二、能分辨图片中的时间（白天、黑夜）

1. 白天与黑夜。

出示白天和黑夜的图片，让孩子认识白天与黑夜。

读一读：

> 白天很亮，有太阳。黑夜很黑，有星星和月亮。

2. 白天的活动与黑夜的活动。

出示与白天和黑夜相关的活动图片。如：有太阳，背着书包上学；白天在学校踢球；白天在公园里游玩；白天喧闹的市场；晚上，家家户户都开着灯；月亮高高挂，人们都睡觉了；等等。

教学建议：

1. 让孩子学会比较、区别白天和黑夜，建立初步的时间观念。知道白天有太阳，黑夜有月亮和星星等特征。知道白天做什么事，晚上做什么事。

2. 在教学过程中通过多媒体显示白天到黑夜的变化，并通过视频、

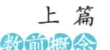

图片的演示更加直观地表现出来。重点学习白天和黑夜要做的有关活动，要结合孩子的特点进行教学。

评价内容	教师评价			家长评价		
	独立完成	需辅助	不配合	独立完成	需辅助	不配合
知道白天与黑夜的基本特征						
知道白天的主要活动是吃饭、运动等						
知道黑夜的主要活动是睡觉						
知道在白天和黑夜适合做什么活动						

三、说出四季名称

出示有关四季的自然风光和人们日常生活的图片。

春天，花儿开了，到处都是鲜艳的花儿。

夏天，我们可以在大人的陪同下去游泳池游泳，可以在家吃凉西瓜，还有盛开的荷花。

秋天，树叶黄了，农民伯伯在果园里摘苹果，又是一个丰收的季节。

冬天，很冷很冷，要穿很厚很厚的衣服，北方会下雪，到处都是白茫茫的，有些地方还可以滑冰。

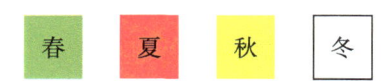

　　春　　夏　　秋　　冬

教学建议：

1. 让孩子初步了解春夏秋冬四季的特点。知道一年有四季，分别是春天、夏天、秋天、冬天。

2. 在教学过程中通过多媒体显示春夏秋冬四季的变化，通过视频、图片的演示更加直观地表现出来。重点学习四季最明显的特点，春天是百花争艳，夏天天气炎热，秋天是丰收的季节，冬天寒冷下雪。

评价内容	教师评价			家长评价		
	独立完成	需辅助	不配合	独立完成	需辅助	不配合
能观看视频与图片						
能说出四季的名称						
了解四季的特点						
能指出四季相关的图片						

四、了解简单钟面问题

教学建议：

1. 让孩子知道钟面上有1—12的数，了解这12个数的排列顺序。认识和区分时针和分针。

2. 在教学过程中重点观察钟面上的指针，应先学习粗细和长短然后再学习钟表知识。熟悉钟面上的12个数字，可以让孩子用拨一拨的方法观察时钟的特点。

评价内容	教师评价			家长评价		
	独立完成	需辅助	不配合	独立完成	需辅助	不配合
能区分时针、分针						
认识钟面上的数字						

第六章 空间概念

一、掀开盖着自己脸的毛巾

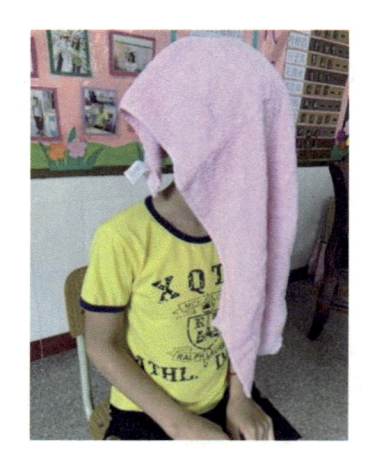

教学建议：

1. 让孩子能对盖着自己脸的毛巾有感觉，能自己掀开盖在自己脸的毛巾。

2. 在教学过程中把毛巾盖在孩子的脸上，感知觉弱的孩子需反复训练。孩子可能不会主动去掀开毛巾，教师需引导示范，并观察孩子的反应，如眼睛、呼吸、手脚的反应。

评价内容	教师评价			家长评价		
	独立完成	需辅助	不配合	独立完成	需辅助	不配合
能对盖在脸上的毛巾有感觉						
会主动拿掉脸上的毛巾						

二、模仿将物件放进容器

教学建议：

1. 让孩子能模仿教师将物件放进指定的容器中。

2. 在教学过程中用一些孩子感兴趣的东西来进行训练，刚开始是模仿教师将东西放进容器，可以让孩子尝试选择不同的容器进行放置，比如根据大小物品选择合适的容器。循环进行。

评价内容	教师评价			家长评价		
	独立完成	需辅助	不配合	独立完成	需辅助	不配合
能模仿教师的动作						
能把一样物品放进容器						
能把多样物品放进容器						
能通过判断、尝试，把物品放进比较合适的容器						

三、找寻隐藏的物体

1. 找出藏在图书角的物品。

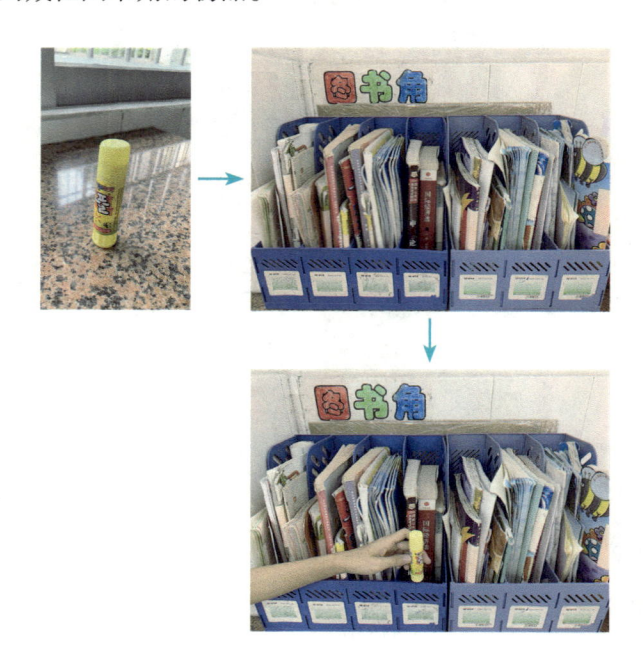

2. 猜一猜这个代币藏在哪只手呢？

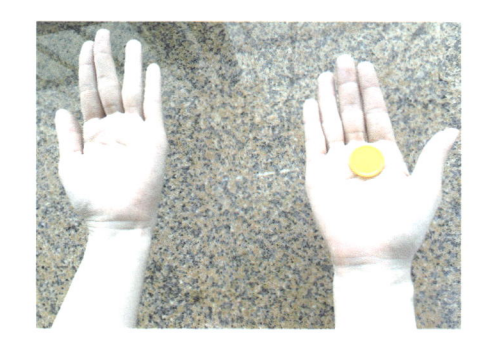

3. 钥匙藏在哪儿？请找一找。

教学建议：

1. 让孩子能找寻隐藏的物品。

2. 在教学过程中拿一些孩子感兴趣的物品来进行训练，如糖果，可以先让孩子看到糖果，再藏在手心里，让他们猜猜糖果在哪儿，接着藏在口袋里、容器里、包里等。刚开始要将物品放在较明显的地方开展训练，慢慢可以增加难度。此时可以巩固学习有与没有这个知识点。

评价内容	教师评价			家长评价		
	独立完成	需辅助	不配合	独立完成	需辅助	不配合
能寻找放在较明显地方的东西						
能在提示下寻找隐藏的东西						
能自己寻找隐藏起来的东西						

四、伸手抓握视线内的物体

在离孩子0.5米处，教师拿着日常生活物品，如水杯，将其放在孩子的左边、右边、上面、下面或其他方位，让他寻找水杯，并抓握住水杯。

教学建议：

1. 让孩子能抓握视线内的物体。

2. 在教学过程中拿一些孩子感兴趣的物品来进行训练，如以作为奖励糖果，可以把糖果放在视线内，让孩子追寻糖果。也可以设置一个情景，口渴了，让孩子拿水喝，并把杯子递到孩子的视线内，不能那么容易就抓握到杯子，必须得通过伸手、抬手、眼睛寻找、听声音等动作进行训练。让他们找一找杯子，也可以利用声音来辅助完成。

评价内容	教师评价			家长评价		
	独立完成	需辅助	不配合	独立完成	需辅助	不配合
能抓握水杯或其他生活用品						
能看到并且主动去抓握东西						
能寻找声音，并看到物品然后抓握东西						

五、从容器中取出物品

教学建议：

1. 让孩子能从容器里取出物品。

2. 在教学过程中拿一些孩子感兴趣的东西来进行训练。可以让孩子自己从包装袋里拿出糖，从罐子里拿出小饼干，可以根据需要放不同量的物品在不同的容器里，以此增加难度，比如较细小的小珠子、小豆子难度较大，把积木从袋子里拿出来较容易。

3. 在难度升级的训练时，可以让孩子运用工具开展取物训练。比如筷子、勺子等。

评价内容	教师评价			家长评价		
	独立完成	需辅助	不配合	独立完成	需辅助	不配合
能在装满东西的容器里拿出物品						
能在装少量东西的容器里拿出物品						
能在容器里拿出比较细小的物品						
能用倒出来的方法取物						
用工具取物						

六、知道物品的固有摆放方式

衣服放在衣柜里

牙膏牙刷放在漱口杯里

毛巾挂在毛巾架上　　　　锅盖放在锅子上，锅子放在煤气灶上

根据积木盒盖的形状把相应形状的积木放入正确的孔洞内。

教学建议：

1. 让孩子知道物品固有的摆放方式。能把相应的图形放在相同形状的位置，进行形状的匹配。

2. 在教学过程中可提供相应的辅助，在日常生活中，找些孩子经常用到的物品教学，如：碗筷放在消毒碗柜里；刷牙时，牙刷和牙膏的摆放方式；洗脸时，毛巾的摆放方式；整理衣物时，衣服放在衣柜里。

评价内容	教师评价			家长评价		
	独立完成	需辅助	不配合	独立完成	需辅助	不配合
能根据提示知道日常用品的放置方式						
知道如何放置日常用品						
能根据形状放置物品						

七、按要求放置物品（上面、下面）

1. 听指令，把书本放在桌子上面。

2. 听指令：把笔放在书本上面，把本子藏在书本下面。

看一看：罐子放在椅子的哪里？

教学建议：

1. 培养孩子的"上""下"空间概念，培养其手眼协调能力。

2. 在教学过程中可通过指令来完成动作，可用句式：请把……放在……

评价内容	教师评价			家长评价		
	独立完成	需辅助	不配合	独立完成	需辅助	不配合
能把书放在桌子上						
能把书放在桌子下						
能听指令完成教师所要求的动作						

八、按要求摆放物品（里、外）

1. 把面包放到小筐里。

2. 把篮子里的苹果拿到外面。

45

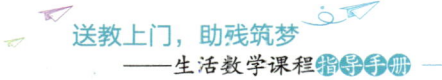

3. 把篮球放进筐子里面。

4. 小朋友站在呼啦圈里面。

5. 小朋友站在呼啦圈外面。

教学建议：

1. 培养孩子的"里""外"空间概念，培养其手眼协调能力。

2. 在教学过程中拿一些孩子感兴趣的东西来进行训练，可以设置一个情景，如让孩子把罐子里的糖果拿出来，并放在罐子的外面。也可以用投球游戏巩固有关里外的知识。

3. 训练捡拾珠子或豆子时，让孩子听指令把珠子放在瓶子的外面，然后再把珠子放在瓶子的里面，循环巩固。

评价内容	教师评价			家长评价		
	独立完成	需辅助	不配合	独立完成	需辅助	不配合
能把面包放进筐子里						
把筐里的苹果拿到外面						
能按教师指令做动作						

九、按要求取物品（前面、后面）

1. 把橘子前面的水果拿过来，把橘子后面的水果拿过来。

2. 你想吃什么水果，它在哪儿？

（前）

（后）

47

3. 指一指:

小红车前面的玩具车是哪一辆？小红车后面的玩具车是哪一辆？

教学建议：

1. 培养孩子的"前""后"空间概念，培养其手眼协调的能力。

2. 在教学过程中拿一些孩子感兴趣的东西来进行训练，也可以设置一个情景，如我想吃香蕉，请帮我把香蕉放在前面。

3. 注意前后的相对性，这是本课的教学难点，要循序渐进，可以先用两种物品开始训练，不然很容易混淆。

评价内容	教师评价			家长评价		
	独立完成	需辅助	不配合	独立完成	需辅助	不配合
能分清"前"与"后"						
能听指令完成所要求的动作						

第七章　颜色概念

一、黑、白颜色配对（外形相同）

1. 黑色图形。

2. 白色图形。

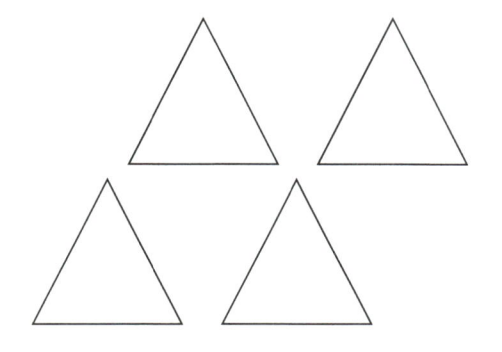

二、黑、白颜色配对（外形、大小不一）

1. 黑色。

2. 白色。

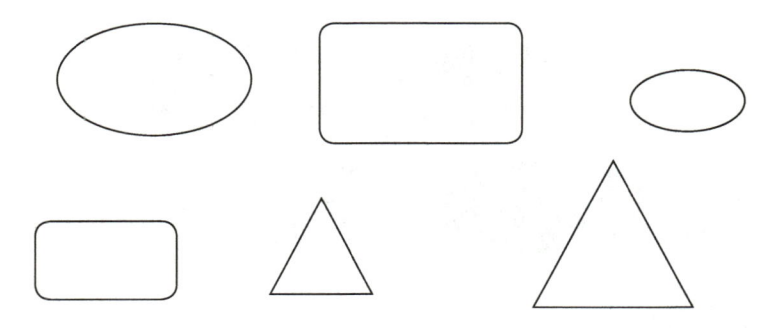

教学建议：

1. 培养孩子对"黑""白"颜色的认知能力及其手眼协调的能力。

2. 在教学过程中拿一些孩子感兴趣的东西来进行训练，尽量不要有其他颜色，避免混淆。

3. 可以用涂颜色的方式对比黑色和白色，如把剪出来的图形涂上颜色后进行对比。

评价内容	教师评价			家长评价		
	独立完成	需辅助	不配合	独立完成	需辅助	不配合
能指出"黑"						
能指出"白"						
能分清同种形状的"黑"与"白"						
能分清不同大小、形状的"黑"与"白"						

三、基本颜色分类（黑、白、红、绿、黄、蓝）

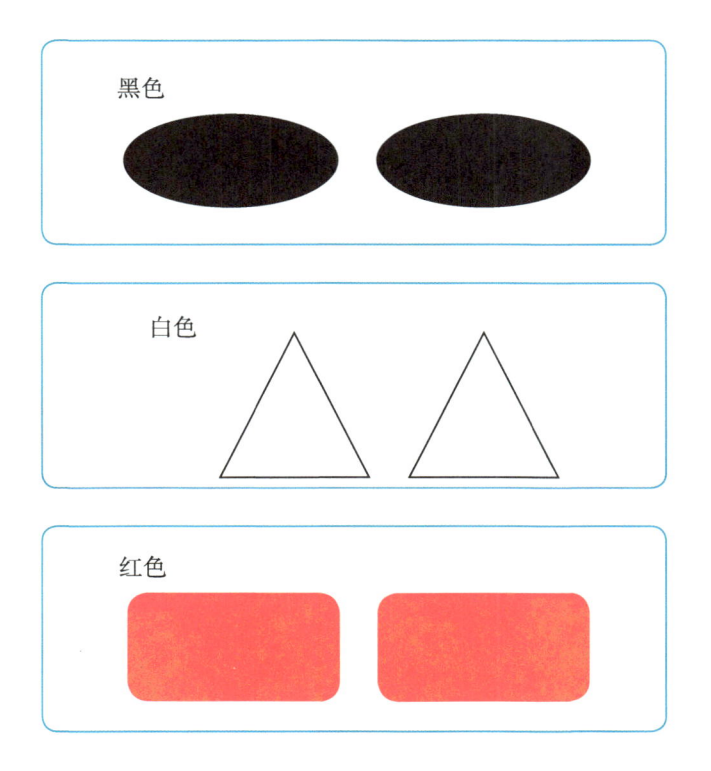

黑色

白色

红色

绿色

黄色

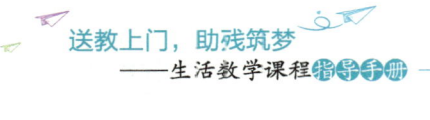

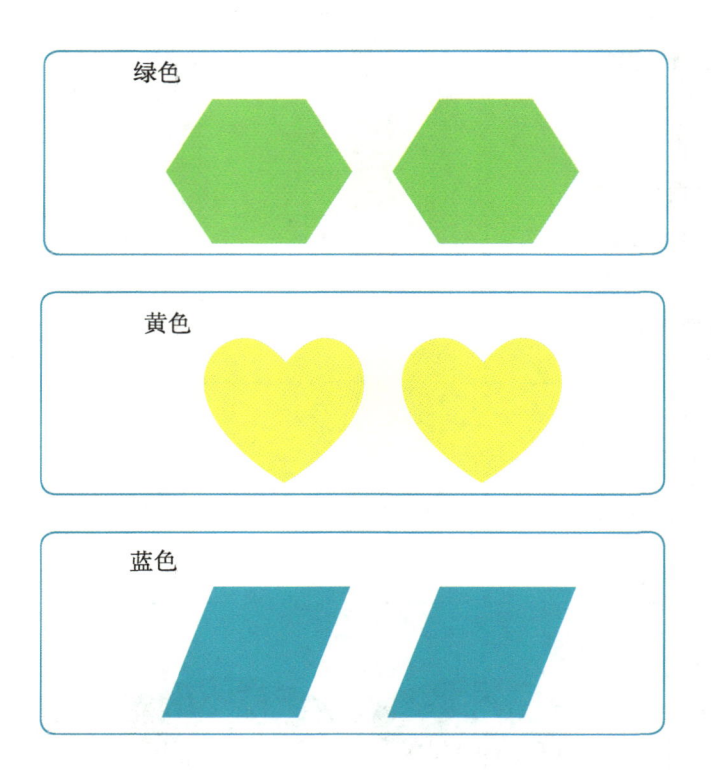

蓝色

四、说出常见的颜色名称

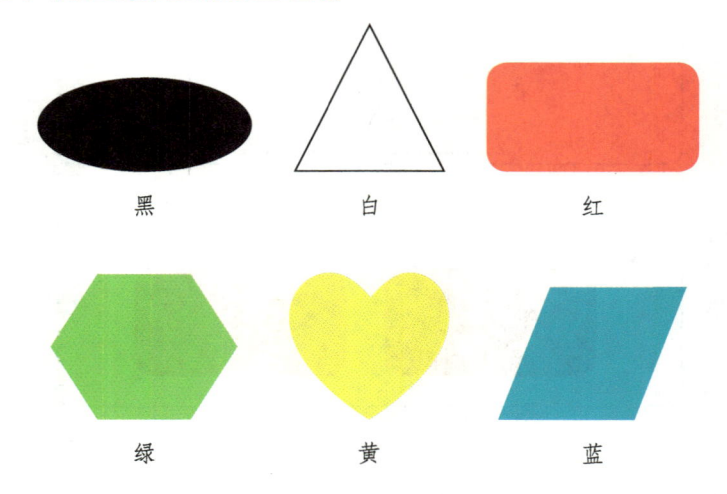

黑　　　白　　　红

绿　　　黄　　　蓝

五、说出常见物体的颜色

黑　　　　　　　白　　　　　　　红

绿　　　　　　　黄　　　　　　　蓝

教学建议：

1. 培养孩子对颜色的辨识度。

2. 在教学过程中一开始可用两种颜色进行教学，然后再慢慢增加难度，每增加一个颜色都要做所有学过的颜色的巩固训练。

3. 可以通过涂鸦的形式进行巩固学习。

评价内容	教师评价			家长评价		
	独立完成	需辅助	不配合	独立完成	需辅助	不配合
能分清"红"						
能分清"绿"						
能分清"黄"						
能分清"蓝"						
能把3种颜色以上的颜色区分开						

第八章　图形的认识

一、配对三种基本形状

（一）三角形

1. 找出与上面食品相同的食品图案。

（1）

（2）

（3）

2. 找出相同的食品图案。

3. 找出相同的食品图案。

教学建议：

1. 本课时是让孩子初步感知物体的形状，能对食品按照形状配对。

57

2. 在教学形状的配对时，先用孩子感兴趣的食品开始配对，从两种食品中找一对，到三种或者四种食品中找一对形状相同的食品，再到两种形状配对和三种形状配对，从易到难，引导孩子注意形状的对比。

评价内容	教师评价			家长评价		
	独立完成	需辅助	不配合	独立完成	需辅助	不配合
从两种食品中配对一对						
从三种食品中配对一对						
从四种食品中配对一对						
两两食品配对						
三三食品配对						

（二）方形

找出与上面物品相同的物品。

（1）

（2）

（3）

（三）圆形

1. 找出下面同类物品。

2. 找出下面相同形状的物品。

教学建议：

1. 本节课是为了孩子感知物体的形状，能将物品按照形状配对。

2. 在教学形状的对比时，从食品到孩子熟悉的玩具和生活用品的配对，扩大孩子对形状观察的范围，从两种物品中找一对，到多种物品中找一对相同形状的物品，再到两两配对和三种形状的物品配对。练习从易到难，引导孩子注意形状的对比。

评价内容	教师评价			家长评价		
	独立完成	需辅助	不配合	独立完成	需辅助	不配合
从两种物品中配对一对						
从三种物品中配对一对						
从四种物品中配对一对						
两两物品配对						
三三物品配对						

二、认识图形

（一）认识圆形1

1. 看一看，摸一摸，滚一滚。

圆形

2. 我会变。

练一练：

1. 从下图中找出 ⬤ （圆形的积木）。

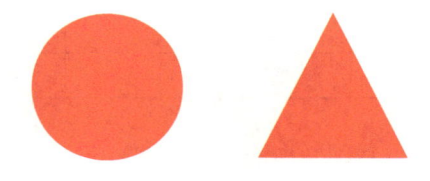

2. 从下图中找出 ⬤ （圆形的积木）。

3. 从下图中找出 ⬤ （圆形的积木）。

4. 从下图中找出 ⬤ （圆形的积木）。

5. 从下图中找出 ⬤ （圆形的积木），并说说形状的名称。

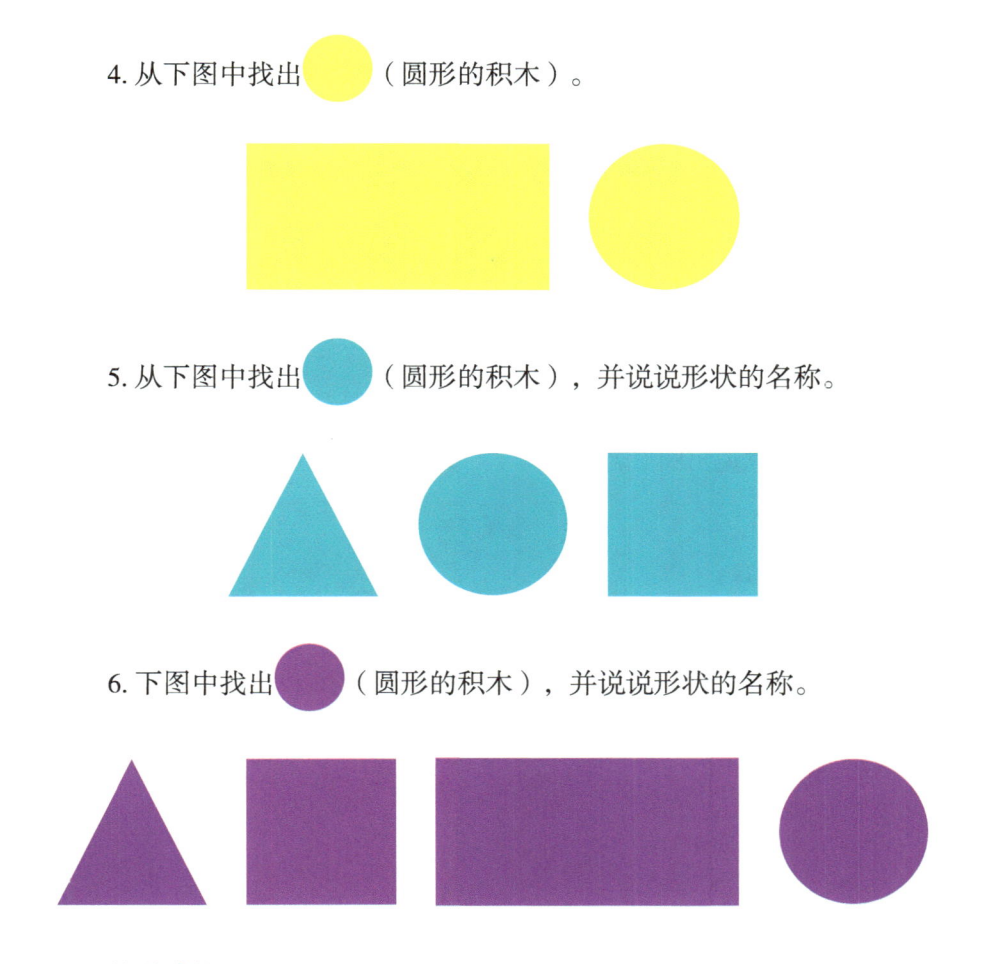

6. 下图中找出 ⬤ （圆形的积木），并说说形状的名称。

教学建议：

1. 让孩子能在认知、操作和游戏活动中掌握圆形的特征；能指认出同颜色同大小的、同颜色不同大小的圆形；能在教师提示下说出圆形的名称。

2. 在教学圆形时，首先从孩子熟悉的月饼或者其他物品入手引入"圆形"，首先只呈现同颜色的圆形积木，通过让孩子触摸圆形和滚动圆形，感知圆形没有角、没有边，能滚动的特点。然后，教师通过呈现圆形变大变小的动画，让孩子感知圆形有大有小。

3. 在练习时，可以先从2个不同图形中找出1个到从3个中找出1个，再到从3个或者4个中找出两个与所出示圆形同大小同颜色的圆形积木，再逐步加大难度，从2个不同图形中找出1个、从3个中找出1个、从3个或者4个中找出两个同颜色不同大小的圆形积木，从易到难地进行训练。

4. 在练习中可以通过找图形比赛，让孩子找圆形完成拼图等游戏策略激发孩子学习的兴趣。

5. 注意在找图形时，只让孩子简单地进行是非判断，引导其说出圆形名称或者独立说出圆形名称。

评价内容		教师评价			家长评价		
		独立完成	需辅助	不配合	独立完成	需辅助	不配合
指认圆形	指认或挑选出同颜色同大小的圆形	2个图形中挑选出1个					
		3个图形中挑选出1个					
		3个或3个以上图形中挑选出2个或2个以上					
	指认或挑选出同颜色不同大小的圆形	2个图形中挑选出1个					
		3个图形中挑选出1个					
		3个或3个以上图形中挑选出2个或2个以上					
会说出所指图形的名称							

（二）认识圆形2

1. 我是圆形，变变变。

2. 我们都是一家人。

练一练：

1. 从下图中找出 ⬤ （圆形的积木）。

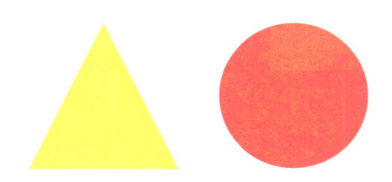

2. 从下图中找出 ●（圆形的积木）。

3. 从下图中找出 ●（圆形的积木）。

4. 从下图中找出 ●（圆形的积木），并说说形状的名称。

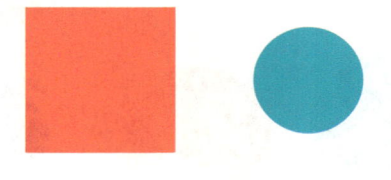

5. 从下图中找出 ●（圆形的积木），并说说形状的名称。

6. 从下图中找出 ●（圆形的积木），并说说形状的名称。

教学建议：

1. 让孩子能在认知、操作和游戏活动中进一步感知圆形的特征；能指认出不同颜色同大小、不同颜色不同大小的圆形；能说出圆形的名称。

2. 在教学圆形时，教师出示圆形的饼干，让孩子通过摸一摸、滚一滚的方式，复习圆形没有角没有边，能滚动的特点。然后通过呈现圆形变大变小的动画和大小不一的圆形饼干，复习圆形有大有小的特点，并通过动画感知圆形除了有大小的变化，还有颜色的变化。同时出示不同颜色的小积木或者圆形纸片，让孩子进一步感知圆形的颜色变化。

3. 在练习时先从2个不同图形中找出1个、从3个中找出1个、从3个或者3个以上不同图形中找出2个与所出示圆形同大小但不同颜色的圆形，再逐步加大难度，从2个不同图形中找出1个、从3个中找出1个、从3个或者4个中找出两个不同颜色不同大小的圆形，从易到难地进行训练。在练习中可以通过找图形比赛，找圆形完成拼图等策略，激发孩子学习兴趣。

评价内容		教师评价			家长评价		
		独立完成	需辅助	不配合	独立完成	需辅助	不配合
指认圆形	指认或挑选出不同颜色同大小的圆形	两个图形中挑选出一个						
		三个图形中挑选出一个						
		3个或3个以上图形中挑选出2个或2个以上						
	指认或挑选出不同颜色不同大小的圆形	两个图形中挑选出一个						
		三个图形中挑选出一个						
		3个或3个以上图形中挑选出2个或2个以上						
会说出所指图形的名称								

（三）认识圆形3

1. 变变变。

圆形

2. 练一练。

（1）指出下图中的圆形食品。

（2）指出下图中的圆形食品。

（3）指出下图中圆形食品。

（4）指出下图中圆形的物品。

（5）涂一涂，把下图中缺色部分涂上自己喜欢的颜色，并说出该形状的名称。

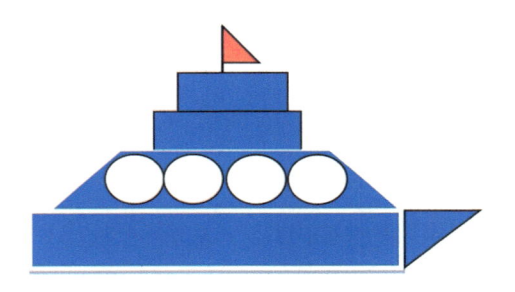

（6）说一说瓶盖的形状，并沿着瓶盖画一个圆。

（7）连一连、画一画，说出该形状的名称，并涂上自己喜欢的颜色。

71

（8）连一连，然后照着样子画一画，并说出该形状的名称。

教学建议：

1. 让孩子能在生活中找出各种圆形或者类似圆形的物体，会说出圆形的名称，会画圆形。

2. 在教学过程中，通过动画形式，让孩子知道除了圆形的积木外，生活中有很多食品和常用的物品也有圆形。

3. 在练习时，从身边的具体实物开始寻找圆形物体，再过渡到抽象的图片。先从2个不同图形中找出1个、从3个中找出1个、从3个或者3个以上不同图形中找出2个圆形物品的图片，逐步加大难度进行训练。

4. 在教学中可以通过比赛寻找身边的圆形物品、说出自己印象中的圆形物品等，激发孩子的学习兴趣。

评价内容		教师评价			家长评价		
		独立完成	需辅助	不配合	独立完成	需辅助	不配合
指认圆形物品	2个物品中找出1个						
	3个不同物品中找出1个						
	3个或3个以上物品中挑选出2个或2个以上						

续表

评价内容		教师评价			家长评价		
		独立完成	需辅助	不配合	独立完成	需辅助	不配合
指认圆形物品图片	2个物品图片中找出1个						
	3个不同物品图片中找出1个						
	3个或3个以上物品图片中挑选出2个或2个以上						
能说出所指图形的名称							
会画圆形	3个或3个以上物品图片中挑选出2个或2个以上						
	会连线画圆						
	会模仿画圆						
	会独立画圆						

（四）认识三角形1

感知三角形。

（1）摸一摸。

73

（2）我会变变变。

（3）想一想下图是三角形吗？它们也能变大变小吗？

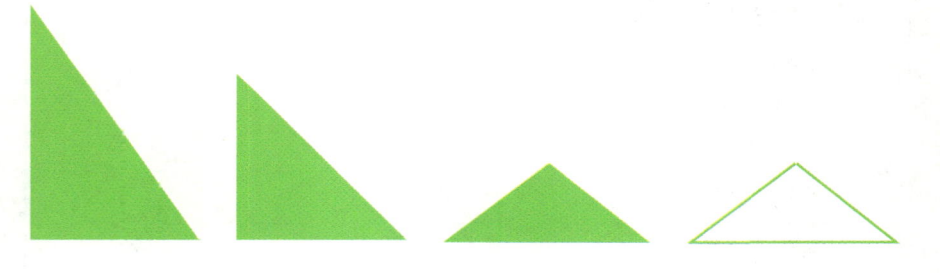

（4）练一练。

① 从下图中找出 ▲ （三角形的积木）。

② 从下图中找出 ◣ （三角形的积木）。

③ 从下图中找出 ▲ （三角形的积木）。

④ 从下图中找出 ▼ （三角形的积木）。

⑤ 从下图中找出 ◣ （三角形的积木）。

⑥ 从下图中找出 ▼ 三角形的积木。

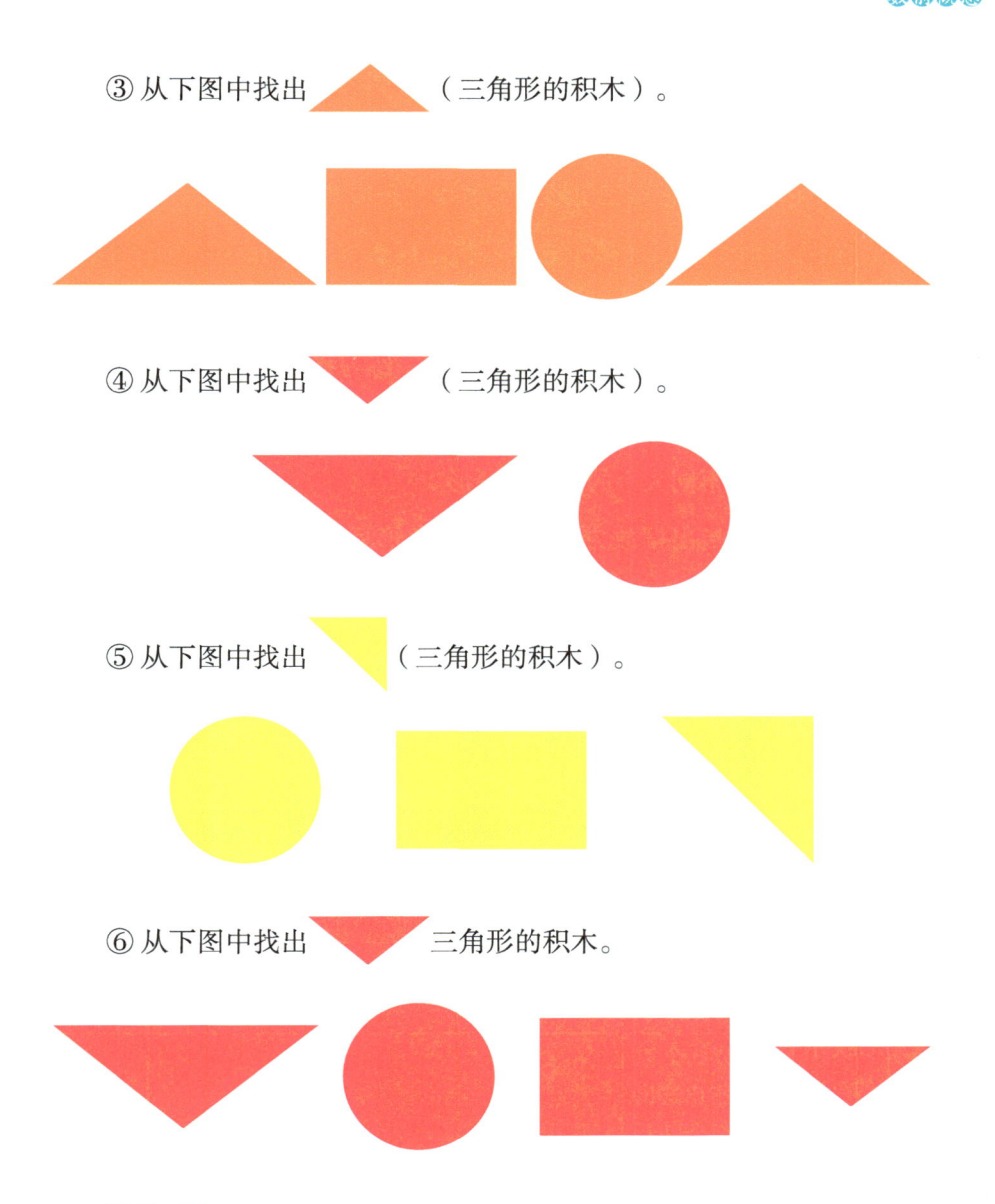

教学建议：

1. 让孩子能感知三角形三个角和三条边的特点；能指认出同颜色同大小的、同颜色不同大小的三角形；能在教师提示下说出三角形的名称。

2. 在教学三角形时，教师会首先出示形状为三角形的食物，如三角形的三明治引出"三角形"。在新授时只呈现同颜色的三角形积木，通过让孩子触摸三角形感知三角形三个角和三条边的特点。

3. 在练习时，可以让孩子先练习指出摆放方向与出示三角形同颜色同大小的三角形：从2个、3个或4个不同图形中找出1个与出示三角形同颜色同大小的三角形。然后逐步加大难度，练习指出与出示三角形同颜色不同大小的三角形：从2个、3个或者4个中找出1个、从3个或者4个中找出2个同颜色但不同大小的两个三角形。

4. 在孩子会指出摆放方向相同的三角形后，可以尝试改变摆放方向，让孩子指认同颜色的三角形，再指认不同颜色的三角形，从易到难进行训练。

5. 在练习中可以通过比赛拼三角形和给三角形找家等游戏策略，激发孩子的学习兴趣。

评价内容		教师评价			家长评价		
		独立完成	需辅助	不配合	独立完成	需辅助	不配合
指认三角形	指认出同颜色同大小的三角形	2个中指出1个						
		3个中指出1个						
		3个或3个以上中指出选出2个/2个以上						
	指认出同颜色不同大小的三角形	2个中指出1个						
		3个中指出1个						
		3个或3个以上中指出2个/2个以上						
会说出所指图形的名称							

（五）认识三角形2

1. 我是三角形，变变变。

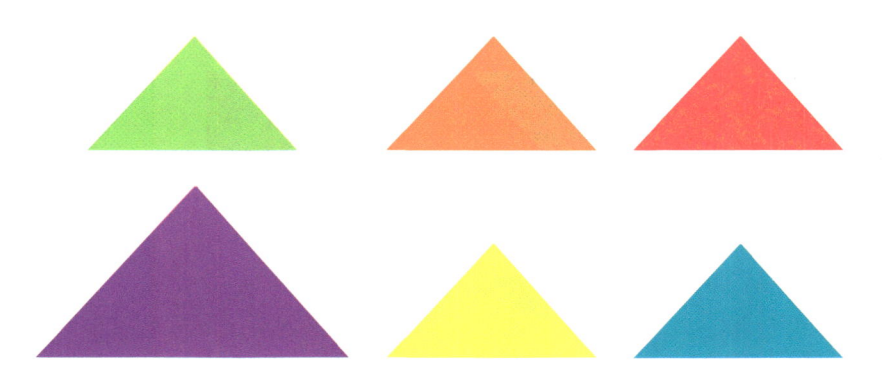

这些是什么图形？他们能变大小吗？他们能变颜色吗？

2. 我们都是三角形。

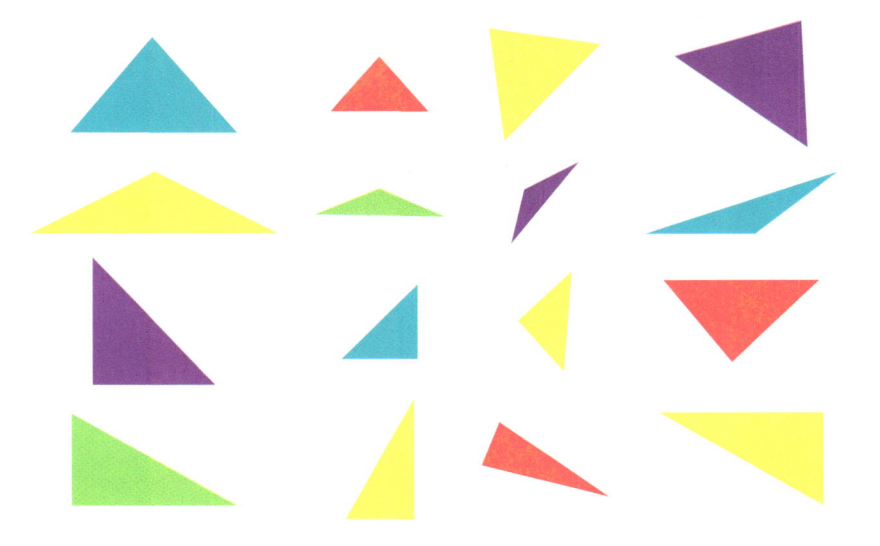

3. 练一练。

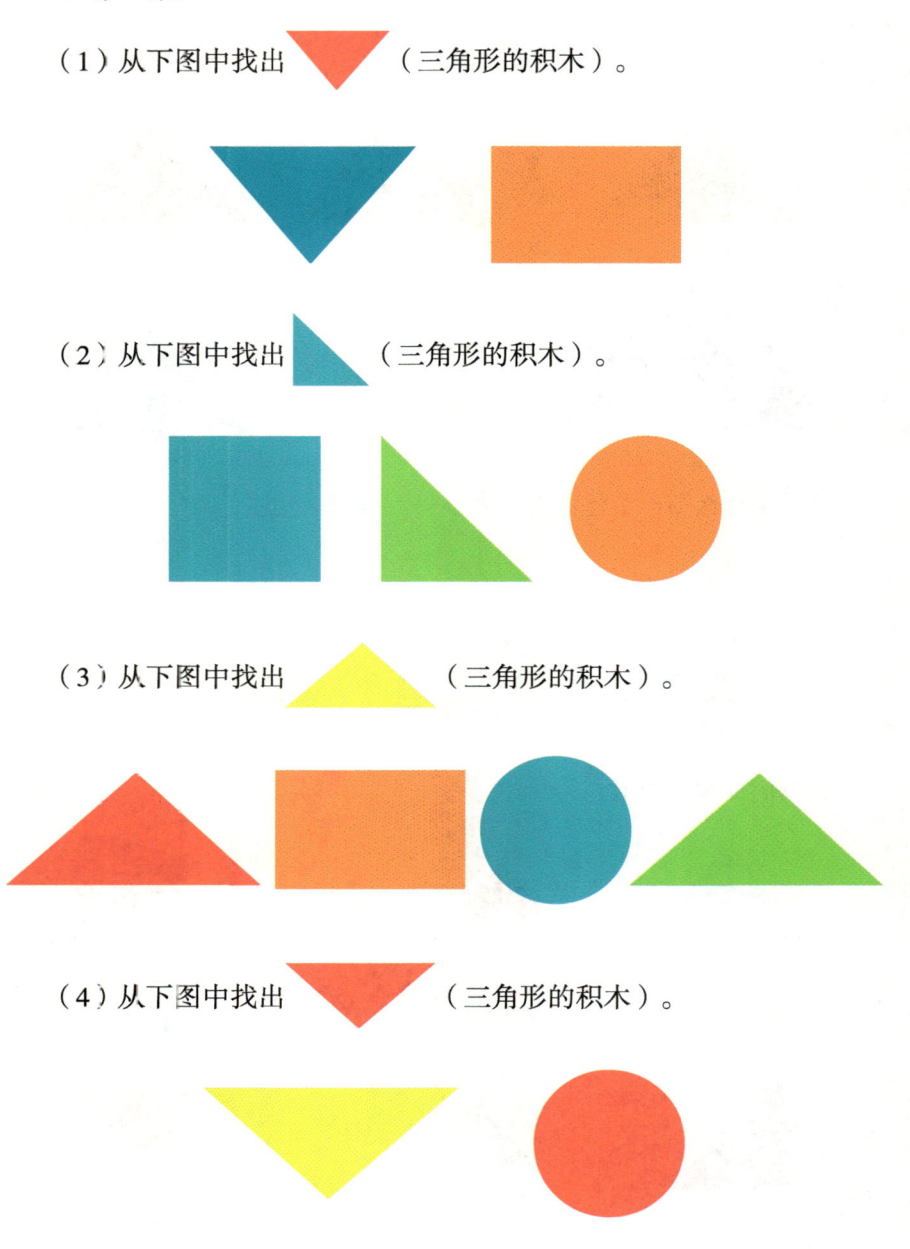

（1）从下图中找出 ▽ （三角形的积木）。

（2）从下图中找出 △ （三角形的积木）。

（3）从下图中找出 △ （三角形的积木）。

（4）从下图中找出 ▽ （三角形的积木）。

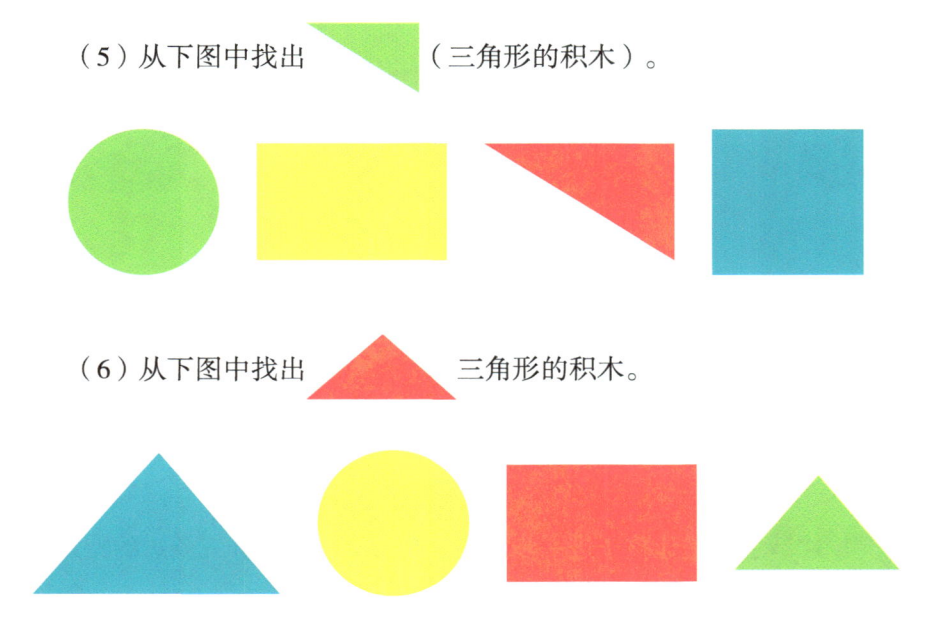

（5）从下图中找出 （三角形的积木）。

（6）从下图中找出 三角形的积木。

4.游戏。

（1）你会用小棒摆成一个三角形吗？

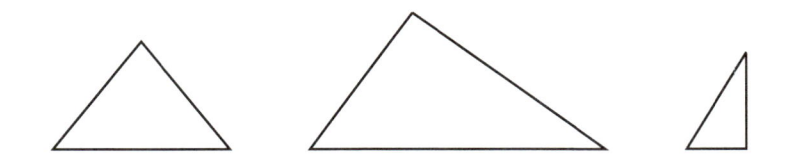

（2）你能帮三角形妈妈找到她的孩子吗？

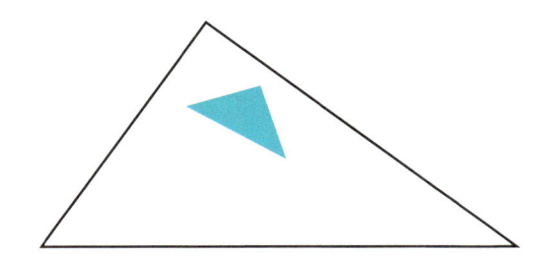

79

教学建议：

1. 本节主要是让孩子进一步感知三角形有三个角和三条边的特点；能指认出不同颜色同大小的、不同颜色不同大小的三角形；能在教师提示下说出三角形的名称。

2. 在教学三角形时，出示三角形物品，比如彩旗或者三角板，让孩子触摸并转动三角形，进一步感知三角形有三个角和三条边的特点。教师通过呈现三角形变大变小的动画，复习三角形的大小概念，通过动画感知三角形除了有大小的变化，还有颜色的变化。在练习时先从2个、3个中找出1个，再从3个或者3个以上不同图形中找出2个或者2个以上与所出示三角形同大小但不同颜色的三角形。再逐步加大难度，从2个、3个中找出1个，再从3个或者3个以上中找出两个或者两个以上不同颜色不同大小的三角形，从易到难地进行训练。

3. 在练习中可以通过比赛找图形，做游戏等策略，激发孩子学习的兴趣。

评价内容			教师评价			家长评价		
			独立完成	需辅助	不配合	独立完成	需辅助	不配合
指认三角形	指认出同大小但不同颜色的三角形	2个中指出1个						
		3个中指出1个						
		3个/3个以上中指出2个/2个以上						
	指认出不同颜色不同大小的三角形	2个中指出1个						
		3个图形中指出1个						
		3个/3个以上指出2个/2个以上						
能说出所指图形的名称								

（六）认识三角形3

1. 变变变。

81

2. 练一练

（1）指一指、跟着说一说。

指出下面形状为三角形的食品。

①

②

③

④

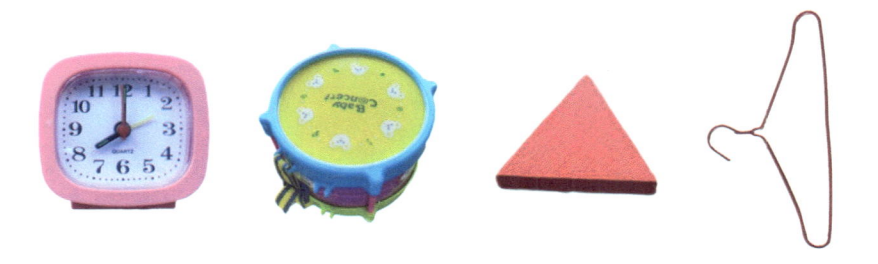

（2）涂一涂，把下图中缺色部分涂上自己喜欢的颜色，并说出该形状的名称。

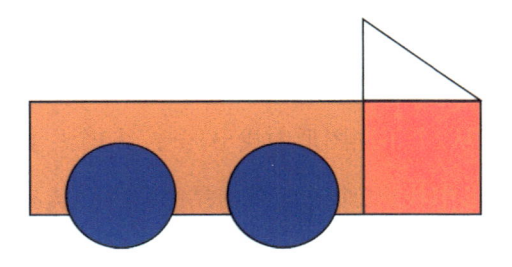

（3）说说下面尺子的形状，并沿着尺子外围画出尺子的形状。

（4）连一连，画一画，说出该形状的名称，并涂上自己喜欢的颜色。

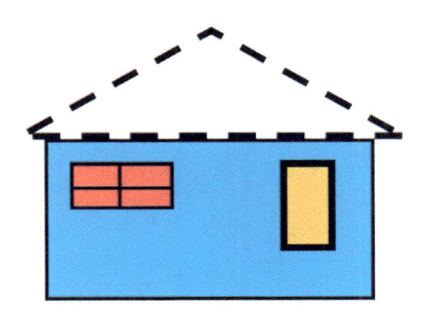

83

（5）连一连，然后说出下面图形的名称，并照着样子画一画。

教学建议：

1. 本节主要是让孩子能根据三角形的特点，在生活中找出三角形或者类似三角形的物体；能说出三角形的名称，能画出三角形。

2. 通过动画形式让孩子知道生活中有很多常用的物品中也有三角形。

3. 在练习时，从身边的具体实物开始寻找三角形物体，再过渡到抽象的图片。可以先从2个不同图形中找出1个、从3个中找出1个、从3个或者3个以上不同图形中找出2个三角形物品的图片，从易到难进行训练，逐步加大难度。

4. 在教学中可以通过比赛找身边的三角形物品、说出自己印象中的三角形物品等方式，激发孩子学习的兴趣。

评价内容		教师评价			家长评价		
		独立完成	需辅助	不配合	独立完成	需辅助	不配合
指认三角形实物	2个物品中找出1个						
	3个不同物品中找出1个						
	3个或3个以上物品中挑选出2个或2个以上						

续 表

评价内容		教师评价			家长评价		
		独立完成	需辅助	不配合	独立完成	需辅助	不配合
指认三角形实物图片	2个物品图片中找出1个						
	3个不同物品图片中找出1个						
	3个/3个以上物品图片中挑出2个/2个以上						
能说出三角形的名称							
画出三角形	借助三角板等三角形物体画圆						
	会连线画三角行						
	会模仿画三角形						
	能独立画三角形						

（七）认识方形1

1. 摸一摸，转一转。

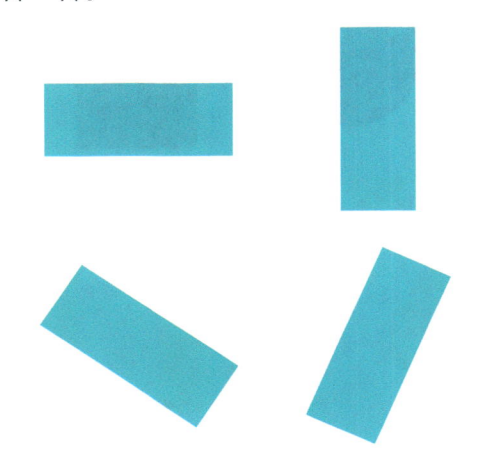

85

2. 我会变。

3. 练一练。

（1）指出下图中的 ▬ （方形的积木）。

（2）指出下图中的 ▬ （方形的积木）。

（3）指出下图中的 ▢ （方形的积木）。

（4）指出下图中的 ▬ （方形的积木）。

（5）指出下图中的 ▬ （方形的积木）。

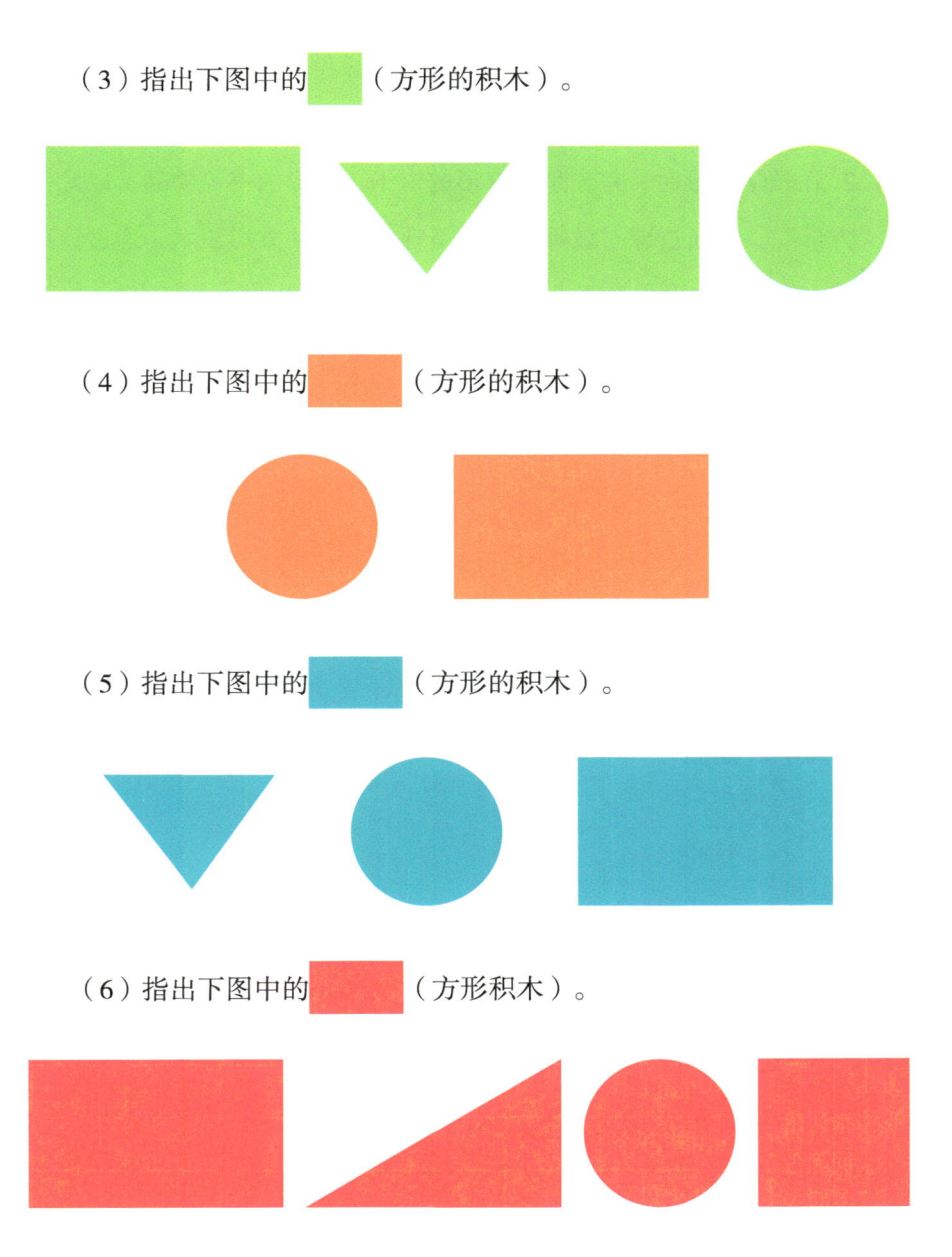

（6）指出下图中的 ▬ （方形积木）。

教学建议：

1. 本节主要让孩子感知方形四个角、四条边，四个角一样大的特点；能指认出同颜色同大小的、同颜色不同大小的方形，能在教师提示

下说出方形的名称；（这里的方形包括长方形和正方形，能力好的孩子可以分辨正方形和长方形）

2. 在教学方形时，首先呈现方形的饼干、方形的书等物品，以此引入"方形"。在新授课时教师最好只呈现同颜色的方形积木，通过让孩子触摸方形感知方形具有四个角、四条边，四个角一样大的特点。

3. 在练习时，先练习指出摆放方向与教师出示的方形同颜色同大小的方形：从两个、三个或四个不同图形中找出一个与出示方形同颜色同大小的方形。然后逐步加大难度，练习指出与出示方形同颜色不同大小的方形。在孩子会指出摆放方向相同的方形后，可以尝试改变摆放方向，让孩子指认同颜色的方形，从易到难地进行训练。在练习中可以通过比赛拼方形和给方形找家等游戏策略，激发孩子学习的兴趣。

评价内容			教师评价			家长评价		
			独立完成	需辅助	不配合	独立完成	需辅助	不配合
指认方形	指认出同颜色同大小的方形	2个中指出1个						
		3个中指出1个						
		3个/3个以上指出2个/2个以上						
	指认出同颜色不同大小方形	2个中指出1个						
		3个中指出1个						
		3个/3个以上指出2个/2个以上						
能说出所指图形的名称								

（八）认识方形2

1. 变变变！

2. 我也会变！

3. 练一练

（1）指出下图中的 ▬ （方形的积木）。

（2）指出下图中的 ▬ （方形的积木）。

（3）指出下图中的 ▬ （方形的积木）。

（4）指出下图中的 ▬ （方形的积木）。

（5）指出下图中的 ▬ （方形的积木）。

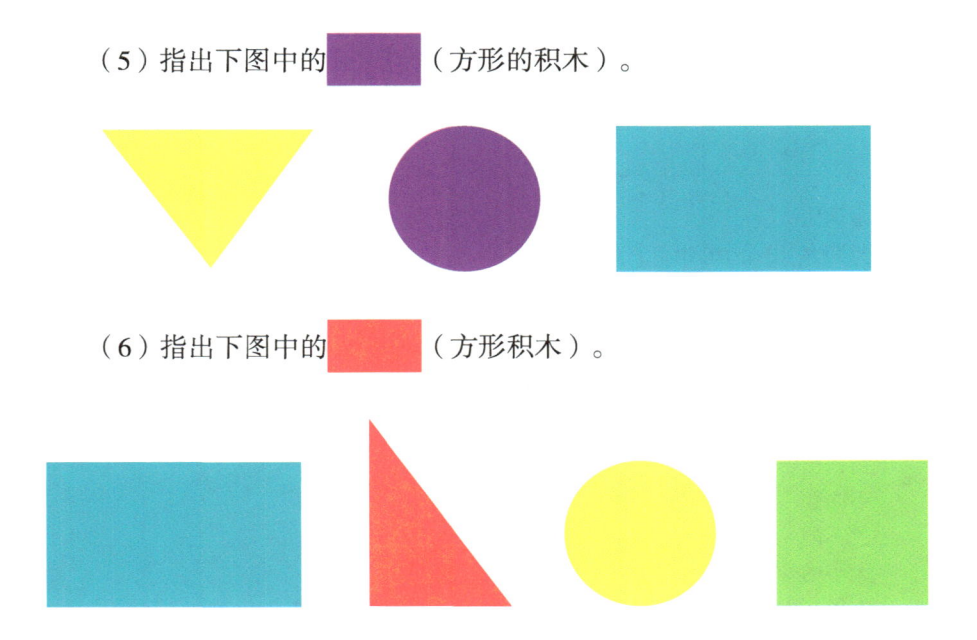

（6）指出下图中的 ▪ （方形积木）。

教学建议：

1. 本节主要是让孩子进一步感知方形具有四个角、四条边，四个角一样大的特点；能指认出不同颜色同大小的、不同颜色不同大小的方形积木；能在教师提示下说出方形的名称（能力好的孩子可以分辨正方形和长方形）。

2. 通过让孩子触摸方形、转动方形的书或其他物品，复习方形具有四个角四条边，四个角一样大的特点。然后教师通过呈现方形变大变小的动画，让孩子知道方形除了有大小的变化，还有颜色的变化。在练习时，先从2个、或3个不同图形中找出1个方形，再从3个或者3个以上不同图形中找出2个或者2个以上与所出示方形同大小但不同颜色的方形，再逐步加大难度，找出2个不同颜色不同大小的方形，从易到难地进行训练。在练习中可以通过比赛找图形、做游戏等策略，激发孩子学习的兴趣。

评价内容			教师评价			家长评价		
			独立完成	需辅助	不配合	独立完成	需辅助	不配合
指认方形	指认出相同大小但不颜色的方形	2个中指出1个						
		3个中指出1个						
		3个/3个以上中指出2个/2个以上						
	指认出不同颜色不同大小的方形	2个中指出1个						
		3个图形中指出1个						
		3个/3个以上中指出2个/2个以上						
会说出所指图形的名称								

（九）认识方形3

1. 我是方形变变变！

2. 练一练。

（1）找出下面方形的饼干。

（2）找出下面方形的蛋糕。

（3）找出下面方形的物体。

（4）找出下面方形的物体。

（5）涂一涂，把下图中缺色部分涂上自己喜欢的颜色，并说出该形状的名称。

（6）沿着方形的笔盒画方形。

（7）连一连，画一画，并说说所连图形的名称。

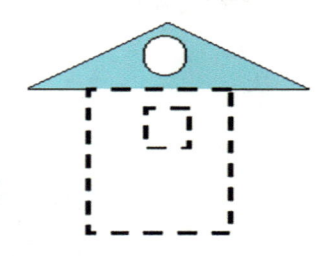

（8）连一连，然后说说所连的图形名称，并照着样子画一画。

教学建议：

1. 本节主要是让孩子能根据方形的特点，在生活中指认出方形的物体；能说出方形的名称；能画出方形。

2. 通过动画形式让孩子知道生活中有很多食品和常见的物品中也有方形。

3. 在练习时，从身边的具体实物开始寻找方形物体，再过渡到抽象的图片。可以先从2个不同图形中找出1个到从3个中找出1个，再到从3个或者3个以上不同图形中找出2个方形物品的图片，从易到难地进行训练，逐步加大难度，在教学中可以通过比赛找身边的方形物品、说出自己印象中的方形物品等游戏策略，激发孩子学习的兴趣。

评价内容		教师评价			家长评价		
		独立完成	需辅助	不配合	独立完成	需辅助	不配合
指认方形实物	2个物品中找出1个						
	3个不同物品中找出1个						
	3个/3个以上物品挑选2个/2个以上						
指认方形实物图片	2个物品图片中找出1个						
	3个不同物品图片中找出1个						
	3个或3个以上物品图片中挑选出2个或2个以上						
能说出方形的名称							
画出方形	会借助方形物体画方形						
	会连线画方形						
	会模仿画方形						
	会独立画方形						

第九章 比较概念

一、比较大小1

大　　　　　小

练一练：

1. 比一比。

（1）指一指，下图中的笔记本哪本大。

（2）比一比，在小的花瓶下面画"√"。

（　　）　　（　　）

2. 说一说，下面的两个苹果应该放到哪个果篮里。

3. 涂一涂，给大的图形涂上你喜欢的颜色。

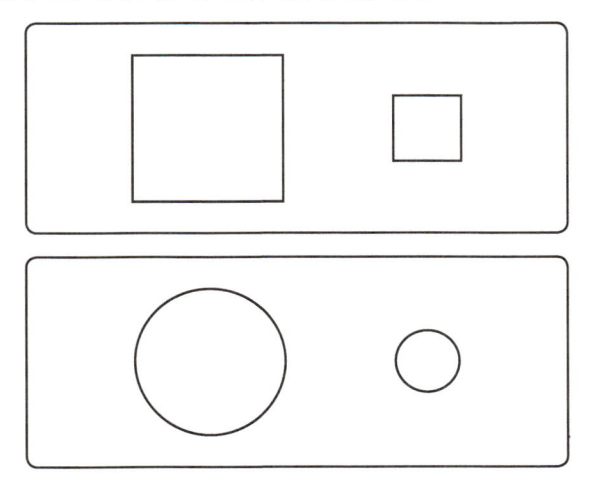

4. 做一做。

> 教师与同学们比一比，谁的手大？谁的手小？
> 同学们之间比一比，谁的手大？谁的手小？

（教师和孩子手拉手围成一圈）

5. 篮球大，放大筐，羽毛球小，放小筐。

6. 大衣服给妈妈穿，小衣服给孩子穿。

教学建议：

1. 本节主要是让孩子通过活动感知物体的大小，建立大小的概念；能用目测法比较两个物体的大小；尝试用语言表达物体的大小。

2. 在教学过程中，通过比较水果大小的活动形式，让孩子在活动中发现数学问题，并示范引导孩子观察、模仿，学习教师比大小的操作方法。

3. 在操作中，教师应先教什么是大，建立大的概念，在孩子学会用比较的方法判断出两个物体中大的物体后，再教什么是小，在学习比较方法的同时，建立小的概念，在孩子能判别出小的物体后，再同时出现哪个物体大哪个物体小的概念，出现的物体要大小对比较明显，使孩子逐步理解大和小，能用语言表达物体的大小。

评价内容		教师评价			家长评价		
		独立完成	需辅助	不配合	独立完成	需辅助	不配合
会用将两物重叠的方法比较两个物体的大小							
会用目测法比较两个物体的大小	指认出两个物体中大的物体						
	指认出两个物体中小的物体						
能用"……大（小）"表达物体大小							
能用"……比……大（小）"表达物体的大小							
能根据大小选择物体							

二、比较大小2

红色裤子比黑色裤子小，蓝色裤子比黑色裤子大。

练一练：

1. 比一比。

（1）指一指，下图中的外套哪件比红色的外套大。

哪件衣服比我大？

（2）比一比，下图中哪双袜子比红色的袜子小，在小的袜子下面"∨"。

（ ）　　　　（ ）

（3）比一比，下图中哪项帽子比紫色的帽子大，在大的帽子下面"√"。

哪顶帽子比我大？

（　　）　　　　（　　）

2. 涂一涂。

教师准备两张大小不同的手套简笔画，让孩子按要求涂上不同的颜色。

教学建议：

1. 本节主要是让孩子通过活动进一步感知物体的大和小，建立大小概念；能用目测法比较两个物体的大小；能用目测法对三个物体分别进行两两物体比较，能感知大小的相对性。

2. 在教学过程中，通过比较裤子大小的活动形式，让孩子在活动中发现数学问题，并示范引导孩子观察、模仿教师比大小的操作方法。在操作中，在孩子进一步理解两条裤子比较大小的基础上，呈现三条裤子，引导孩子进行两两裤子的比较，使孩子逐步理解大小的相对性。

评价内容	教师评价			家长评价		
	独立完成	需辅助	不配合	独立完成	需辅助	不配合
会用一端对齐、重叠摆放的方法对三个物体分别进行两两比较						

续表

评价内容		教师评价			家长评价		
		独立完成	需辅助	不配合	独立完成	需辅助	不配合
会用目测法对三个物体分别进行两两比较	能分别指出其中的较大物体						
	能分别指出其中的较小物体						
能用"……大／小"的句式表达长／短							
能用"……比……大／小"，表达长短							

三、比较大小3

比一比，哪个最大？哪个最小？

我最小  　　　　　　　　　　　　我最大

比一比，哪个最大？哪个最小？

我最小　　　　　　　　　　我最大

练一练：

1. 比一比。

（1）指一指，下面的水果哪个最大。

（2）比一比，下面哪张凳子最小，在下面括号内打"√"。

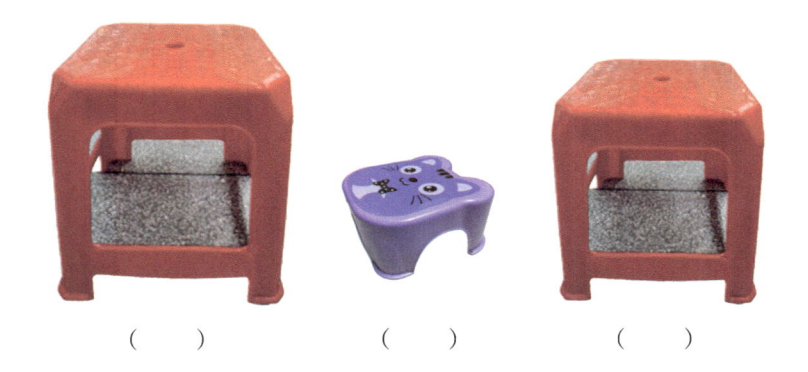

（　　）　　　　（　　）　　　　（　　）

2. 涂一涂：涂上你喜欢的颜色。

（准备画有三个大小不一样球的简笔画图片各一张。）

3. 做一做，把最大的笔盒放进最大的书包里。

（准备三个大小不一样的笔盒和三个大小不一样的书包。）

教学建议：

1. 本节主要是让孩子通过活动进一步感知物体的大和小；能用目测法比较三个物体的大小，能指出最小、最大的物体。能用目测法比较三个物体的大小，能用"……最大""……最小"的句式表达物体大小。

2. 在教学过程中，通过比较水果或玩具车的活动形式，让孩子在活动中发现数学问题，并示范引导孩子观察、模仿教师比大小的操作方法。

3. 在操作中，在孩子进一步理解两两物体比较大小的基础上，呈现三个大小不一的物品，引导孩子对三个物品进行比较，使孩子逐步理解最大、最小的概念。

评价内容		教师评价			家长评价		
		独立完成	需辅助	不配合	独立完成	需辅助	不配合
会用重叠摆放、一端对齐的方法比较三个物体的大小							
能用目测法比较三个物体的大小	能指出三个物体中最大的物体						
	能指出三个物体中最小的物体						
能用"……最大""……最小"的句式表达物体的大小							
会理解大小并运用到生活中去							

四、比较多少1

多　　　少　　　｜　　　少　　　多

练一练：

1. 比一比。

（1）指一指，下面图中哪堆笔盒多？并在多的下面打"√"。

（　）　　　　　　（　）

（2）说一说，下面图中哪份香蕉多？并在多的下面打"√"。

（　）　　　　　　（　）

105

2. 做一做，把下图中花多的放在篮子里，花少的插在花瓶里。

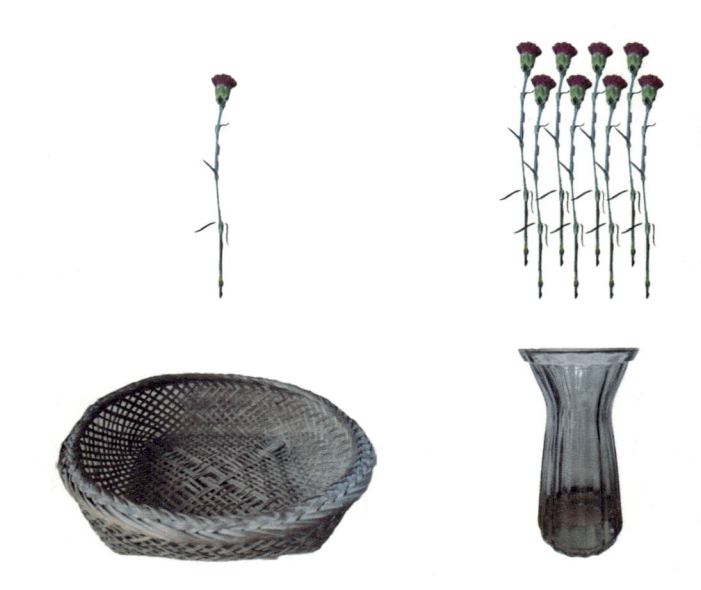

教学建议：

1. 本节主要是让孩子通过感知物体的多与少（数量为"1"的物体）建立多少的概念、能用目测法比较两部分物体的多少；尝试用语言表达物体的多少。

2. 在教学中，通过比较花和面包多少的活动形式，让孩子在活动中发现数学问题，并示范引导孩子观察比较。在操作中，此次教学只涉及数量"1"与"许多"的比较，先教"多"，让孩子建立"多"的概念，在孩子学会用比较的方法判断出两部分物体中"多"的物体后，再教"少"，建立"少"的概念，在孩子能判别出少的物体后，再同时出现哪些物体多哪些物体少的概念，使孩子逐步理解"多"和"少"，能用语言表达物体的多少。

评价内容		教师评价			家长评价		
		独立完成	需辅助	不配合	独立完成	需辅助	不配合
会用目测法比较两部分物体的多少（仅涉及数量"1"与多的比较）	指认出两部分物体中多的物体						
	指认出两部分物体中少的物体						
能用"……多少"表达物体多少							
能用"……比……多少"表达物体的多少							

五、比较多少2

少　　　多　　　　少　　　　　多

练一练：

1. 指一指，下图中哪碗米饭多。

107

2. 说一说，下图中哪组香蕉少。

3. 比一比，在下图中葡萄少的下面打"√"。

（　　）　　　　　　　　（　　）

4. 比一比，做一做，将多的那份山楂装进盒子里。

教学建议：

1. 本节主要是让孩子通过活动感知两者数量相差悬殊时数量的"多"与"少"；能用目测法比较两部分物体的多少；能用语言表达物体的多少。

2. 在教学过程中，通过比较果汁与面包多少的活动形式，让孩子在活动中发现数学问题，并示范引导孩子观察、比较。

3. 在操作中，在之前教学数量"1"与多比较的基础上，学习两者数量相差悬殊的比较，引导孩子进一步学习"多"，建立"多"的概念，在孩子学会用比较的方法判断出两部分物体中"多"的物体后，再教"少"，建立"少"的概念，在孩子能判断出少的物体后，再融入哪些物体多哪些物体少的概念，使孩子逐步理解多和少，能用语言表达物体的多少。

评价内容		教师评价			家长评价		
		独立完成	需辅助	不配合	独立完成	需辅助	不配合
会用目测法比较两部分物体的多少（两者数量悬殊）	指认出两部分物体中多的物体						
	指认出两部分物体中少的物体						
能用"……多（少）"表达物体多少							
能用"……比……多（少）"表达物体的多少							

六、比较多少3

多

少

少

多

练一练：

1. 照样子连一连，指一指笔盒和书包哪种多。

2. 比一比，指一指，手套和帽子哪种少。

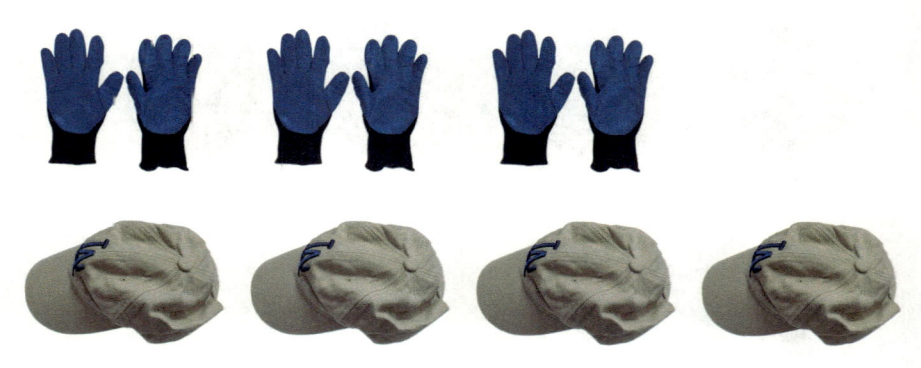

上 篇

做一做：

1. 照样子摆一摆，说说碗多还是勺子多？（一个碗和一个勺子）

2. 照着样子整理杯子和牙刷，说一说，杯子少还是牙刷少？

111

教学建议：

1. 让孩子能借助生活中各种活动感知两者数量相差不多时物体的多与少，进一步建立多少的概念；通过将两物一一对应，用目测法比较两种物体的多少；能用语言表达两种物体的多少。

2. 在教学过程中，通过比较各种物品多少的活动形式，让孩子在活动中发现数学问题，并示范引导孩子观察、比较。再从操作中学习将两物一一对应，用一一对应的方法来判断两种相差不多的物品的多与少。

评价内容		教师评价			家长评价		
		独立完成	需辅助	不配合	独立完成	需辅助	不配合
在将两物一一对应后，用目测法比较两部分物体的多少（两者数量相差不多）	指认出两部分物体中多的物体						
	指认出两部分物体中少的物体						
能用"……多（少）"表达物体多少							
能用"……比……多（少）"表达物体的多少							

七、比较长短1

注意看，怎么比物品的长短？

短

长

铅笔比固体胶棒长，固体胶棒比铅笔短。

112

练一练：

1. 指一指哪种比长短的方法正确。

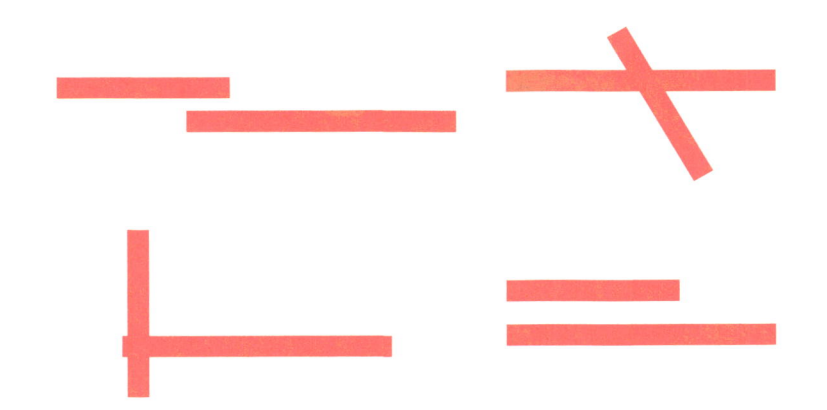

2. 指一指哪个玩具比较长。

3. 比一比，哪条裤子长？

4.说一说,哪辆车比较长,哪辆车比较短?

教学建议:

1. 本节主要是让孩子通过活动感知物体的长和短,建立长短的概念;能用目测法比较两个物体的长短;尝试用语言表达物体的长短。

2. 在教学中,通过比较铅笔长短的活动,让孩子在活动中发现数学问题,并示范引导孩子观察、模仿比长短的操作方法,并感知长短。

3. 在操作中,教师应先教"长",让孩子建立"长"的概念,在孩子学会用目测法判断出两个物体中"长"的物体后,再教"短",在学习比较方法的同时,建立"短"的概念,在孩子能判断出短的物体后,再融入哪个物体长哪个物体短的概念,使孩子逐步理解长和短,能用语言表达物体的长短。

评价内容		教师评价			家长评价		
		独立完成	需辅助	不配合	独立完成	需辅助	不配合
会用靠近摆放、一端对齐的方法比较两个物体的长短							
会用靠近摆放,一	指认出两个物体中长的物体						

续表

评价内容		教师评价			家长评价		
		独立完成	需辅助	不配合	独立完成	需辅助	不配合
端对齐的方法	指认出两个物体中短的物体						
会用目测法比较两个物体的长短	指认出两个物体中长的物体						
	指认出两个物体中短的物体						
能用"……长（短）"表达物体长短							
能用"……比……长（短）"表达物体的长短							

八、比较长短2

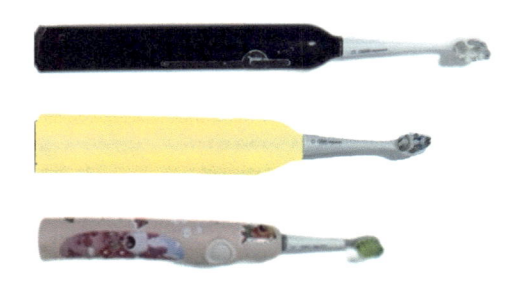

黑色的牙刷比黄色的牙刷**长**。

粉色的牙刷比黄色的牙刷**短**。

选择适合自己的牙刷。

练一练：

1. 说一说，哪双鞋比黑色的鞋子长，哪双比它短？你适合穿哪双鞋？

2. 为两个小妹妹分别挑选一件合适的裙子。（提供高矮差别大的两个小妹妹的图片）

教学建议：

1. 让孩子通过活动进一步感知物体的长和短，进一步建立长短概念，能用目测法对三个物体分别进行两两物体比较，能感知长短的相对性。能用"……长（短）""……比……长（短）"的句式表达物体的长短。

116

2. 在教学中，通过比较牙刷、鞋子、裙子的长短等活动，让孩子在活动中发现数学问题，并示范引导孩子观察、模仿比长短的操作方法，进一步感知物体的长短。在操作中，在孩子进一步理解两两物体比较长短的基础上，呈现三种物体，引导孩子进行两两物体的比较，使孩子逐步理解长短的相对性。

评价内容		教师评价			家长评价		
		独立完成	需辅助	不配合	独立完成	需辅助	不配合
会用目测法对三个物体分别进行两两比较	能指出其中长或短的物体						
	能用"……长（短）"的句式表达物体的长（短）						
	用"……比……长（短）"，表达物体的长短						

九、比较长短3

最长　　　　　最短

练一练：

1. 指一指，下面哪支牙刷最长。

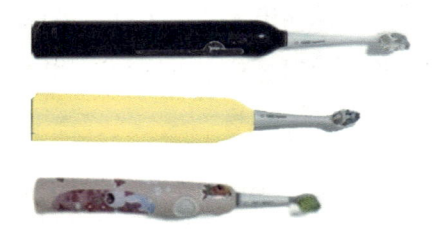

2. 指一指，哪条裤子最短。

3. 将T恤衫按从长到短的顺序摆放好，并说一说哪件T恤衫最短。

4. 比一比，哪条绳子最长。

教学建议：

1. 本节的主要内容是让孩子通过活动进一步感知物体的长和短，能用目测法比较三个物体的长短，能指出三个物体中最长、最短的物体，尝试能用"……最长""……最短"的句式表达物体长短；

2. 在教学过程中，通过比较衣服长短的活动，让孩子在活动中发现数学问题，并示范引导孩子观察、模仿比长短的操作方法，进一步感知物体的长短，在操作中，在孩子进一步理解两两物体比较长短的基础上，呈现三件衣服，引导孩子对三件衣服进行比较，使孩子逐步理解最长最短的概念。

评价内容		教师评价			家长评价		
		独立完成	需辅助	不配合	独立完成	需辅助	不配合
能用目测法比较三个物体的长短	能指出三个物体中最长的物体						
	能指出三个物体中最短的物体						
能用"……最长""……最短"的句式表达物体的长短							

十、比较高矮1

大树比小树**高**,小树比大树**矮**。

(还可以出示高楼与矮楼的图片进行比较)

练一练:

1. 比一比,指一指哪张凳子高。

2. 比一比，指一指哪个桶矮。

3. 比一比，用笔圈出矮的那把椅子。

教学建议：

1. 本节主要是让孩子通过活动感知高和矮，建立高矮的概念；能用目测法比较两者的高和矮；尝试用语言表达两者的高矮。初步了解在同一基准线上比较两者的高矮。

2. 在教学过程中，通过比较大树高矮的活动，让孩子在活动中发现数学问题，并示范引导孩子观察；用目测法比较高矮、感知高矮，建立高矮的概念。教师在操作中，先教"高"，让孩子建立"高"的概念，在孩子学会用目测方法判断出两者中"高"的一方后，再教"矮"，建立"矮"的概念，使孩子逐步理解高和矮，并能用语言表达"高"和"矮"。最后才涉及比较高矮时要在同一基准线上比较。

评价内容		教师评价			家长评价		
		独立完成	需辅助	不配合	独立完成	需辅助	不配合
用目测法比较两者的高矮	能指认出两者中高的一方						
	能指认出两者中矮的一方						
	能用"……高（矮）"的句式表达高矮						
	能用"……比……高（矮）"的句式，表达高矮						
理解在同一基准线上比较高矮的意思							

十一、比较高矮2

1. 让家人（妈妈、爸爸）和孩子对比高矮。

2. 练一练：（出示不同高矮的动物图片或生活物品图片）

（1）指一指哪只动物比老虎高，哪只动物比老虎矮。

（2）指一指，哪只动物比狗高，哪只动物比狗矮。

（3）指一指，哪个物品比课桌高，哪个物品比课桌矮。

教学建议：

1. 本节主要让孩子能借助生活中各种活动进一步感知高和矮，进一步建立高矮的概念。会用目测法对三者分别进行两两比较，能感知高矮的相对性。学习用"……高""……矮"和"……比……长（短）"的句式表达高矮。了解比较高矮时须在同一基准线上进行比较；

2. 在教学过程中，通过比较人身高高矮的活动，让孩子在活动中发现数学问题，并示范引导孩子观察、模仿比高矮的方法。进一步理解比较高矮时要在同一基准线上比较。在孩子进一步理解两两比较高矮的基础上，呈现比较三人的高矮，引导孩子分别进行两两比较，使孩子逐步理解高矮的相对性。

评价内容		教师评价			家长评价		
		独立完成	需辅助	不配合	独立完成	需辅助	不配合
知道高矮可以描述人、植物、动物和物体的高矮							
目测法对三者分别进行两两比较	能指出其中的高矮						
	能用"……高（矮）"的句式表达高矮						
	能用"……比……高（矮）"，表达高矮						
理解比较高矮时须在同一基准线上进行比较							

十二、比较高矮3

你会背哪个书包？

最高　　　　　　　　　　　　　　最矮

练一练：

1. 指一指哪个杯子最高，哪个最矮。

你会使用哪个水杯?

2. 比身高。

小朋友们比较高矮时，一定要站在同一水平面上，才能比较。

说一说谁最高，谁最矮。

教学建议：

1. 本节主要是让孩子通过活动进一步感知高矮，建立高矮概念；能用目测法比较三者的高矮，建立最高、最矮的概念，指出哪个最高哪个最矮；能用"……最高""……最矮"的句式表达高矮，了解比较高矮时须在同一基准线上进行比较。

2. 在教学中，通过比较书包、水杯的高矮，让孩子发现数学问题，引导孩子在进一步理解两两物体比较高矮的基础上，呈现三个水杯，引导孩子对三个水杯进行比较，使孩子逐步理解最高最矮的概念。在比较中教师要注意引导孩子理解比较高矮需在同一基准线上进行比较。

评价内容		教师评价			家长评价		
		独立完成	需辅助	不配合	独立完成	需辅助	不配合
用目测法比较三种物品的高矮	能指出三种物品中哪个最高						
	能指出三种物品中哪个最矮						
	能用"……最高/最矮"，的句式表达高矮						
理解比较高矮时须在同一基准线上进行比较							

十三、比较轻重1

比一比，掂一掂：

重　　　轻

轻　　　重

练一练：

1. 指一指，下面的汽水哪个重。

2. 指一指，下面的书哪沓轻。

3. 比一比，并圈出你认为比较重的球。

4. 说一说，下面的水果哪个轻，哪个重。

教学建议：

1. 本节主要是让孩子通过活动感知轻重，建立轻重概念；能用目测法比较出两者的轻和重，指认出两个物体中较轻的（较重的）一个；能用"……轻""……重"的句式表达轻重；尝试使用"……比……轻/重"的句式，表达轻重。

2. 在教学中，让孩子通过用手掂一掂日常熟知的西瓜和香蕉的重量，让孩子在活动中发现数学问题，并示范引导孩子观察、用手掂一掂和目测法比较西瓜和香蕉的轻重。在操作中，教师应先教"轻"，让孩子建立"轻"的概念，在孩子学会用目测方法判断出两者中"轻"的一方后，再教学"重"，让孩子建立"重"的概念，使孩子逐步理解轻和重，并能用语言表达"轻"和"重"。

评价内容	教师评价			家长评价		
	独立完成	需辅助	不配合	独立完成	需辅助	不配合
用目测法比较两者的轻重 能指认出两者中轻的一方						
能指认出两者中重的一方						
能用"……轻/重"的句式表达轻重						
能用"……比……轻/重"的句式，表达轻重						

十四、比较轻重2

比一比，掂一掂：

圣女果比橙子**轻**，西瓜比橙子**重**。

练一练：

1. 指一指，下面的哪种水果比苹果轻？

2. 指一指，下面哪种蔬菜比黄瓜重？

3. 比一比，圈出比香蕉轻的水果。

4. 比一比，说一说哪件衣服比毛衣重。

教学建议：

1. 本节主要是让孩子通过活动感知轻重，进一步建立轻重概念；能用目测法对三个物体进行两两比较时，能指出两两比较中较轻（较重）的物体。能用"……轻""……重"的句式表达轻重；能用"……比……轻（重）"的句式，表达轻重；建立轻重相对性的概念。

2. 在教学中，通过用手掂一掂日常熟知的橘子、圣女果的重量，让孩子在活动中发现数学问题，并示范引导孩子观察、模仿比较轻重的方法。接着增加水果种类，进行3种水果的比较，引导孩子进行两两比较，使孩子逐步理解轻重的相对性。

评价内容		教师评价			家长评价		
		独立完成	需辅助	不配合	独立完成	需辅助	不配合
会用目测法对三者分别进行两两比较轻重	能指认出其中轻的一方						
	能指认出其中重的一方						
	能用"……轻(重)"的句式表达轻重						
	能用"……比……轻(重)"的句式，表达轻重						

十五、比较轻重3

比一比，掂一掂：

最轻　　　　　　　　　　　　　最重

最重　　　　　　　　　　　　　最轻

练一练：

1.指一指，下面的矿泉水哪瓶最轻？

2.指一指，下面的洗衣液哪瓶最重？

3.比一比，圈出下面最轻的水果？

4. 说一说下面的词典哪本最重？

5. 想一想，掂一掂，说一说下面的筐哪个最轻，哪个最重？

教学建议：

1. 本节主要是让孩子通过活动进一步感知轻重，建立轻重概念；能用目测法比较三者的重量，能指出哪个最轻、哪个最重，对三者进行比较时，能用"……最轻""……最重"的句式表达重量。

2. 在教学过程中，通过比较哈密瓜、油的轻重，让孩子在活动中发现数学问题，引导孩子在进一步理解两两物体比较轻重的基础上，呈现三个哈密瓜、三桶油，引导孩子对三个物体进行轻重比较，使孩子逐步理解最轻最重的概念。

评价内容		教师评价			家长评价		
		独立完成	需辅助	不配合	独立完成	需辅助	不配合
用目测法比较三者的轻重	能指出三者中哪个最轻						
	能指出三者中哪个最重						
	能用"……最轻/最重"的句式表达轻重						

下篇

数量关系的建立

第十章　数形结合

一、按指示拿一定数目（1—5个）的物品

1. 请拿1根香蕉给教师。

2. 照样子，取出2枝花。

3. 请拿3个苹果（放在桌子上）。

4. 照样子数出4个橙子放在筐里。

5. 照样子伸出5个手指头。

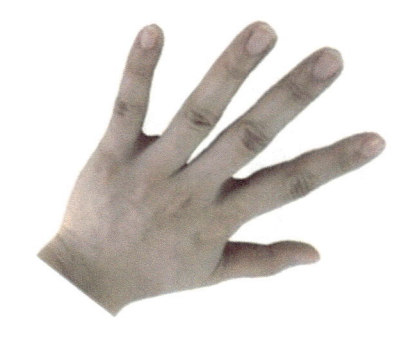

练一练：

1. 拿1个杯子给教师。

2. 伸出2个手指头。

3. 在花篮里拿出3枝花。

4. 在笔筒里拿出4支笔。

5. 拿5块饼干。

二、数出2—5块积木

1. 数出2块积木。

2. 数出3块积木。

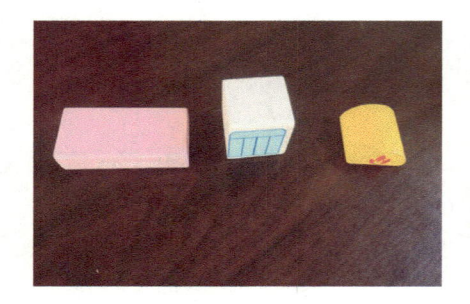

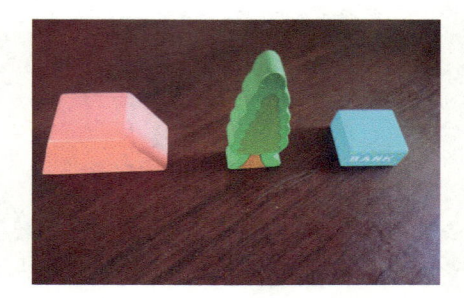

3. 数出4块积木。

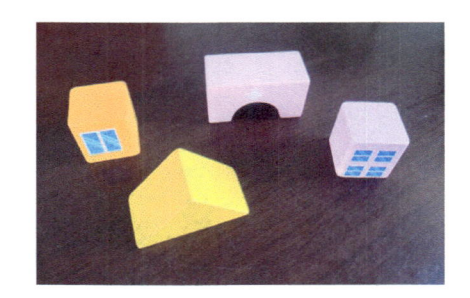

4. 数出5块积木。

练一练：

听教师说数字，数出相应数量的积木。

三、交出1—5块积木

（听教师说数字，交出相应数量的积木。）

1. 交出1块积木。

2. 交出2块积木。

3. 交出3块积木。

4. 交出4块积木。

5. 交出5块积木。

四、唱数

1. 跟教师唱数1—5。（1、2、3、4、5）

1个苹果

2个苹果

3个苹果

4个苹果

5个苹果

2. 手指歌。

一个手指变变变，变成小虫爬爬爬。（伸出两个手的食指相对，做毛毛虫状向上爬）

两个手指变变变，变成剪刀嚓嚓嚓。（伸出两手的食指和中指，做剪刀开合状）

三个手指变变变，变成手枪啪啪啪。（伸出两手的大拇指、食指、中指做手枪，食指中指并拢，大拇指与食指中指垂直）

四个手指变变变，变成菜刀咔咔咔。（拇指收到手心，其余四指并拢做菜刀切菜状）

五个手指变变变，变成小鸟喳喳喳。（两手大拇指交叉，做小鸟头，其余手指并拢当翅膀，做小鸟飞状）

十个手指真能干，（两手拍手）他们是一家。

教学建议：

1. 让孩子能认识1—5的数字，并且能正确点数；会根据指定的数字取出相等数量的物品。

2. 可以根据孩子的年龄特点和对数字的认识发展规律入手，并运用孩子感兴趣的手指歌谣来引入本次教学活动。

3. 在教学过程中由易到难，可以设计一些有趣的游戏来提高孩子参加数学活动的积极性，也可以通过运动觉——用手点数来感知数量，即通过多种方式来加深孩子对5以内按数取物的理解。

评价内容		教师评价			家长评价		
		独立完成	需辅助	不配合	独立完成	需辅助	不配合
能认识1—5的数字，并且正确点数							
会根据指定的数字取出相等数量的物品	能根据数1—3取相应实物						
	能根据数4—5取相应实物						
能按数取物，并能自我纠正错误							

第十一章　认读数字

一、认读数字1—10

（一）认读数字1

一根香蕉，跟教师读：1

1. 指出哪个是数字1。

3　　2　　1　　5　　4

2. 练一练：在10张数字卡片中找出数字1。

1	2	3	4	5
6	7	8	9	10

教学建议：

1. 让孩子会数、认、读数字1，理解数字1的含义，能手口一致地点数数量是1的物品。

2. 可以准备几样数量都是1的物品，让孩子看一看、拿一拿，再用对应的数字卡片1教学认读。也可以通过找一找、圈一圈、说一说等多种形式来巩固认识数字1和理解数字1的含义。

评价内容	教师评价			家长评价		
	独立完成	需辅助	不配合	独立完成	需辅助	不配合
会认、读数字1，并且发音准确						
会根据教师给出的数字卡片读出数字1						
能在1—10的数字卡片中找出数字1						
会正确拿出数量是1的物品						

（二）认识数字2

两个杯子，跟教师读：2

2

1. 指出哪个是数字2。

3　2　1　5　4

2. 在物品数量是2的图片旁边的方框内画"√"。

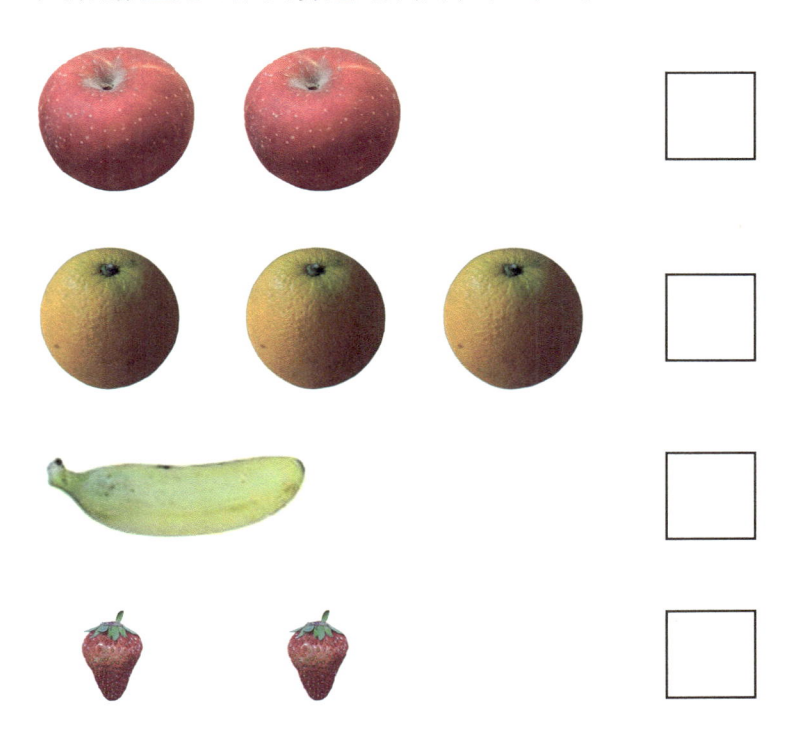

145

教学建议：

1. 让孩子会数、认、读数字2，理解数字2的含义，能手口一致地点数数量是2的物品。

2. 可以准备几样数量都是2的物品，让孩子看一看、拿一拿，再用对应的数字卡片2教学认读。也可以通过找一找、圈一圈、说一说等多种形式来巩固认识数字2和理解数字2的含义。

评价内容	教师评价			家长评价		
	独立完成	需辅助	不配合	独立完成	需辅助	不配合
会认、读数字2，并且发音准确						
会根据教师给出的数字卡片读出数字2						
能在1—10的数字卡片中找出数字2						
会正确拿出数量是2的物品						

（三）认识数字3

3个西瓜，跟教师读：3

1. 指出哪个是数字3。

$$3 \quad 2 \quad 1 \quad 5 \quad 4$$

2. 练一练：在10张数字卡片中找出数字3。

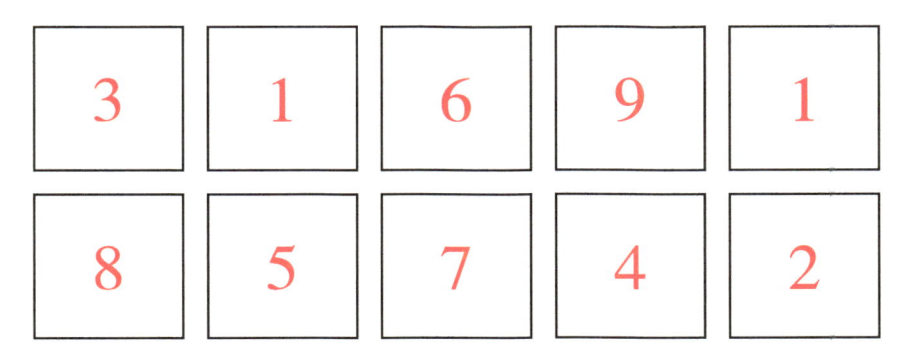

3	1	6	9	1
8	5	7	4	2

教学建议：

1. 让孩子会数、认、读数字3，理解数字3的含义，能手口一致地点数数量是3的物品。

2. 可以准备几样数量都是3的物品，让孩子看一看、拿一拿，再用对应的数字卡片3教学认读。也可以通过找一找、圈一圈、说一说等多种形式来巩固认识数字3和理解数字3的含义。

评价内容	教师评价			家长评价		
	独立完成	需辅助	不配合	独立完成	需辅助	不配合
会认、读数字3，并且发音准确						
会根据教师给出的数字卡片读出数字3						
能在1—10的数字卡片中找出数字3						
会正确拿出数量是3的物品						

（四）认识数字4

4个西红柿，跟教师读：4

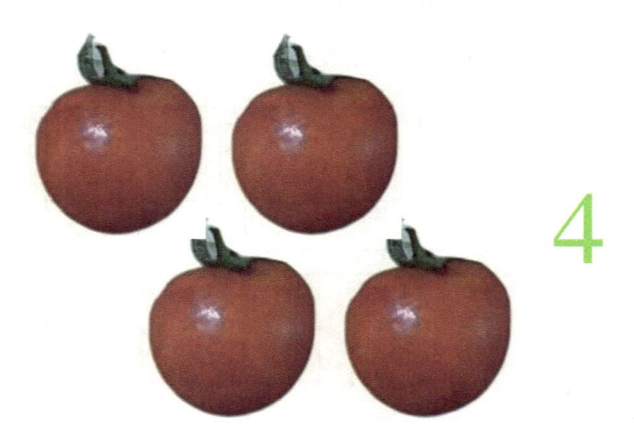

1. 指出哪个是数字4。

3　2　1　5　4

2. 在物品数量是4的图片旁边的方框内画"√"。

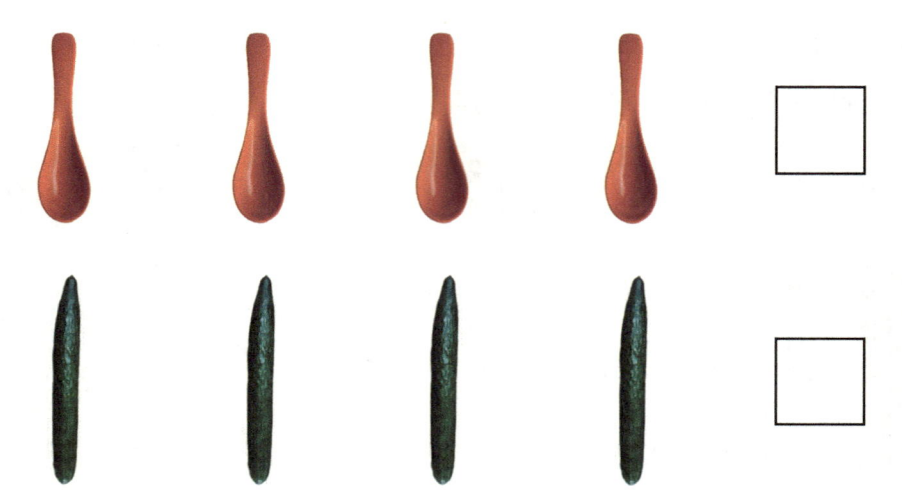

3. 照样子伸出4个手指头。

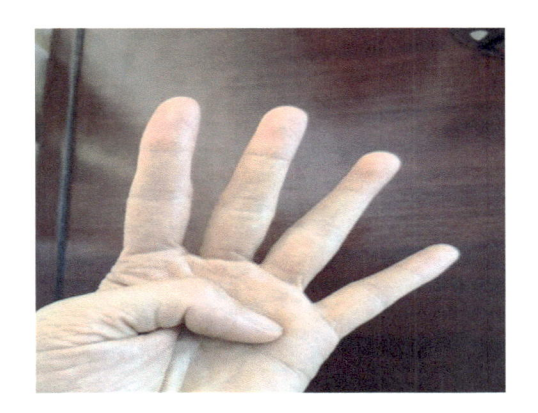

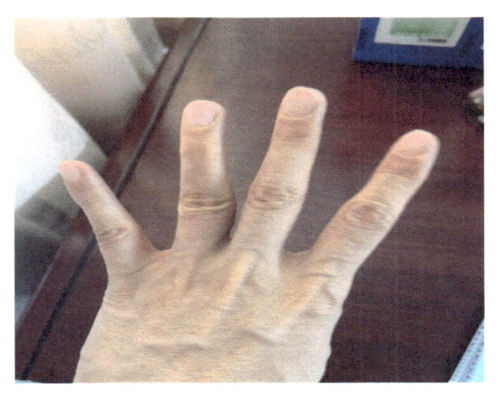

149

教学建议：

1. 让孩子会数、认、读数字4，理解数字4的含义，能手口一致地点数数量是4的物品。

2. 可以准备几样数量都是4的物品，让孩子看一看、拿一拿，再用对应的数字卡片4教学认读。也可以通过找一找、圈一圈、说一说等多种形式来巩固认识数字4和理解数字4的含义。

评价内容	教师评价			家长评价		
	独立完成	需辅助	不配合	独立完成	需辅助	不配合
会认读数字4，并且发音准确						
会根据教师给出的数字卡片读出数字4						
能在1—10的数字卡片中找出数字4						
会正确拿出数量是4的物品						

（五）认读数字5

5颗草莓，跟教师读：5

5

1. 指出哪个是数字5。

$$3 \quad 2 \quad 1 \quad 5 \quad 4$$

2. 数一数下列的物品。

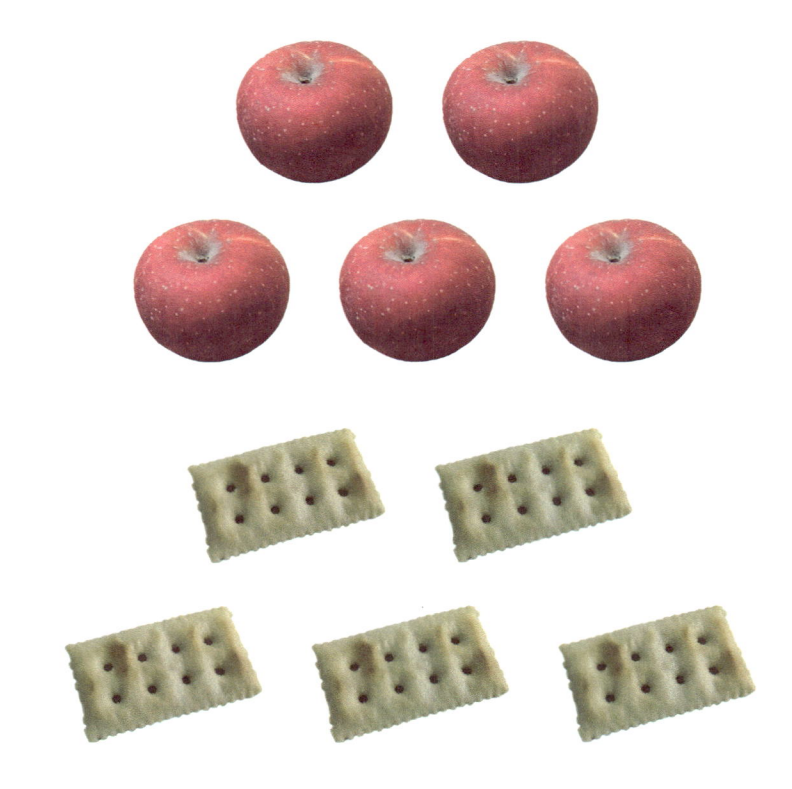

教学建议：

1. 让孩子会数、认、读数字5，理解数字5的含义，能手口一致地点数数量是5的物品。

2. 可以准备几样数量都是5的物品，让孩子看一看、拿一拿，再用对应的数字卡片5教学认读。也可以通过找一找、圈一圈、说一说等多种形式来巩固认识数字5和理解数字5的含义。

评价内容	教师评价			家长评价		
	独立完成	需辅助	不配合	独立完成	需辅助	不配合
会认、读数字5，并且发音准确						
会根据教师给出的数字卡片读出数字5						
能在1—10的数字卡片中找出数字5						
会正确拿出数量是5的物品						

（六）认读数字6

6个西瓜，跟教师读：6

6

1. 指出哪个是数字6。

3 8 6 1 9 5 4 7

2. 数一数下列物品。

教学建议：

1. 让孩子会数、认、读数字6，理解数字6的含义，能手口一致地点数数量是6的物品。

2. 可以准备几样数量都是6的物品，让孩子看一看、数一数，再用对应的数字卡片6教学认读。也可以通过找一找、圈一圈、说一说等多种形式来巩固认识数字6和理解数字6的含义。

评价内容	教师评价			家长评价		
	独立完成	需辅助	不配合	独立完成	需辅助	不配合
会认、读6数字，并且发音准确						
会根据教师给出的数字卡片读出数字6						
能在1–10的数字卡片中找出数字6						
会正确拿出数量是6的物品						

（七）认读数字7

7个胡萝卜，跟教师读：7

1. 练一练：在10张数字卡片中找出数字7。

| 3 | 5 | 6 | 2 | 1 |
| 1 | 8 | 7 | 9 | 7 |

2. 数一数下列物品。

教学建议：

1. 让孩子会数、认、读数字7，理解数字7的含义，能手口一致地点数数量是7的物品。

2. 可以准备几样数量都是7的物品，让孩子看一看、数一数，再用对应的数字卡片7教学认读。也可以通过找一找、圈一圈、说一说等多种形式来巩固认识数字7和理解数字7的含义。

评价内容	教师评价			家长评价		
	独立完成	需辅助	不配合	独立完成	需辅助	不配合
会认、读数字7，并且发音准确						
会根据教师给出的数字卡片读出数字7						
能在1—10的数字卡片中找出数字7						
会正确拿出数量是7的物品						

（八）认读数字8

> 八个土豆，跟教师读：8

8

1. 指出哪个是数字8。

3 4 6 1 9 5 8 7

2. 数一数下列物品。

教学建议：

1. 让孩子会数、认、读数字8，理解数字8的含义，能手口一致的点数数量是8的物品。

2. 可以准备几样数量都是8的物品,让孩子看一看、数一数,再用对应的数字卡片8教学认读。也可以通过找一找、圈一圈、说一说等多种形式来巩固认识数字8和理解数字8的含义。

评价内容	教师评价			家长评价		
	独立完成	需辅助	不配合	独立完成	需辅助	不配合
会认、读数字8,并且发音准确						
会根据教师给出的数字卡片读出数字8						
能在1—10的数字卡片中找出数字10						
会正确拿出数量是8的物品						

(九)认读数字9

9个哈密瓜,跟教师读:9

1. 指出哪个是数字9。

<h1>3 4 6 1 9 5 8 7</h1>

2. 在物品数量是9的图片旁边的方框内画"√"。

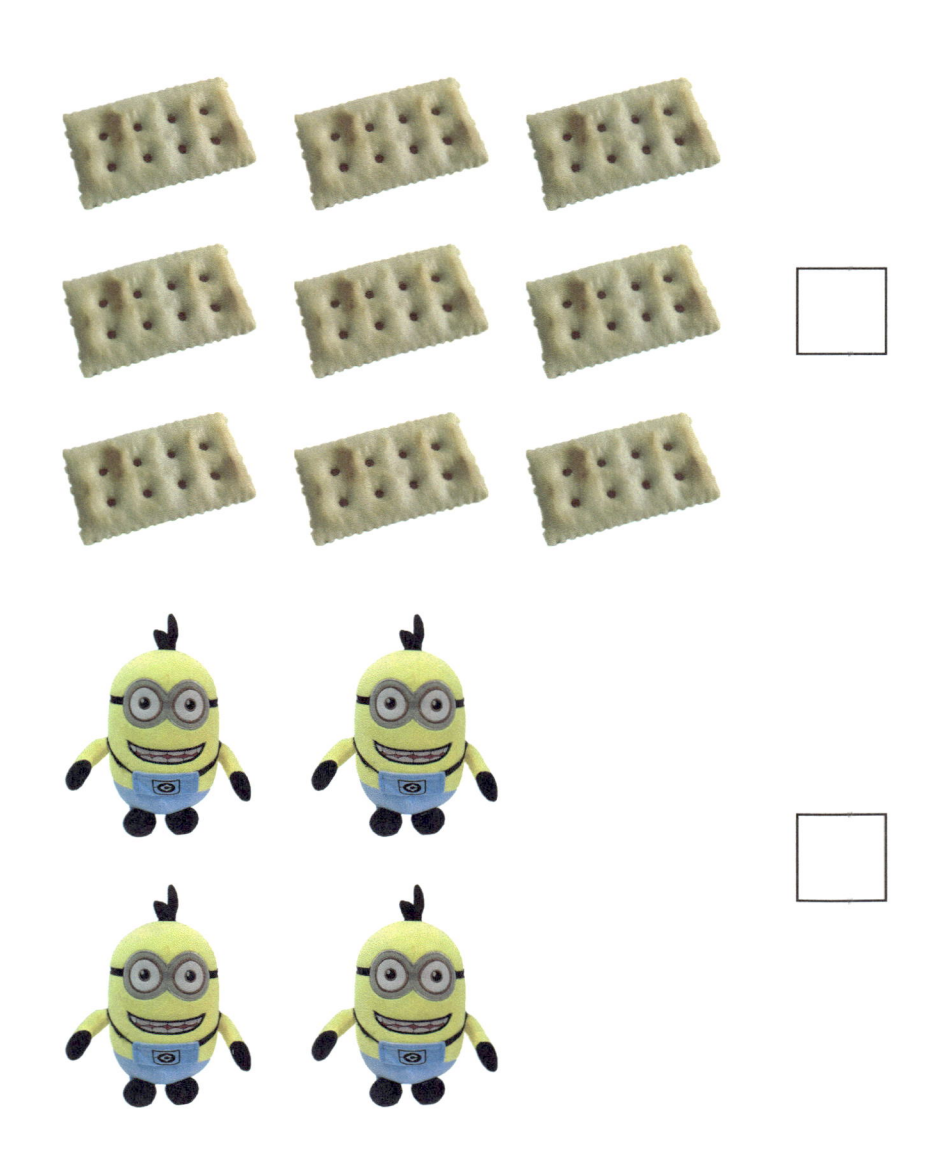

教学建议：

1. 让孩子会数、认、读数字9，理解数字9的含义，能手口一致地点数数量是9的物品。

159

2. 可以准备几样数量都是9的物品，让孩子看一看、数一数，再用对应的数字卡片9教学认读。也可以通过找一找、圈一圈、说一说等多种形式来巩固认识数字9和理解数字9的含义。

评价内容	教师评价			家长评价		
	独立完成	需辅助	不配合	独立完成	需辅助	不配合
会认读数字9，并且发音准确						
会根据教师给出的数字卡片读出数字9						
能在1—10的数字卡片中找出数字9						
会正确拿出数量是9的物品						

（十）认读数字10

10个橙子，跟教师读：10

10

1. 指出哪个是数字10。

3　　4　　2　　10　　9　　5　　8　　7

2. 数一数下列物品。

教学建议：

1. 让孩子会数、认、读数字10，理解数字10的含义，能手口一致地点数数量是10的物品。

2. 可以准备几样数量都是10的物品，让孩子看一看、数一数，再用对应的数字卡片10教学认读。也可以通过找一找、圈一圈、说一说等多种形式来巩固认识数字10和理解数字10的含义。

评价内容	教师评价			家长评价		
	独立完成	需辅助	不配合	独立完成	需辅助	不配合
会认读数字10，并且发音准确						
会根据教师给出的数字卡片读出数字10						
能在1—10的数字卡片中找出数字8						
会正确拿出数量是10的物品						

二、复习2—5个数字

1. 听指令，拿出相应数字卡片。

1	2	3	4	5
6	7	8	9	10

2. 数一数，连一连。

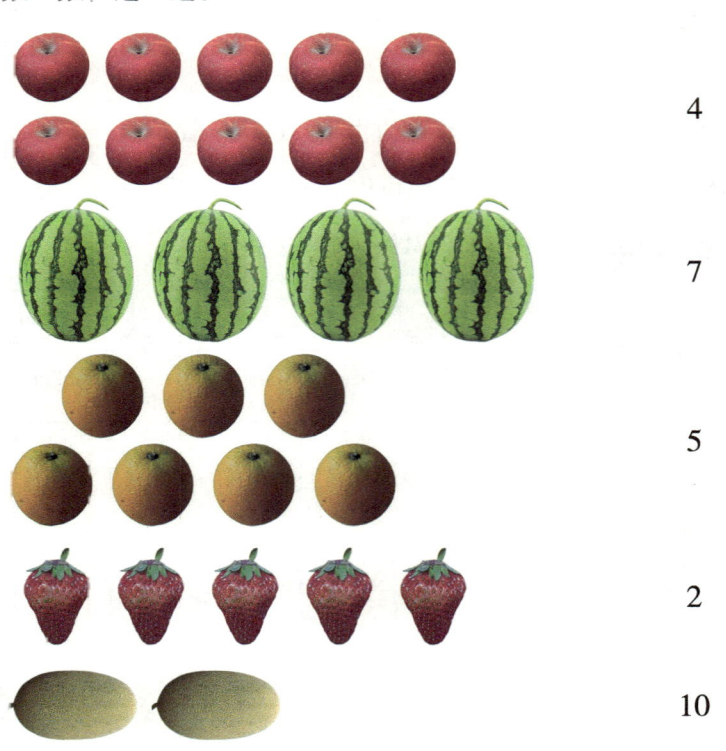

4

7

5

2

10

教学建议：

1. 让学生能认、读1—10的数字并且能正确指认2—5个数字；会根据教师给出的数字卡片读出该数字。

2. 可以通过观察图片、游戏或者动手操作来进行1—10的数字认读教学。创设生动、活泼、有趣的情景，巧用生活实例将数字形象化，便于记忆，运用多种感官感知数量；循序渐进，逐步理解数的实际含义；激发孩子学习数学的兴趣，使孩子获得良好的情感体验。

评价内容	教师评价			家长评价		
	独立完成	需辅助	不配合	独立完成	需辅助	不配合
能认、读2—5个10以内的数字						
能点数2—5个10以内的物品						
能唱1—10的数						
体会数学的生活化，体验数学游戏的乐趣						

三、复习6—10个数字

1. 听指令，拿出相应数字卡片。

1	2	3	4	5
6	7	8	9	10

163

2. 连一连：选择合适的数字，并填在空格上。

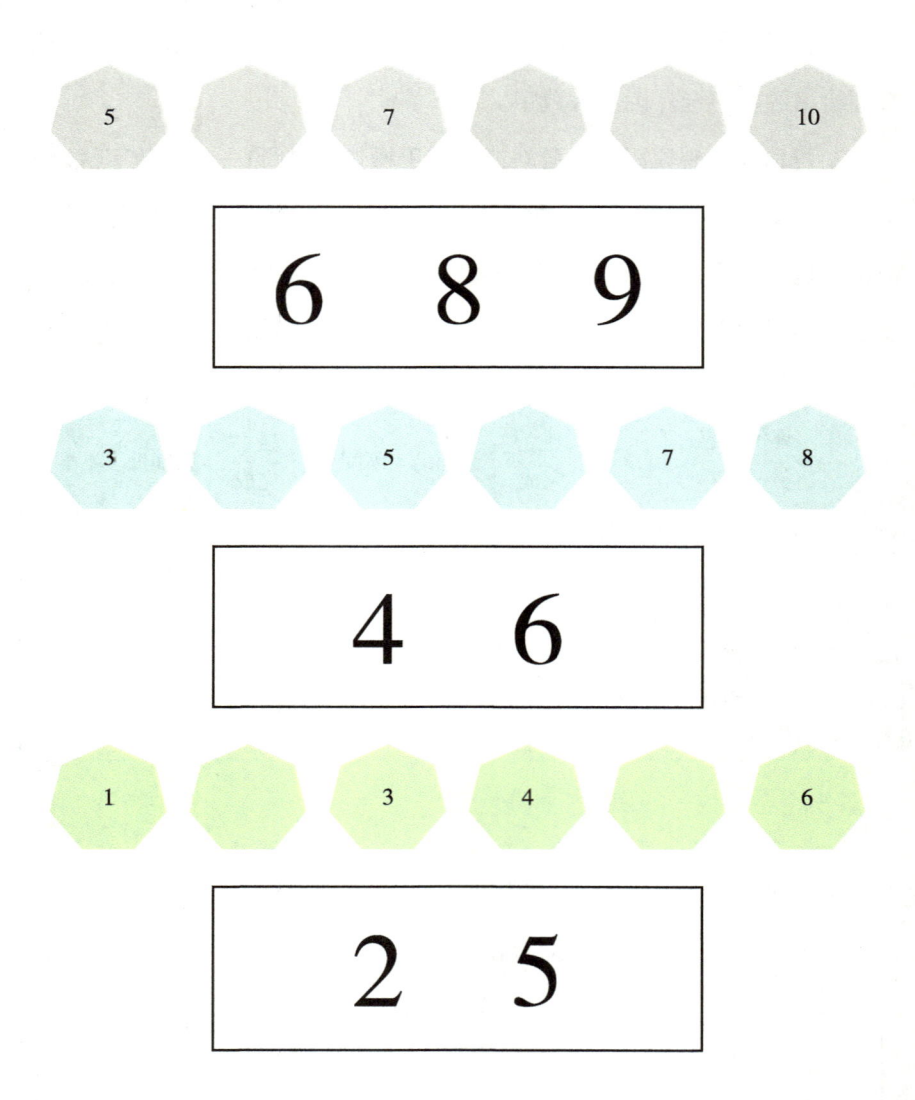

5　　7　　10

| 6　8　9 |

3　　5　　7　8

| 4　6 |

1　　3　4　　6

| 2　5 |

教学建议：

1. 让孩子能认读1—10的数字，并且能正确指认；会根据教师给出的数字卡片读出该数字。

2. 可以通过观察图片、游戏或者动手操作来进行1—10的数字认读教学。创设生动、活泼、有趣的情景，巧用生活实例将数字形象化，便于记忆，运用多种感官感知数量。

3. 循序渐进，逐步理解数的实际含义；激发孩子学习数学的兴趣，使孩子获得良好的情感体验。

评价内容	教师评价			家长评价		
	独立完成	需辅助	不配合	独立完成	需辅助	不配合
能认读1—10的数字，并且能正确指认						
能点数1—10						
能唱数1—10						
体会数学的生活化，体验数学游戏的乐趣						

第十二章　简单加法运算

一、得数是2的加法

1. 2的组成。

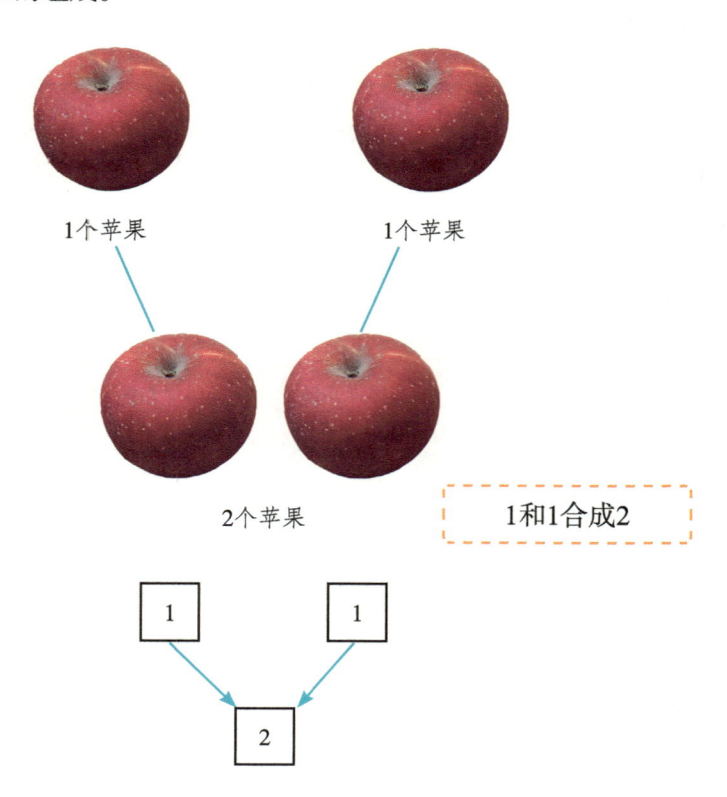

1个苹果　　　　1个苹果

2个苹果　　　　1和1合成2

2. 数一数。

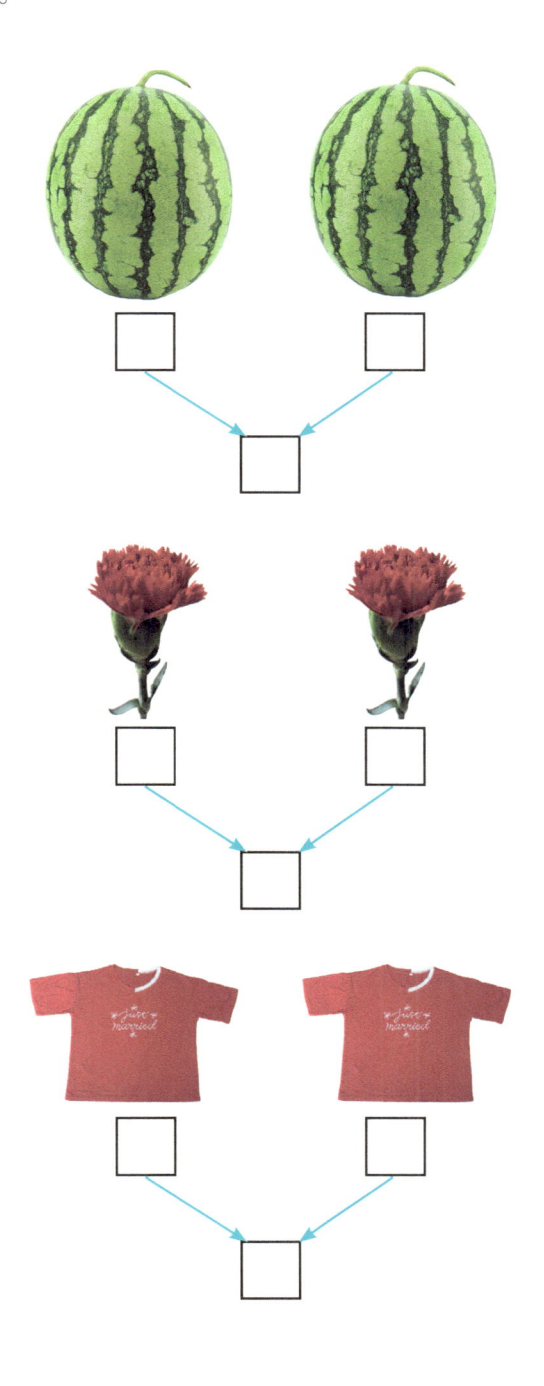

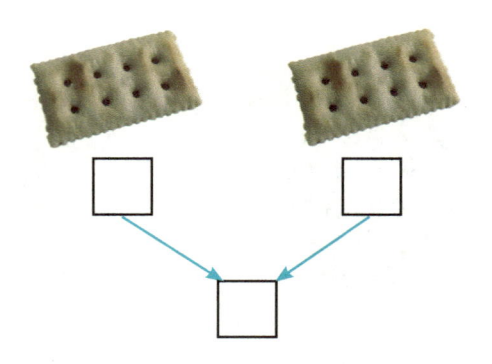

3. 得数是2的加法。

有1个苹果，又拿来了1个苹果，一共有几个苹果？

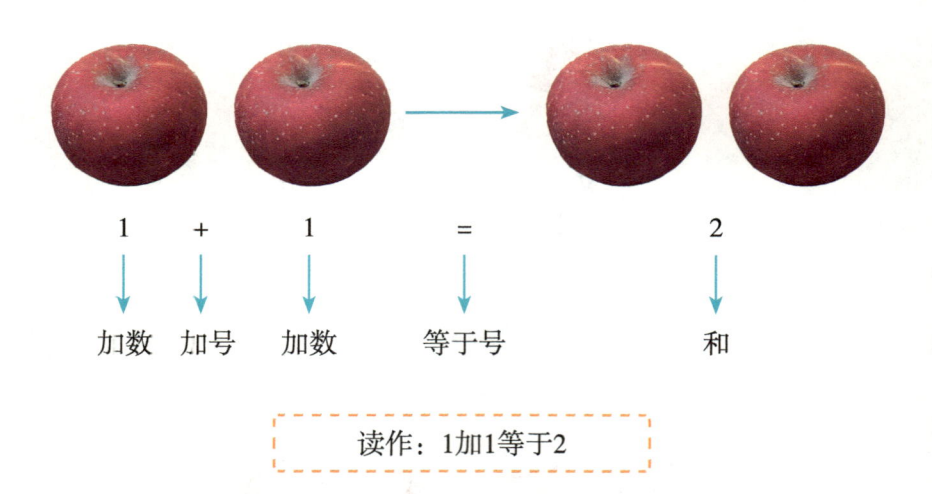

1	+	1	=	2
加数	加号	加数	等于号	和

读作：1加1等于2

用手指计算。

用计算器计算1+1等于几。

课后练习：

1. 摆一摆。

2. 说一说，摆一摆，并写出计算式。

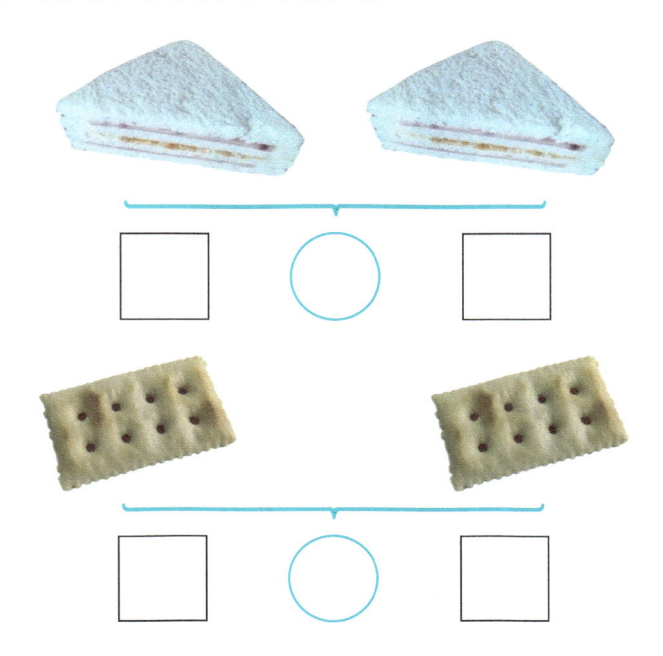

[ ] ○ [ ]

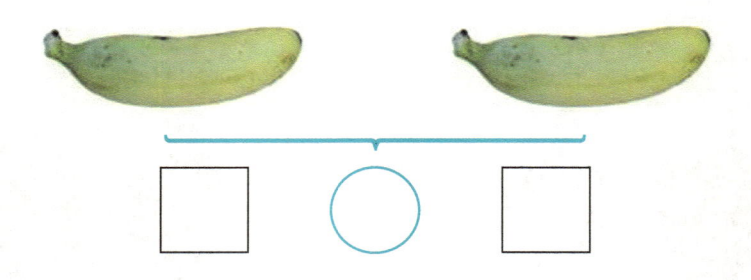

3. 说说图片表示的意思，并列式计算。

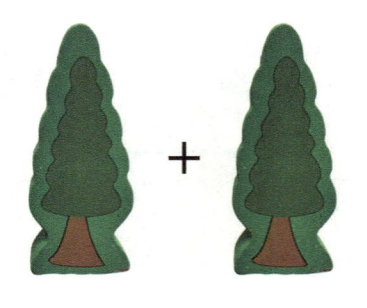

_____

_____

_____

4.用计算器计算1+1=

教学建议：

1.让孩子认识加号和等号，会计算得数是2的加法算式，会看图列得数是2的加法算式。

2.借助情景，理解合并的含义。教学时，尽可能提供实物进行演示，将数与量关联起来。

3.引导孩子说一说图意，再填写相关的算式。

评价内容		教师评价			家长评价		
		独立完成	需辅助	不配合	独立完成	需辅助	不配合
理解合并的含义，知道2的组成							
理解得数是2的加法的含义	认识加号和等号						
	理解得数是2的加法的含义						
会计算得数是2的加法算式							
会看图列得数是2的加法算式							

二、得数是3的加法1

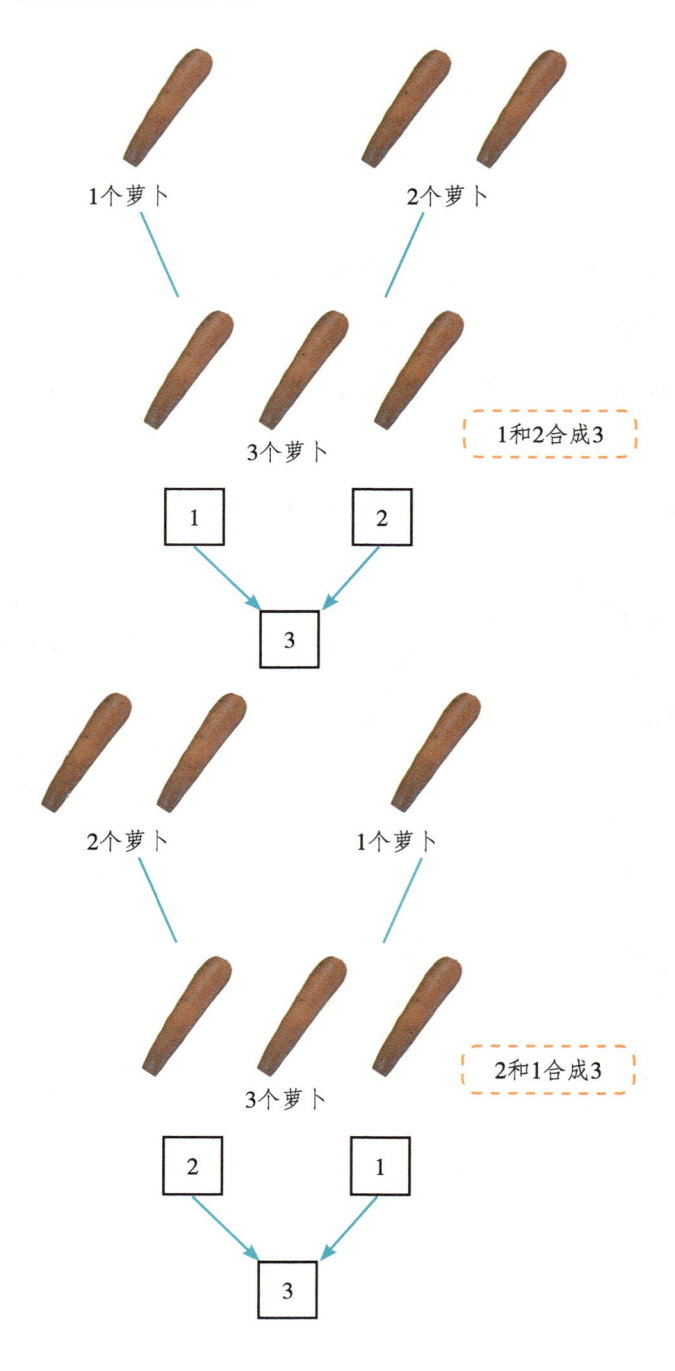

1个萝卜　　　　2个萝卜

3个萝卜

1　　2

3

1和2合成3

2个萝卜　　　　1个萝卜

3个萝卜

2　　1

3

2和1合成3

课后练习：

1. 摆一摆，数一数。

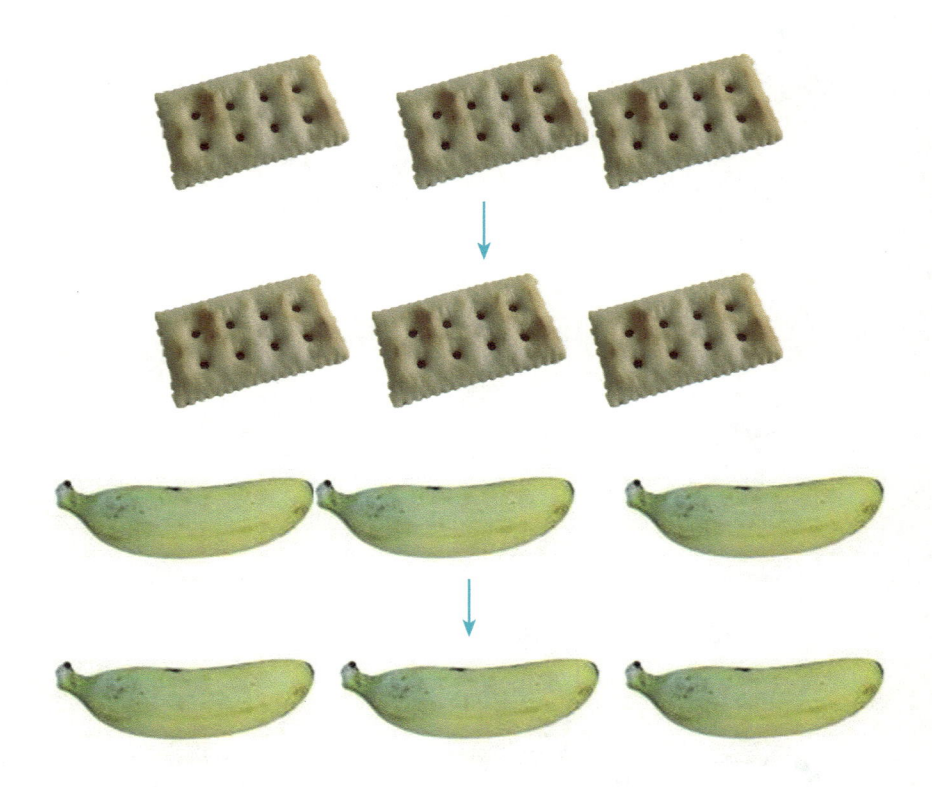

2. 数一数，填一填。

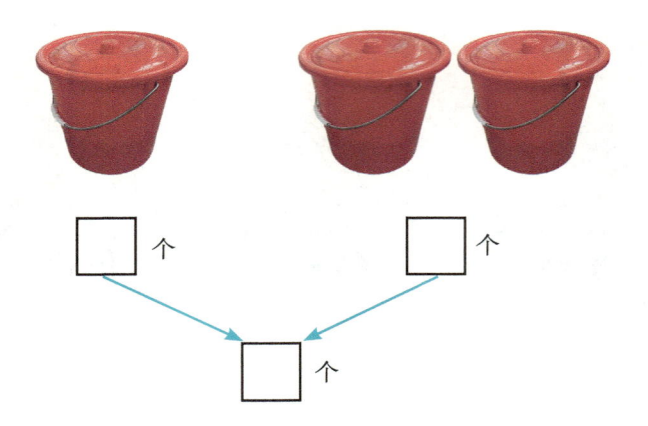

□ 棵   □ 棵

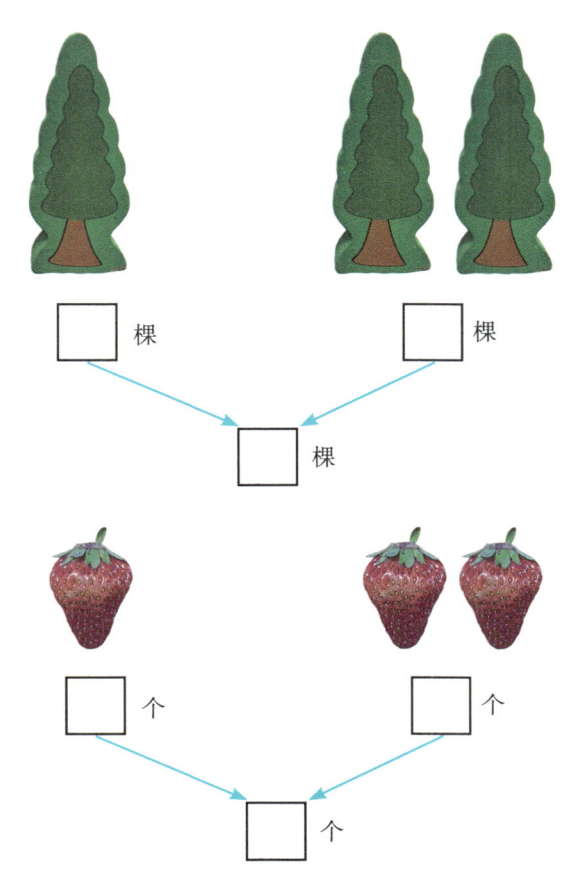

□ 棵

□ 个   □ 个

□ 个

3. 想一想并填空。

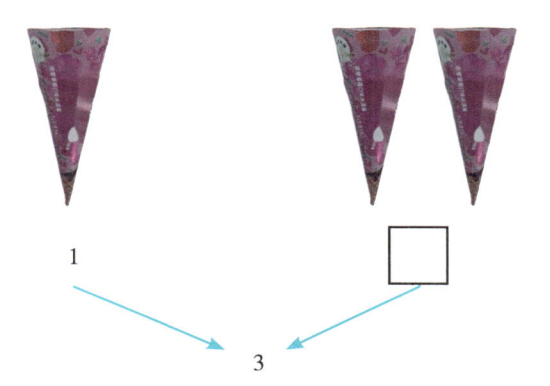

1   □

3

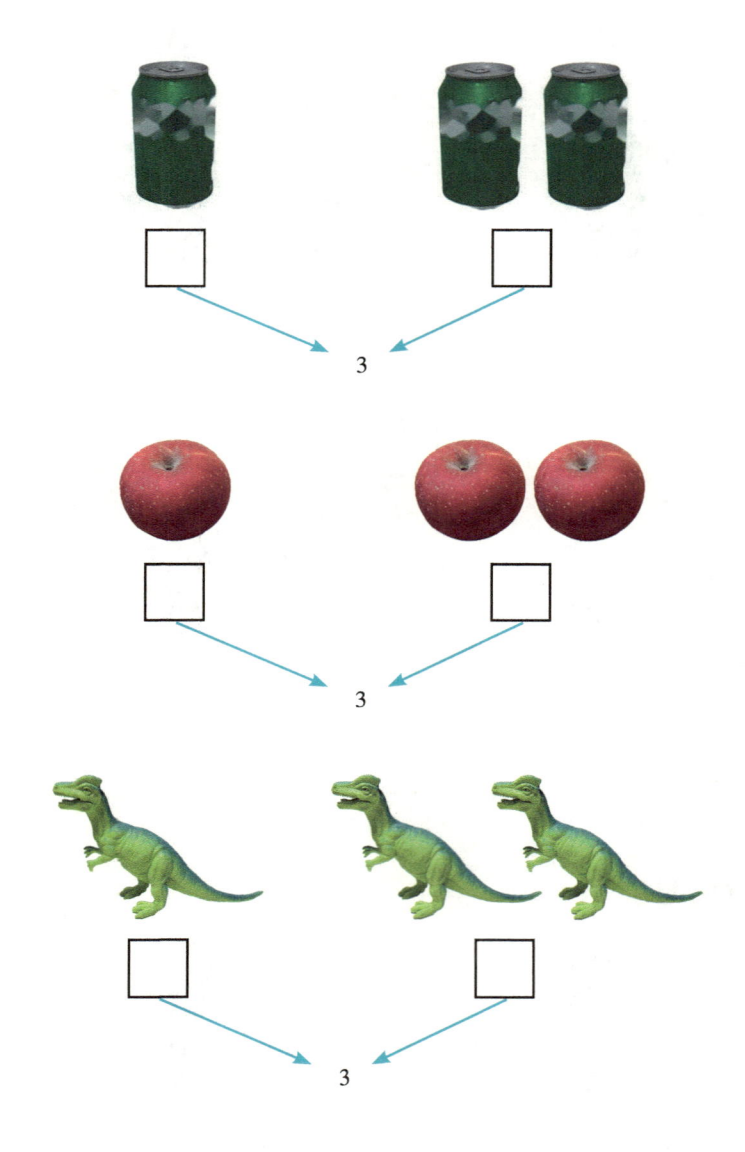

三、得数是3的加法2

1. 我本来有1根香蕉，又拿来了2根香蕉，我一共有几根香蕉？

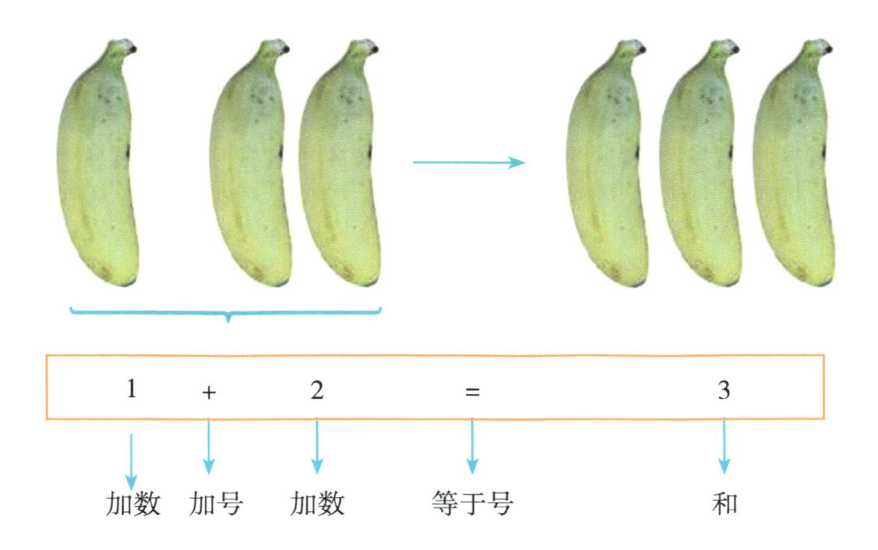

| 1 | + | 2 | = | 3 |

加数　加号　加数　　等于号　　　和

用手指计算。

用计算器计算1+2。

读作：1加2等于3

2. 我本来有2根香蕉，又拿来了1根香蕉，我一共有几根香蕉？

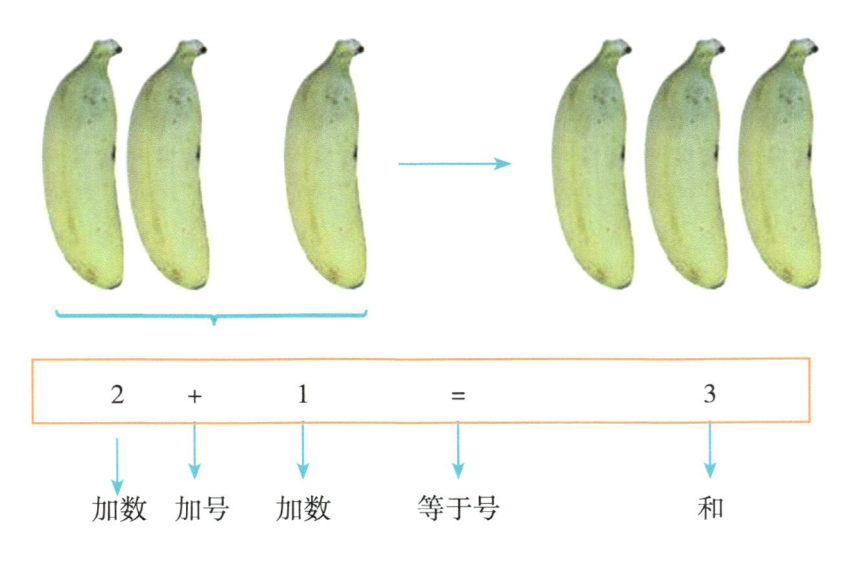

| 2 | + | 1 | = | 3 |

加数　加号　加数　　等于号　　　和

用手指计算。

用计算器计算2+1。

课后练习：

1. 说一说，并写出计算式。

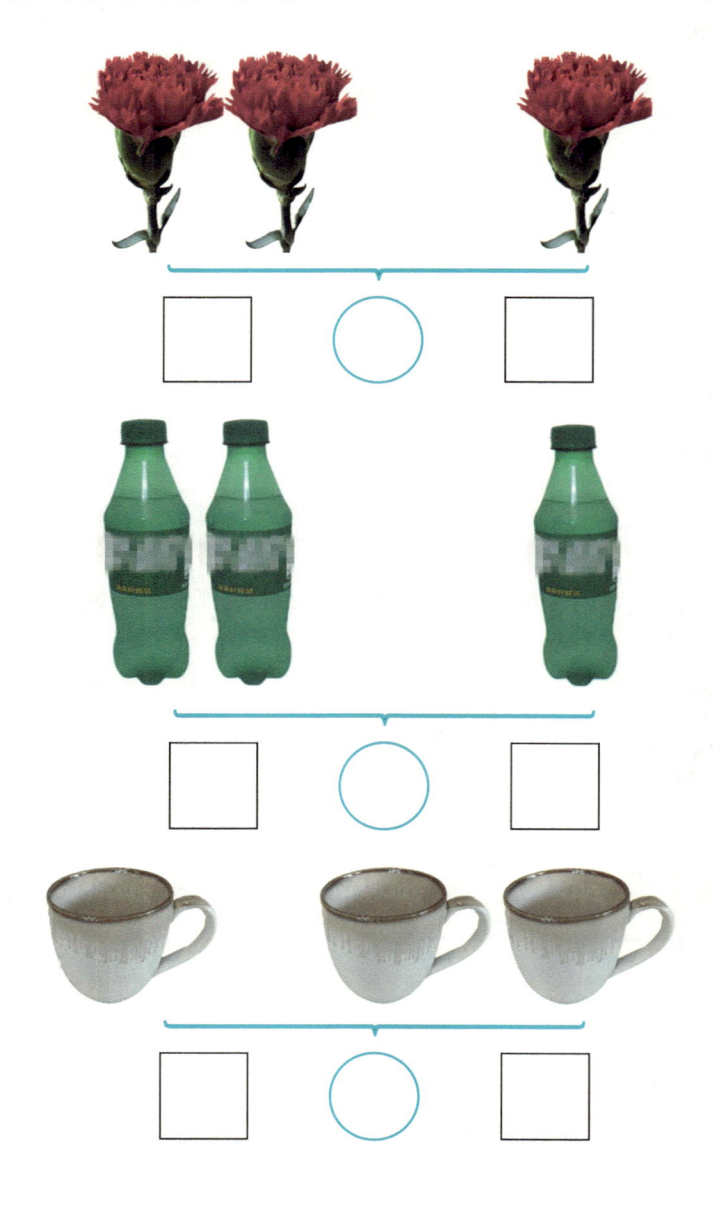

2. 算一算。

用计算器计算下面的算式。

2+1=☐   1+2=☐

教学建议：

1. 让孩子会读得数是3的加法算式；会计算得数是3的加法算式；会看图列得数是3的加法算式。

2. 可以演示1添上2就是3的过程，并在演示的过程中逐步写出与物品数量对应的数字，结合语言描述，呈现整个算式，帮助孩子理解得数是3的加法的含义。

3. 引导孩子在理解图意的基础上完成得数是3的加法算式的书写；如果孩子不能很好地理解图意，可以通过演示点子图来帮助孩子理解。

4. 指导孩子对图片进行仔细的观察，用算式对图片内容进行描述，根据图意理解算式1+2=3、2+1=3的含义，完成相关内容的填写。

评价内容	教师评价			家长评价		
	独立完成	需辅助	不配合	独立完成	需辅助	不配合
理解合并的含义，知道3的组成						
会读得数是3的加法算式						
理解得数是3的加法含义						
会计算得数是3的加法算式						
会看图列得数是3的加法算式						

第十三章 简单减法运算

一、二减几

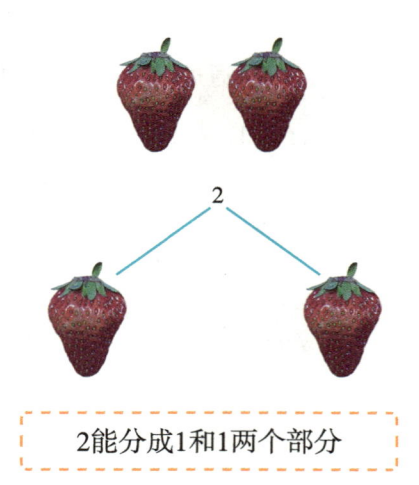

2能分成1和1两个部分

思考：2个草莓，去掉吃了的1个，就是剩下的。

（吃掉的1个草莓）

计算"剩余"物品的数量用减法

2   –   1   =   1

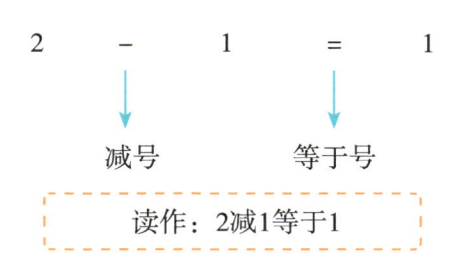

减号   等于号

读作：2减1等于1

2–1=1表示从2中减去1，还剩1。

用手指算一算。

用计算器计算2–1=？

课后练习：

1. 拿走画"\"的部分，还剩几个。

（1）

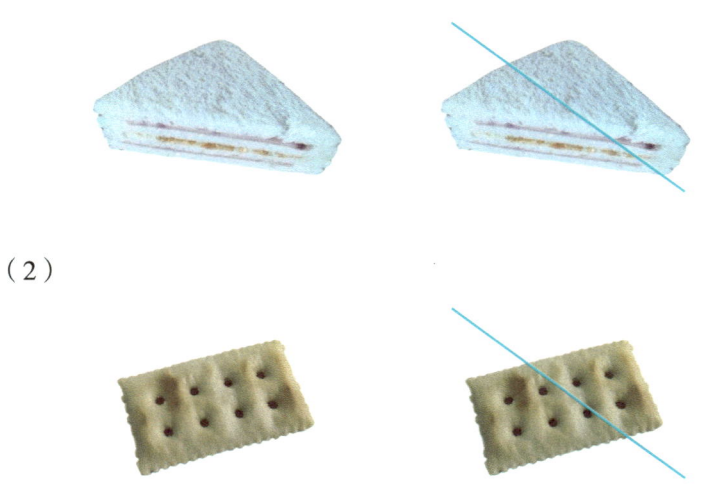

（2）

2. 看图列式计算。

（1）

_____

（2）

_____

3. 看算式，写得数。

2－1=（　　）

教学建议：

　　1. 让孩子会读算式2-1=　　。理解2-1=　　的含义。会计算2-1=　　的减法算式。会看图列2-1=　　的算式；

　　2. 可以模拟图片情境或者组织游戏，让孩子体会离开、拿走、减少等可以用减法算式表示。

　　3. 选用实物做教具，通过具体操作，先演示分实物的过程，再进行数的组成的讲解。教学时，教师要一边叙述一边演示，帮助孩子理解和记忆。

4. 教师在描述图意时，语言要尽量简练，要突出减少、拿走，帮助孩子体会减法的含义。

评价内容	教师评价			家长评价		
	独立完成	需辅助	不配合	独立完成	需辅助	不配合
借助情景，初步体会减法的含义						
会读算式 2–1= 的含义						
理解 2–1= 的含义						
会计算 2–1= 的减法算式						
会看图列 2–1= 的算式						

二、三减几

3能分成几和几？

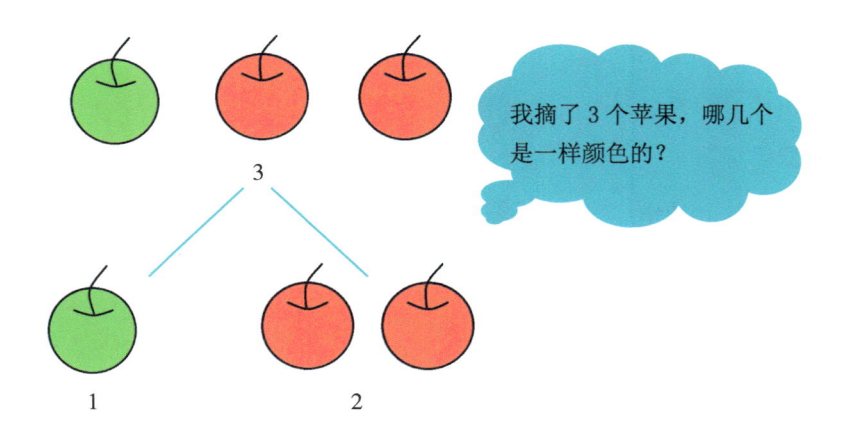

我摘了3个苹果，哪几个是一样颜色的？

3

1　　2

3能分成1和2。

> 我摘了3个苹果，吃了1个，还剩几个？

3-1

计算剩余物品的数量用减法

3-1=2读作：3减1等于2

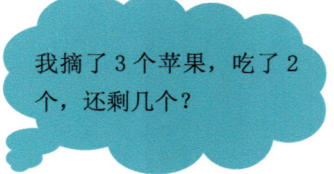

> 我摘了3个苹果，吃了2个，还剩几个？

3-2

3-2=1读作：3减2等于1。

用手指算一算。

用计算器算一算。

课后练习：

算一算并填空

（1）

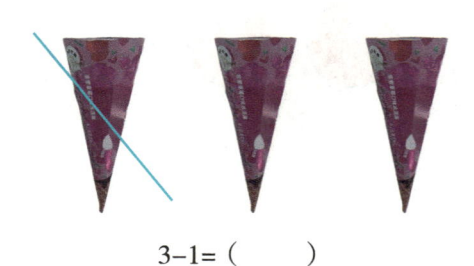

3-1=（　　）

（2）

3-2=（　　）

（3）

3-1=（　　）

（4）

3-2=（　　）

教学建议：

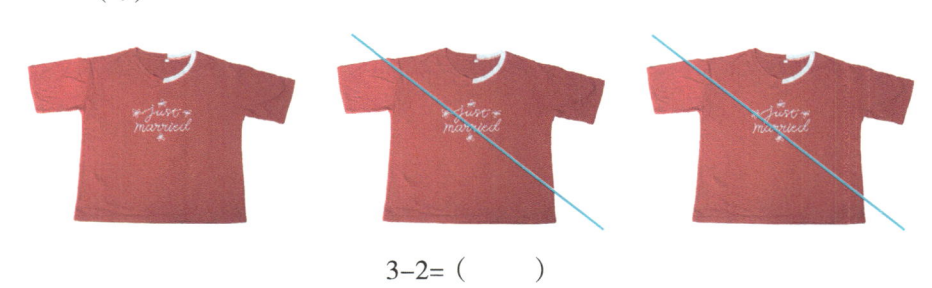

1. 让孩子会读3-1=2和3-2=1的减法算式；会计算3-1=2和会计算3-2=1的减法算式；会看图列3-1=2的减法算式。

2. 教师可以从生活实际引入问题，激发孩子的学习兴趣，示范分一分的过程并用语言描述，指导孩子复述并动手操作，以此来帮助孩子加深理解几减几含义，并得出结果。

3. 在学习新算式计算的过程中要注重对孩子数学思维的引导；教师在列出算式时，要讲解算式中数字与实物的对应关系，并带领孩子读出算式。

评价内容		教师评价			家长评价		
		独立完成	需辅助	不配合	独立完成	需辅助	不配合
会读 3-1=2 和 3-2=1 的减法算式							
理解算式 3-1=2 和 3-2=1 的含义	理解 3-1=2 的含义						
	理解 3-2=1 的含义						
会计算 3-1=2 的减法算式							
会计算 3-2=1 的减法算式							
会看图列 3-1=2 的减法算式							
会看图列 3-2=1 的减法算式							